EL OPUS DEI. UNA EXPLICACIÓN

RAFAEL GÓMEZ PÉREZ

EL OPUS DEI. UNA EXPLICACIÓN

Segunda edición

EDICIONES RIALP, S. A.
MADRID

Primera edición: abril 1992
Segunda edición: mayo 1992

Fotocomposición: M.T., S. A.
Fotomecánica: Megacolor, S. A.
Cubierta: Artigenia, S. A.

ISBN: 84-321-2892-9
Depósito legal: M. 17.320-1992

Impreso en Anzos, S. A. - Fuenlabrada (Madrid)
Impreso en España - Printed in Spain

ÍNDICE

INTRODUCCIÓN

Si usted, que lee esto, no sabe nada del Opus Dei[1], ahora puede ser el momento de enterarse. A veces no resulta fácil conocer algo de casi cualquier cosa. En la radio y en la televisión se comprueba a cada momento: micrófono en mano el periodista pregunta por la calle a uno y a otro qué cree que es la inflación, la entropía, el IVA... Las respuestas suelen ser casi dolorosamente insuficientes. Culpa quizá de la educación escolar: pero apenas se sabe hacer una definición, decir qué es algo. Otras veces se han oído campanas, pero todo queda en las nubes.

No hay, que se sepa, ningún estudio sobre la opinión pública respecto al Opus Dei. Este libro intenta ser, en algunos aspectos, una aproximación al asunto. Pero me ha parecido que antes tenía que hacer dos cosas: *a)* «ambientar» el Opus Dei en lo que, sin retórica, se puede llamar «la aventura del espíritu», la «búsqueda de la santidad»; y *b)* suministrar algunos datos e informaciones básicos sobre esta organización de la Iglesia. En algunos países, la primera y casi única impresión de la mayoría de la gente que ha oído hablar del

[1] En el Libro de Estilo de *El País,* el diario español de más difusión, se lee, en la entrada *Opus Dei:* «En latín, "obra de Dios". Prelatura personal reconocida por la Iglesia católica y cuyos socios se reparten por todo el mundo. De ella forman parte tanto sacerdotes como seglares. Su fundador fue el sacerdote español Josemaría Escrivá de Balaguer. Deberá escribirse siempre el nombre completo. Ejemplo: "un miembro del Opus Dei", pero no "un miembro del Opus"» *(Libro de Estilo,* tercera edición, Madrid, 1990, p. 324). En efecto, aunque en el lenguaje coloquial, en algunos países, se use con cierta frecuencia «Opus», lo correcto, y más en un libro, es el nombre completo. El deseo de precisión mostrado por el diario madrileño es de particular interés en cuanto que el rotativo no se distingue, por usar un eufemismo, por sus simpatías hacia el fenómeno religioso en general y católico en particular.

Opus Dei sería algo del estilo de «una cosa católica». En España quizá sea distinto. El Opus Dei nació en Madrid, en 1928, y aunque se difunde pronto por otros países, durante años la mayoría de sus miembros fueron españoles (esto dejó de ocurrir hacia finales de los sesenta). En esos mismos años, algunos miembros del Opus Dei intervinieron de forma muy activa en la vida política de España. Como la política es casi siempre lo más conocido, en la opinión pública más o menos mal o bien informada se difundió la idea del Opus Dei como «grupo político».

Aquella situación pasó a la historia hace ya bastante tiempo. Siempre se puede vivir de la nostalgia, pero hoy cuentan ya casi treinta años quienes en 1975 eran apenas adolescentes. La opinión pública posterior pudo saber cómo, en 1981, se inició el proceso de beatificación y canonización del Fundador del Opus Dei y cómo, en 1992, la Santa Sede, después de un minucioso y amplio estudio, decidió beatificar al Venerable Escrivá de Balaguer.

* * *

La vida es siempre difícil. Sólo algunos genios pueden estar completamente seguros de lo que hacen o dicen. Me parece que conozco el Opus Dei, porque llevo muchos años en él. Me gustaría situarme en un sitio tranquilo –en un enfoque y un estilo normal, no aparatoso– para contar esa historia a quien lo desee. Eso es este libro. No se trata de una investigación histórica, ni de un estudio jurídico o teológico. Por una especie de deformación personal y profesional me siento movido a escribir por el estímulo de la claridad. Sobre el Opus Dei existen estudios de calidad, muchos de ellos jurídicos. Hay también numerosas biografías del Fundador. Pero pocos libros en los que se corra el riesgo de una explicación tan menuda que hasta parezca trivial.

Circulan, eso sí, historias fabulosas (sobre ese tipo de literatura escribo al final del libro). Pero contar la realidad puede ser mucho más fantástico que todas las invenciones de los antiguos o recientes autores de religión-ficción. Los que han escrito alguna vez reuniendo fabulaciones denigratorias sobre el Opus Dei han acusado a veces a la institución –cuando ésta ha respondido con un mentís o con una clarificación– de autoconcederse demasiada importancia. Por otro lado, se comprende que un miembro del Opus Dei no piense que la institución sea sólo una más, entre otras: si uno no estimase aquello en lo que tiene sus convicciones, no se entenderían ni esas mismas convicciones.

El Opus Dei no es un invento que surja, sin más, sin conexión alguna con la larga vida del espíritu. Reducirlo, como a veces se hace, a una especie de grupo con fines interesados es una perezosa y a la vez tortuosa falsificación. Todo es mucho más fácil, pero hay que ponerse a explicarlo.

* * *

¿Hay que contar también los chismes? Porque es sabido que, sobre el Opus Dei, como sobre cualquier institución que está viva y funcione, existe una interminable colección de habladurías, verdades a medias, acusaciones injustas, calumnias. Es muy notable cómo la literatura sobre el Opus Dei se pueda dividir, casi a la perfección, en dos grupos: obras que dicen lo que es el Opus Dei sin detenerse mucho en mencionar las acusaciones en contra; y obras que atacan al Opus Dei sin ni siquiera concederle la más mínima cualidad.

Es fácil entender a los autores del Opus Dei o simpatizantes que han escrito las obras del primer grupo. Quien conoce bien una realidad no se presta a deformarla, aunque por eso sea acusado de no recoger todo lo que se dice.

En el presente libro se hace mención de muchas de las habladurías, fábulas y medias verdades que se dan en la opinión pública sobre el Opus Dei. Al principio pensé reunirlas todas en un capítulo —el titulado *El Opus Dei y la opinión pública*—; luego pensé que podría ser algo así como un museo de la murmuración y, en una de la sucesivas reelaboraciones de la materia, distribuí muchos de esos temas a lo largo de los demás capítulos. Por eso, los capítulos ofrecen un contenido doble: de simple información y, a la vez, de mención de algunos de los estereotipos más corrientes.

Esa solución no fue fácil. No me quitaba de la cabeza que mencionar los chismes al lado de la descripción de la naturaleza y actividades era algo así como mezclar las churras con las merinas. Pero así están las cosas a veces en la opinión pública, y el libro, como ya señalé, quiere ser una aproximación a ese tema.

* * *

A veces lo mejor es empezar por las cosas más sencillas. El Opus Dei es una institución de la Iglesia católica. Desde el principio da como una de sus señales de identidad, la fidelidad a la doctrina de fe y moral tal como es enseñada por la Iglesia.

Esto es realmente sencillo, pero, por eso mismo, no se puede perder de vista. Es observable que tanto los que en el Opus Dei tienen la función de dirigir como el resto de los que forman parte de él mantienen esas convicciones, junto a otras que se verán a lo largo de este libro. Esto quiere decir que, si se quiere entender el fenómeno del Opus Dei, ha de tenerse en cuenta, como un dato, lo que con unanimidad sostienen sus miembros. Un observador externo es libre de inventar el Opus Dei que desee, como puede hacer con cualquier otra institución o cualquier otra cosa, pero sería ya literatura de ficción, no estudio de ciencias sociales.

Otra afirmación, sólo un poco más difícil, puede formularse así: en el cristianismo se advierte bien la naturaleza de la paradoja como camino de conocimiento. El Evangelio está sembrado de paradojas, del tipo de «el que pierde su vida la ganará» o del tipo de «los últimos serán los primeros». En otras palabras: la paradoja no es una simple figura retórica para embellecer, si acaso, el discurso. La paradoja es el método de conocimiento más apropiado para las verdades densas y complejas. Lo cual quiere decir que renunciar a la paradoja es, por lo menos, exponerse a la simplificación.

En mi opinión, las verdades fundamentales sobre el Opus Dei son también paradójicas. Muchos miembros del Opus Dei, ante la dificultad que encuentran a veces para explicar la institución —en términos jurídicos de la Iglesia, una Prelatura personal— a quienes no la conocen o la conocen por aproximaciones vagas, acaban diciendo algo semejante a «para conocerlo hay que vivirlo de cerca». Es así: el modo normal de resolver una paradoja es vivir desde dentro la aparente contradicción.

Hay muchas paradojas en el Opus Dei, pero algunas, si no son entendidas desde el principio, bloquean cualquier tipo de conocimiento.

La primera paradoja puede expresarse así: «lo que parece de unos pocos es una llamada para todos». Hay más de setenta y cinco mil miembros del Opus Dei, pero esto es poco comparado con... la Humanidad. Pues lo que intentan vivir esas personas es algo a lo que está llamado cualquier hombre o mujer: conocer y tratar a Dios, hacer, por amor, su voluntad. O, con otra palabra, la santidad. No es algo raro, extraño, no es una dedicación a una actividad esotérica o pintoresca. Es procurar la unión más íntima posible con Dios en medio de las cosas de la Tierra. Cristo dijo: «Sed santos como vuestro Padre celestial es santo» (*Mateo* 5, 48). Los miembros del Opus Dei están, por eso, convencidos —y éste es otro dato que hay que tener en cuenta— de que no hacen nada raro o chocante. Como escribía Tertuliano en el siglo II, en el *Apologeticum:* «Vivimos con los demás hombres; no nos pasamos sin la plaza, la carnicería, los baños, las tabernas, los talleres, los mesones, las ferias y los demás comercios. Con vosotros también nosotros navegamos; con vosotros somos soldados, labramos el campo, comerciamos, entendemos de oficios y exponemos nuestras obras, para vuestro uso»[2].

La segunda paradoja fue expresada por el Fundador del Opus Dei a través de una antítesis al hablar de una «desorganización organizada» o bien de «un mosaico multicolor y variado de actividades: un mosaico organizadamente desorganizado»[3]. Se refería así, a la vez, a la unidad y a la autonomía e iniciativa de los miembros para desarrollar los fines propios de la Prelatura. El Opus Dei es, en efecto, algo muy organizado y completamente desorganizado. Pero aquí la paradoja se resuelve con más facilidad: el Opus Dei está bien organizado en lo que es su fin; y nada organizado en lo que no le compete. Su finalidad, su objetivo, como se verá más adelante, es difundir la posibilidad de la santidad en medio del trabajo y de las labores ordinarias; y corresponde también a esa finalidad facilitar a los miembros la formación conveniente para conseguir esa meta. En cambio, el Opus Dei no existe como organización y, por tanto, no existe, sin más, en lo que se refiere a las actividades profesionales, económicas, políticas, culturales, científicas de sus miembros. Es cada miembro el que organiza su vida profesional, sus preferencias culturales del modo que quiera.

Parece difícil que se pueda evitar la tendencia natural del lenguaje que lleva a entender como «grupo» a los que forman parte de una organización. Pero hay que decir que los miembros del Opus Dei no forman un grupo social ni siquiera en lo que se refiere a la realización, al intento de realización de lo más importante: la lucha por la santidad en medio de la normal sociedad de los hombres. La insistencia en lo personal, mucho antes de que llegase la reciente moda, es significativa. Así era ya el Opus Dei hace más de sesenta años, cuando lo normal en las organizaciones —no sólo de la Iglesia— era la militancia de masa, los desfiles con banderas y gallardetes, los vistosos uniformes y las rutilantes insignias.

Después de pensar mucho sobre todos estos temas, un día cualquiera, al leer casualmente un libro de divulgación de física, se me ocurrió la comparación entre el hecho de ser del Opus Dei y algunos fenómenos explicados por la física cuántica y que —no obstante remito a ese capítulo, el cuarto— se puede resumir en el «comportamiento»

---

[2] TERTULIANO, *Apologeticum,* 42, 4.

[3] *Conversaciones con Mons. Escrivá de Balaguer,* Rialp, Madrid, 1969, n.º 19.

del fotón, que si se presenta como onda no se presenta a la vez como partícula. Mucho más tarde, y también de forma casual, di con un pasaje del diario de Mircea Eliade —el más conocido fenomenólogo de la religión— que decía sustancialmente lo mismo, para lo sacro: «Cuando algo sagrado se manifiesta (hierofanía), al mismo tiempo algo se oculta, se hace críptico. Aquí está la verdadera dialéctica de lo sagrado: por el solo hecho de mostrarse, lo sagrado se esconde»[4].

Un miembro del Opus Dei no es persona sagrada —salvo si se trata de un sacerdote, y entonces lo es por haber recibido la ordenación—, pero su actitud esencial es sacra, en el sentido de que es una lucha por tratar continuamente a Dios. En ese sentido se le aplica con propiedad esa atractiva condición del esconderse al mostrarse; o de manifestarse al esconderse. Otra paradoja, naturalmente. Una antítesis.

Si se tienen en cuenta estas paradojas, se está en condiciones de entender lo que el Opus Dei ha dicho siempre de sí mismo, como está ya recogido en miles de artículos y en unos cuantos libros.

* * *

El Opus Dei. Una explicación no es una obra oficial y ni siquiera oficiosa. Es muy probable que otro miembro del Opus Dei diera no otra versión distinta, pero sí otros armónicos, otros enfoques. Decía el Fundador del Opus Dei que el espíritu es el mismo para todos, pero que cada uno iba por el camino de la vocación a su modo, según su manera de ser, sus ideas y, en definitiva, su cultura. El Opus Dei me parece algo crucial en la medida en que es una posibilidad concreta de ofrecer de nuevo a los hombres y mujeres que están enfrascados en los trabajos de esta Tierra y de esta historia la cercana verdad del Evangelio. Por voluntad de Dios, y por la fidelidad de Josemaría Escrivá de Balaguer, de Alvaro del Portillo y de muchas otras personas, tanto de los primeros miembros como de los más recientes, la práctica del amor divino se ha hecho algo tangible, natural casi. Lo cual no quiere decir considerarse los únicos, y mucho menos perfectos; sino, como decía también el Fundador del Opus Dei, estar en situación de «comenzar y recomenzar».

El Opus Dei. Una explicación. El libro se llama así —«una» explicación, no «la» explicación— porque puede haber muchas otras. Escribo sobre un tema que me llamó la atención —no como simple tema, sino como vida— hace más de treinta y cinco años. Todavía hoy me

[4] M. ELIADE, *Fragmentos de un diario,* Espasa, Madrid, 1979, p. 305.

da que pensar el hecho de que el Opus Dei siga interesando, a unos para ser miembros de él, a otros para una crítica incesante como la carcoma. En un panorama bastante raído y gris, donde las grandes ideas y la misma noción de ideal parecen haberse escondido no se sabe bien dónde, que exista algo que concite e incite es una especie de regalo. Mi recomendación es: no perdérselo.

CAPÍTULO I

EL CONTEXTO: NOTAS SOBRE LA HISTORIA DE LA BÚSQUEDA DE LA SANTIDAD

1. Los derechos del espíritu

Para hablar de algo que tiene que ver, que pertenece a la religión, es preciso hoy, si uno intenta dirigirse a un público amplio, ambientarlo. No se puede ir por la directa. Por lo que sea, muchos conceptos y términos espirituales se han perdido o andan muy desdibujados. Éste es el intento de este breve capítulo.

* * *

Como todos los que creen en una religión trascendente a la historia, los miembros del Opus Dei consideran lo espiritual una realidad, no una simple forma de la conciencia personal o colectiva y, menos, una ilusión. Esto resulta, a la vez, sencillo y complejo. Lo más fácil para explicar el fenómeno sería adoptar un enfoque sociológico o psicosociológico. Se atendería sólo a lo que «la gente piensa que es el Opus Dei», completándolo quizá con lo que los miembros del Opus Dei piensan sobre la institución. Todo en el ámbito de lo que «se piensa», «se estima», pero sin intentar trinchar en el tema clave: el de la realidad de lo espiritual.

Hay, sin embargo, un texto de los Evangelios que anima a entender más. «Como llegó Jesús a la región de Cesarea de Filipo, preguntaba a sus discípulos diciendo: ¿Quién dicen los hombres que es el

Hijo del hombre? Ellos respondieron: unos que Juan el Bautista, otros que Elías, otros que Jeremías o uno de los profetas. Díceles: Y vosotros, ¿quién decís que soy yo? Respondiendo Simón Pedro dijo: Tú eres el Mesías, el Hijo del Dios viviente» *(Mateo* 16, 13-17). Pedro no afirma: «yo digo que, para mí, tú eres el Mesías». Dice: «Tú eres». La espiritualidad del Evangelio no es algo vago, compatible con cualquier creencia en un genérico «otro mundo». Se trata del Espíritu del Dios vivo, es decir, viviente, real.

Si se desea hablar en cristiano —y hablar en cristiano es sinónimo de hablar claro—, hay que dar un lugar real a lo que concierne al espíritu. Sería muy fácil de entender una religión que se limitara a una especie de predicación de la benevolencia humana y de los sueños del subconsciente colectivo y a la vez todo eso sublimado en unas cuantas metáforas sobre la encarnación, la resurrección del espíritu y un no mejor precisado más allá. Pero cuando en el Evangelio se habla de la resurrección de Cristo no se está en las nubes: el episodio de la incredulidad de Tomás es de un realismo casi anacrónico. El hombre que allí duda es el que fuerza a Cristo a que diga: «Trae tu dedo, mira mis manos; y trae tu mano y métela en mi costado» *(Juan* 20, 27).

Tampoco sería difícil tratar de la Iglesia y, en el tema de este libro, de una institución de la Iglesia diciendo que son sólo fenómenos de la conciencia religiosa o, en vulgar, «cosas de algunos». O eliminar ese «sólo» y tratar el asunto fenomenológicamente, en cuanto creencias de algunos miles de personas. O sociológicamente, en cuanto que, como conjunto —el conjunto de los que pertenecen al Opus Dei— tiene un lugar en la realidad. Esos aspectos son verdaderos, pero quedarse en ellos equivale a escamotear la realidad fundamental, la verdadera cuestión.

La verdadera cuestión es, por su sencillez, incluso provocativa: parece que simplifica las cosas en exceso. No hay más remedio, sin embargo, que formular el asunto con toda la claridad: «¿es este mundo el único y definitivo horizonte del hombre o hay otro mundo?» Si no hay otro mundo, explicaciones como las de este libro no tendrían apenas sentido. Como decía San Pablo, «si Cristo no ha resucitado, vana es, por tanto, nuestra predicación, vana también nuestra fe» *(Corintios* 15, 14). En el mismo texto, en el versículo 19, añade: «Si sólo para esta vida tenemos puesta en Cristo nuestra esperanza, somos los más dignos de lástima de todos los hombres». Si se cree en «otro mundo», se cree en el fondo de casi todas las formas religiosas aparecidas en la tierra, y que el cristiano entiende como una «preparación del Evangelio». El cristianismo, desde ese punto de vista, es la completa clarificación, en la fe y en la esperanza, de lo divino. No ya algo genérico, impersonal, sino el Hijo de Dios encarnado.

Hasta el siglo XVII todo lo anterior era algo pacífico y admitido: así se creía. Genios como Dante, Galileo, Shakespeare, Cervantes, Pascal, Corneille, Newton y muchos más no se instalaron en el universo de la sospecha sobre la fe. El ruido de la incredulidad como algo social empieza a darse a mediados del XVII, entre los «libertinos». Después, conforme avanza el siglo XVIII, una parte notable de los intelectuales piensan y escriben que hace falta una religión, pero como simple moral social, como ética civil y, si acaso, una religión filosófica, para componer geométricamente el mundo, de forma que el sistema quedara bien completo. Pero ya en la época de la Revolución francesa algunos llegan al ateísmo, sin más.

Corrientes filosóficas y enfoques científico-experimentales se aúnan a lo largo del siglo XIX para intentar quitar todo tipo de realidad a la religión. Cuando la época de agudo positivismo empieza a pasar, en la segunda mitad de ese siglo, se desea, de algún modo, reconstruir la creencia, y se acude al expediente de considerar la fe, antes que nada, como un «fenómeno de conciencia». No se habla de la garantía de una realidad futura, de una vida perdurable.

En algunas formas cristianas se lleva a cabo, desde el XIX y a lo largo del XX, ese vaciado de la fe: en la crítica bíblica (Harnack), en la negación de la divinidad de Cristo (Strauss, Renan), en la así llamada «desmitologización» (Bultmann). Por la misma época, en la Iglesia católica se advierte una tendencia en ese mismo sentido: es lo que San Pío X rechaza con el nombre de «modernismo»; corriente que hace un nuevo ataque, incipiente, en los años cincuenta para aparecer casi triunfante en los sesenta y setenta.

En los ochenta y noventa, Juan Pablo II tiene necesidad de hablar de «segunda evangelización de Europa», lo que, en más de un aspecto, significa devolver el lugar real, humano y divino, a la fe, al espíritu[1].

---

[1] Desde mediados de los setenta se asiste a un cambio de época, que se consolidó en los ochenta y en el que aún se vive. Uno de los síntomas de ese cambio es la revitalización de lo espiritual, hasta el punto de engendrar en algunos, para oponerse a eso, una nueva oleada de antirreligión. Sin embargo, los testimonios favorables a la creencia parten a veces de los mismos no creyentes. Sólo dos casos. Claude Lévi-Strauss —el más famoso de los intelectuales franceses—, en un libro de entrevista, después de reiterar su incredulidad desde la niñez hasta el momento en el que habla —a los 80 años—, añade: «Ocurre que me entiendo mejor con creyentes que con racionalistas de cualquier pelaje. Los primeros tienen, por lo menos, sentido del misterio. Un misterio que, a mi ojos, el pensamiento se encuentra constitucionalmente impotente para resolver» (C. LÉVI-STRAUSS, D. ERIBON, *De cerca y de lejos,* Alianza, Madrid, 1990, p. 18).

Un antiguo militante comunista, Leszek Kolakowski, declara: «No creo que la religión pueda desaparecer: me parece que es parte inalienable de la vida espiritual de la humanidad,

Para entender el Opus Dei hay que tener presente que, como cualquier mensaje fiel al Evangelio, se basa en un sentido fuerte en la realidad de lo sobrenatural, pero no en una espiritualidad descarnada: la potencia del espíritu se advierte, como señaló Monseñor Escrivá, «en las cosas más visibles y materiales»[2].

Este hilo no debería ser abandonado en la lectura de la la explicación en la que consiste el presente libro. En el Opus Dei hay una firme creencia en lo espiritual y sobrenatural, como en una realidad que está en la historia, pero va más allá de la historia. Por eso se entiende que este mundo terreno es el lugar para un verdadero encuentro con Dios. No es el lugar último y definitivo, pero tampoco es mera sombra (Platón) o algo contaminado por la materia (maniqueísmo). Decía el Fundador del Opus Dei: «Lo he enseñado constantemente con palabras de la Escritura Santa: el mundo no es malo, porque ha salido de las manos de Dios, porque es criatura suya, porque Yaveh lo miró y vio que era bueno (cfr. *Génesis* 1, 7 y ss.). Somos los hombres los que lo hacemos malo y feo, con nuestros pecados y nuestras infidelidades»[3].

El lenguaje del Fundador del Opus Dei al tratar este tema lleva incluso a acuñar una antítesis célebre: la de «materialismo cristiano». Algo que consiste en «materializar» la vida espiritual y en evitar la tentación de «llevar como una doble vida: la vida interior, la vida de relación con Dios, de una parte; y de otra, distinta y separada, la vida familiar, profesional y social, plena de pequeñas realidades terrenas». Ese «materialismo cristiano», sin miedo a la encarnación, «se opone audazmente a los materialismos cerrados al espíritu»[4].

Forzar el idioma hasta esos extremos da cierta idea de que en el espíritu del Opus Dei no hay rastro de maniqueísmo. En cambio, el maniqueísmo ha sido, en cierto modo, una constante en la historia occidental, tanto entre «espirituales» como entre agnósticos y ateos. Para el maniqueísmo, en su sentido amplio, existe algo oscuro en el mundo y en el hombre que no tiene remedio posible, salvo en un modo de vida que evite cualquier trato con la materia. Como esto es en la práctica imposible –también el maniqueo ha de comer–, el maniqueísmo ha caído con frecuencia en el extremo opuesto, en la contaminación completa con lo material pecaminoso. En casos más modernos el maniqueísmo se viste de escepticismo. Al final queda la

---

una fuente de valores que no puede sustituirse con otra cosa» (en *Nuestro Tiempo*, mayo 1990, p. 52).

[2] *Conversaciones con Mons. Escrivá de Balaguer,* Rialp, Madrid, 1969, n.º 114.

[3] *Conversaciones...*, n.º 114.

[4] *Conversaciones...*, n.os 114-115.

idea de que la corrupción está tan extendida que no hay más remedio que vivir en ella y quizá de ella.

Si se hace aquí referencia al maniqueísmo, es en atención a la influencia que ciertos residuos de esa actitud han tenido en algunos planteamientos de la vida espiritual a través de la historia. Rechazar el maniqueísmo quiere decir poder creer que lo espiritual es una realidad «encarnada», no contaminada por la materia, porque la materia no es mala. Se pueden vivir con decencia las realidades materiales.

Esa consideración está puesta aquí, al principio, porque, en mi opinión, hay que partir de ella, al menos como hipótesis, para entender el Opus Dei, como, por lo demás, todas las instituciones cristianas. El Opus Dei se basa en la realidad de lo espiritual. Por eso, cuando, como se verá, el Opus Dei dice de sí mismo que sus fines son «exclusivamente sobrenaturales», no hay que entender que la institución está en un ámbito descarnado, en una especie de región intermedia entre la tierra y el cielo —si eso quiere decir algo—, sino que se ponen garantías para que la razón sobrenatural predomine sobre cualquier otra.

Esa razón y sentido sobrenaturales son un camino de misticismo —quitando a esa palabra la injusta connotación esotérica—, un camino de santidad. Por eso el Opus Dei ha de ser incluido en la historia de la espiritualidad cristiana.

El rechazo del maniqueísmo no quiere decir que se niegue la realidad del pecado, es decir, del mal moral, de la actuación humana en contra del querer de Dios. El pecado en sentido propio trae consigo, además —aunque a veces no se advierta a primera vista—, consecuencias negativas sobre los vivientes de la tierra, sobre el mundo humano en particular. De otra parte, desde el principio —pecado original—, es también el mal el que, a su modo, contribuye a diseñar el complejo panorama del hombre. Rechazar el maniqueísmo no es equivalente, por tanto, a dar a la realidad humana un carácter plano, trivial. La unión de lo material y lo espiritual no es algo uniforme y raído: se percibe siempre una tensión, ilustrada por San Pablo al escribir: «no hago el bien que quiero, sino el mal que aborrezco» (*Romanos* 7, 15).

La creencia espiritual no soporta la trivialización. Lo espiritual puede ser vivido en las más comunes de las circunstancias, pero no por eso pierde su dimensión a la vez trágica y optimista. Como recordaba Pascal, el pecado pone al hombre en una situación inferior a la de los animales, pero el pecado no es la última palabra. La última palabra es la Redención del pecado. Porque hay Redención, el maniqueísmo es un callejón sin salida. Si se desea construir una verdadera espiritualidad, ha de ser lejos de ese planteamiento.

Estas consideraciones pueden parecer en exceso introductorias, pero, en mi opinión, entrar en materia sin más, sin detenerse en un intento de explicación de las realidades espirituales, es exponerse a no ser entendido desde el principio. Bergson, hace casi un siglo, hablaba de la necesidad de un «suplemento de alma». O se hace un lugar a lo espiritual o la creencia queda como simple actitud.

2. Santidad para pocos, santidad para todos

Desde el principio, la espiritualidad cristiana tuvo que defenderse de una desviación consistente en querer adecuar el contenido de la fe a lo que el hombre puede entender y sentir por sí solo. Por eso, la forma más común de ese planteamiento –el gnosticismo– no soporta la realidad de la Encarnación del Hijo de Dios, que Cristo sea, como dice la antigua expresión, «verdaderamente Dios y verdaderamente hombre».

En el cristianismo, por el contrario, se tiene acceso a Dios por Jesús. La unión con Dios es, antes que nada, unión con Cristo. El camino de la santidad es el camino del espíritu de Cristo. Toda teología, el tratar de Dios, acaba, por eso en una teología espiritual, una teología de la unión con Dios.

Una pregunta fundamental de esa teología puede formularse así: la unión plena con Cristo, ¿es asequible a cualquiera? La respuesta teórica –en el sentido exacto de la palabra teórica– es que sí. Pero la cuestión ofrece también un aspecto histórico. Por eso pienso que es aclaratorio un recorrido, aunque sea muy rápido, por los hechos y las posiciones más relevantes en la historia de la espiritualidad cristiana.

Un importante trecho de la historia de esa espiritualidad y, a la vez, una realidad también de estos tiempos es la espiritualidad religiosa, en el sentido de situar a determinados hombres o mujeres en un «estado» propio: el estado de perfección, el estado religioso.

El Opus Dei surge de otro nervio, presente desde el principio en la historia cristiana: el de la llamada universal a la santidad en medio del mundo. Pero es difícil advertir la esencia propia de la espiritualidad secular, que es un aspecto de esa llamada, sin conocer al menos los jalones fundamentales de la que podría llamarse «historia de la búsqueda de la santidad».

Según los conocimientos históricos comprobables, el primer autor que hace, de forma expresa, teología espiritual es Orígenes, que produjo su obra sobre todo en la primera mitad del siglo III (murió en el 253). Este autor, como ya había hecho su maestro, Clemente de Alejandría, distingue entre los que podrían llamarse fieles comunes y las almas escogidas o instruidas. Si puede hablarse de una llamada universal a la santidad, de hecho la siguen muy pocos.

Estas almas escogidas han de practicar un continuo entrenamiento o ejercicio —eso quiere decir ascesis en griego— que implica: el desprendimiento de la familia y de la propiedad, frecuentes vigilias para dominar el cuerpo, ayunos severos, estudio ininterrumpido de la Sagrada Escritura. Haber planteado estas y otras condiciones para adquirir la perfección hace de Orígenes un precursor del monaquismo. De cualquier forma, se puede comprender cómo el cristiano corriente no tenía ni tiempo ni ocasión para seguir el modelo de vida preconizado por Orígenes.

La posición del teólogo alejandrino no era, sin embargo, la única. Poco antes había escrito Tertuliano, aún no seguidor de la herejía de Montano, un tratado sobre la oración en el que la perspectiva era más cercana a los modos de vida comunes.

En resumen: ya en los primeros siglos se puede distinguir entre la cuestión teórica y la cuestión práctica. Teóricamente no se niega que Dios llame a todos a la santidad, pero se observa que, en la práctica, son pocos los que eligen el camino más difícil.

El fenómeno del monaquismo se hace conocido hacia la segunda mitad del siglo IV. El monaquismo representa, en el cristianismo, la primera formulación práctica de la idea de que, para vivir con fidelidad el Evangelio es conveniente —necesario, dirán los más drásticos— separarse del mundo, es decir, no sólo del mundo en el sentido del «mundo pecador», sino del mundo en el sentido de tráfico normal de los hombres. En realidad, la idea de la retirada del «mundanal ruido» era anterior al cristianismo. Se encontraba como tópico en el mundo clásico, romano y griego, tal como se puede ver aún en el poema de Horacio, *Beatus ille,* del que Fray Luis de León dio una inmortal versión. El que sabe, el sabio, se retira, «huye del mundanal ruido». El esquema, como puede verse, era muy antiguo. Heráclito, en el siglo VI antes de Cristo, no hablaba de otro modo. Pero los monjes introducen en ese esquema un motivo esencial, sobrenatural: la unión con Cristo.

San Atanasio escribió el año 357, en la *Vida de San Antonio,* el origen del monaquismo cristiano. Antonio había muerto el año 356, quizá centenario. Es notable cómo la explicación, en cierto modo coyuntural, que se da del origen del monaquismo se haya luego convertido en algo teórico. Para lo primero, dice Quasten: «Fue una reacción natural contra el peligro de secularización después de que la Iglesia logró la paz y el cristianismo fue adoptado como religión del Estado. Se combatió la difusión de la mundanidad huyendo del mundo»[5]. Contemporáneo de San Antonio, San Pacomio dio inicio el año 320 al primer cenobio o lugar de vida comunitaria. Pacomio hará la primera regla monástica, un género que sobrevivirá hasta el día de hoy en una serie que incluye, entre otros, a San Basilio, San Agustín y San Benito.

Hasta el siglo XIII no habrá más vida «religiosa» —en el sentido de apartamiento del mundo— que la vida monástica, el monje. Como se sabe, los monasterios cumplirán un papel esencial en amplios campos, desde el específico de la espiritualidad hasta el de la transmisión de la cultura, el inicio de los primeros centros de educación y, en opinión de Max Weber, la racionalización de la vida económica.

Hay que advertir, por lo demás, que los grandes de estos primeros siglos de la Iglesia no escribieron nunca que la santidad, la vida de unión con Dios, la ascensión mística, fuera posible sólo en la vida monástica. O sea, se podía ser profundamente religioso sin necesidad de profesar como «religioso». Entre otros ejemplos, estas palabras de San Gregorio de Nisa: «La distancia entre lo divino y lo humano no es una distancia local, de suerte que se necesite de un medio mecánico para que esta pesada carne terrena pueda emigrar a la vida inteligible e incorpórea. (...) Él te ha mandado que en la oración le llames Padre a Dios, te manda nada menos que te hagas semejante a Tu padre celestial mediante una vida que sea digna de Dios, cuando nos invita más claramente en otro lugar cuando dice: "sed perfectos, como vuestro Padre celestial es perfecto" (Mt, 5, 48)»[6].

Cabe detenerse en un personaje muy fuera de lo común, Agustín de Hipona (354-430), porque expresa de forma clara la radical igualdad de todos los cristianos en cuanto cristianos, por el bautismo. Ése es el sentido de unas frases suyas recogidas por el Concilio Vaticano II: «para vosotros soy el obispo, con vosotros soy el cristiano»[7]. Sabía bien que, en cuanto a la calidad de la vida cristiana, hay que mirar la sustancia, no el título.

---

[5] B. QUASTEN, *Patrología,* BAC, Madrid, 1973, vol. II, p. 158.

[6] *De oratione dominica,* citado en QUASTEN, II, pp. 330-331.

[7] «Si me asusta lo que soy para vosotros, también me consuela lo que soy con vosotros. Para vosotros soy obispo, con vosotros soy cristiano. Aquel nombre expresa un deber, éste una gracia; aquél indica un peligro, éste la salvación» (San Agustín, *Sermo 340,* 1, citado en C. Vaticano II, Const. *Lumen Gentium,* en *Constituciones, Decretos, Declaraciones, Legislación posconciliar,* BAC, 6.ª edición, Madrid, 1968, p. 98).

Sucede que era la sociedad civil la que estaba dividida en estamentos –la distinción esencial entre libres y siervos no había desaparecido y no desaparecería en muchos siglos–, y el trabajo manual –es decir, la casi totalidad de los trabajos– era considerado servil. No hace falta demostrar todo esto: baste recordar el dato de que más del ochenta por ciento de la población se dedicaba al trabajo agrícola, y la mayoría como dependiente. La terminología canónica de «trabajos serviles» llega hasta el siglo XX, cuando se trata de señalar qué trabajos están prohibidos los días de fiesta. Al lado del cumplimiento del precepto dominical estaba el descanso de los que tenían que trabajar manualmente para vivir: prácticamente casi toda la población.

Después de casi un milenio de monacato, y coincidiendo con un reflorecimiento de este tipo de vida cristiana, tiene lugar la revolución de las órdenes mendicantes, en el siglo XIII. Por ejemplo, la pobreza de Francisco de Asís fue muy llamativa en su tiempo y los franciscanos conectaron enseguida con las necesidades inmediatas del pueblo. Pero, como es comprensible, no todo el mundo, ni siquiera muchos, podía vivir como los frailes mendicantes, pues si éstos pedían para sobrevivir, otros tenían que trabajar para sobrevivir y para poder dar limosna. En conjunto, la popularidad de las nuevas órdenes, en un tiempo –el del medievo– lleno de variedad, creatividad y sentido de lo extraordinario y maravilloso, contribuyó a que se difundiera la idea de que la espiritualidad más pura coincidía con el apartamiento de lo material.

En los primeros decenios del siglo XVI, en la época de Lutero, la vida de las órdenes religiosas ofrecía una variedad considerable: benedictinos, cartujos, franciscanos, dominicos, servitas, agustinos... El mismo Lutero fue fraile agustino. Uno de sus biógrafos ha llegado a afirmar que esa condición religiosa marcó toda su personalidad: «Yo diría, sin intención ninguna despectiva, que la frailería *(die Möncherei* en lenguaje luterano) se le convirtió en carne y sangre de su cuerpo y en forma de su espíritu, influyó en toda su educación, en sus modales, en su lenguaje, en su carácter, en su conversación social, en su religiosidad y espiritualidad cristiana, que tienen mucho de fraile observante aun en los momentos de mayor violencia antimonástica. Algo de "frailuno", en todos los sentidos de la palabra, se revela siempre en la personalidad de Lutero. Lutero, tanto como alemán, fue siempre fraile, aun después de su matrimonio»[8].

Como rasgo providencial, el furor luterano contra la vida religio-

[8] R. GARCÍA-VILLOSLADA, *Martín Lutero,* 2.ª edición, BAC, Madrid, 1976, vol. I, p. 107.

sa coincidió con un reflorecimiento de la vida espiritual asociada, ya en los finales del segundo decenio del siglo XVI. No se trata, al principio, de órdenes religiosas, sino más bien de hermandades, integradas por sacerdotes y por laicos principales, nobles, humanistas. Así ocurre con el Oratorio del Divino Amor, fundado en 1517, el año del inicio de la rebelión de Lutero. De 1519 es la Confraternidad de la Caridad, una hermandad con fines de caridad, muy apoyada luego por los Papas: en 1524 Clemente VII le concedió la iglesia de San Jerónimo de la Caridad.

Es significativo que Von Pastor, al hacer la historia de este periodo, añada: «Pero por muy importante y beneficiosa que resultara la acción del Oratorio y de sus ramificaciones, sin embargo, aquel género de asociaciones no podía por su propia índole ejercer una influencia extensa y eficaz. No siendo más que cofradías, faltábales una robusta organización, y a las continuas oscilaciones en el número de sus miembros, se añadía el hallarse cada uno de ellos apartado con frecuencia de las buenas obras, para las cuales se habían congregado, por obligaciones y negocios de otros géneros»[9].

En este clima tienen lugar las fundaciones de congregaciones como las de los teatinos (1524), los barnabitas (1533) y los jesuitas (1534). Lo que Von Pastor escribe sobre los teatinos es aplicable a la mayor parte de lo que aparece en esta época: «Debía formarse un nuevo instituto de más moderno espíritu, cuyos miembros fueran simples sacerdotes, que hubieran de resplandecer como modelos, por su conducta irreprensible y fiel cumplimiento de su vocación, a los ojos de la gran masa del clero secular, en parte profundamente relajado»[10].

En el Concilio de Trento —clausurado el 3 de diciembre de 1563— se dieron expresas disposiciones para reformar la vida religiosa, contando con el apoyo de las órdenes nuevas que habían surgido en los últimos decenios, de modo especial de la Compañía de Jesús. La reforma de las carmelitas y los carmelitas es también de esta época. Fue Pío IV quien, en 1565, dio licencia a Teresa de Jesús para fundar un convento reformado en Ávila. Ese mismo año se inicia la renovación del Císter. Los decretos tridentinos de reforma fueron acogidos por los dominicos, los franciscanos y, en general, por todas las familias religiosas. «Con sus decretos (del Concilio de Trento) sobre la reforma de los religiosos y monjas fueron heridos de muerte los principales abusos, y donde estas ordenaciones alcanzaron vida y

---

[9] L. von PASTOR, *Historia de los Papas,* Gustavo Gili, Barcelona, vol. X, p. 294.
[10] PASTOR, X, p. 303.

realidad, las Órdenes tomaron nuevo vuelo. De hecho, todas las antiguas Órdenes se renovaron también en el siglo siguiente; algunas subieron a un florecimiento cual no lo habían visto más hermoso los mejores tiempos de la vida monástica»[11].

Cambiaron de nuevo los tiempos y en la Iglesia se supo responder a las modernas necesidades. Es el caso, por ejemplo, de San José de Calasanz (1556-1648), el primero que de un modo organizado se preocupó por la educación de los hijos de las personas sin recursos. En 1597, por el impulso de Calasanz, nace la primera escuela popular gratuita[12]. Los profesores formaron poco a poco a los Clérigos Regulares de las Escuelas Pías, una nueva congregación religiosa.

Las nuevas fundaciones, a lo largo del siglo, fueron casi todas adquiriendo ese signo: se «aligeraba» a los religiosos y religiosas de sus obligaciones sedentarias para que pudieran, con más facilidad, dedicarse a una labor de caridad: es el caso, de las diferentes instituciones fundadas por San Vicente de Paúl (1576-1660), entre ellas las conocidísimas Hijas de la Caridad, o la importante dedicación a la educación emprendida por los Hermanos de las Escuelas Cristianas, de San Juan Bautista de la Salle (1651-1719). El esquema es siempre el mismo: un grupo de personas que dejan «el siglo» para consagrarse, no ante todo por una motivación social, sino por amor de Dios, a una tarea de caridad.

Para la historia de la espiritualidad, el siglo XVIII es una época dura. Algunas muestras: decadencia o desgracia de algunas instituciones, como ocurrió con los jesuitas, suprimidos por la Santa Sede en 1773 por instigación de varios monarcas; influencia de la mentalidad de la Enciclopedia (opuesta al cristianismo); escasez de Papas con suficiente energía, ya que en los cónclaves de la segunda mitad del XVII habían resultado elegidas personas ancianas o enfermas. Lo que iba a venir era la descristianización de masas enteras. No es extraño que dos instituciones surgidas en esta época —los pasionistas de San Pablo de la Cruz (1694-1775) y los redentoristas de San Alfonso María de Ligorio (1696-1787)— se dedicaran a promover formas colectivas de evangelización, las misiones populares.

Después vino la gran transformación que supuso la Revolución Francesa. Esta revolución de las ideas, unida a la revolución industrial —que fue, en gran parte, una «revolución de las cosas»—, transformó la sociedad. Para la Iglesia, la Revolución supuso, sin tener en cuenta aquí los hechos de persecución, un cambio de escenario. A

---

[11] PASTOR, XVII, p. 224.
[12] Cfr. PASTOR, XXIV, p. 68.

ejemplo de la Revolución Francesa, las autoridades políticas a lo largo del siglo XIX fueron, con gran frecuencia, decididas partidarias del laicismo, es decir, de una visión primero no confesional y luego —y en definitiva— agnóstica cuando no atea. En cualquier caso, la religión tenía que quedar, para el laicismo, relegada a la vida privada, sin influencia en la pública. A la vez se extendían visiones del mundo —como la de Darwin— que excluían por principio la existencia de Dios: no hacía falta para entender el origen del hombre.

El siglo XIX fue, en gran parte, un siglo en el que, tanto autoridades políticas como las masas enteras del pueblo, se desentendían de la visión cristiana del mundo. A la vez, y paradójicamente, el alma de la Revolución francesa era cristiana. Según la célebre frase de Chesterton: «ideas cristianas que se habían vuelto locas».

Es esencial para entender actitudes y enfoques, que son los presupuestos actuales, advertir que en el siglo XIX, en la mayor parte del mundo occidental, se abandonó la concepción estamental de la sociedad. Empieza de ese modo un fortalecimiento creciente de la democratización, como vio de forma lúcida Alexis de Tocqueville.

Viene a cuento recordar estas comprobaciones históricas porque, a la vez que se daban esos fenómenos, se estaba preparando el camino para un nuevo despuntar de la llamada universal a la santidad. De finales del siglo XIX son esas «formas nuevas»[13] que, recogiendo tanto la doctrina como algunos precedentes, iban a mostrar caminos concretos para ese otro nervio de la espiritualidad cristiana presente desde el principio: la llamada universal a la santidad en medio del mundo.

* * *

No se piense que se ha perdido el tiempo con estas breves páginas de introducción. El Opus Dei se entiende sólo en ese contexto de una voluntad seria de seguir a Cristo por el camino del Evangelio. No es ninguna otra cosa.

3. Lugar y tiempo del Opus Dei en la Iglesia

Como quedó anotado antes, el nervio de la espiritualidad secular había estado siempre latente en la Iglesia, siendo la raíz no sólo de

[13] Sobre las «formas nuevas» en el apostolado, véase capítulo II, 2.

concretos casos individuales de santidad en medio del mundo, sino también de algunos atisbos de intentos asociativos. Esa espiritualidad secular era, a la vez, algo presente y ausente.

Explicaciones de ese fenómeno mixto de presencia y ausencia hay muchas, pero se puede recordar una fácilmente verificable: durante muchos siglos, laico –o lego– era sinónimo de no ilustrado, de inculto o ignorante (como quedó en la expresión «lego en la materia»). Esta diferencia entre masa y elite estaba bien fijada, porque, de hecho, la sociedad se movía en un esquema estamental. Al fin y al cabo, los gremios, que hundían sus raíces en los *collegia* romanos, no desaparecerían del todo hasta el siglo XIX.

No es extraño, sin embargo, que la segunda mitad del XVI, época del primer impulso de la reforma católica, viera aparecer un fenómeno interesante de apostolado seglar, al que se ha aludio, en la figura princial de Felipe de Neri. Pese a todo, al final, el Oratorio se convertiría en una Sociedad de Vida Apostólica, asimilada a los religiosos.

Tampoco una figura tan semejante a la de San Felipe de Neri como San Francisco de Sales, autor de la justamente inolvidada *Introducción a la vida devota* (1609) –donde se afirma que el amor de Dios es posible en todos los estados–, pone en marcha una institución de espiritualidad laical; lo que funda, con Juana Francisca de Chantal, acaba en una congregación religiosa. Los tiempos no hacían posible otra cosa. Hasta el siglo XX no se modificará el planteamiento de la santificación del cristiano corriente.

De «mayoría de edad del laico» –algo estrechamente unido, aunque no del todo coincidente con una espiritualidad secular, ya que ésta alcanza también a los sacerdotes diocesanos– sólo se empieza a hablar bien entrado el siglo. Los primeros indicios son, no obstante, de finales del XIX, con la aparición de las que más tarde fueron denominadas «formas nuevas de apostolado». Como es lógico, la realidad individual de laicos que se santifican en medio del mundo, de ordinario guiados por un director espiritual, es tan antigua como el cristianismo, pero de hecho no ha dejado apenas huella en la historia. Las «formas nuevas» eran, en cambio, un intento de encontrar un cauce jurídico a fenómenos asociativos. De ordinario, las diversas iniciativas, que no superaron el ámbito local, eran aprobadas como asociaciones de fieles.

Sobre el tema hay alguna referencia en escritos de los años veinte y, sobre todo, de los treinta y cuarenta[14]. Con todo, tendrían que

[14] Cfr. en A. de FUENMAYOR, J. L. ILLANES, V. GÓMEZ IGLESIAS, *El itinerario jurídico del Opus Dei,* Eunsa, Pamplona, 3.ª edición, 1989, pp. 163-165, algunas indicaciones sobre estas

transcurrir aún más de veinte años para que el Concilio Vaticano II sancionara la efectiva «mayoría de edad del laicado». Baste decir que el decreto sobre el tema, *Apostolicam actuositatem,* es una novedad en la historia de la Iglesia.

Es opinión muy corriente que entre la realidades en las que se basó el Concilio Vaticano II para renovar la doctrina sobre la llamada universal a la santidad, el Opus Dei ocupaba un lugar importante[15]. Sin embargo, no es de extrañar que el camino hasta este reconocimiento pasara por una selva de dificultades. El Opus Dei, tal como lo vio en 1928 don Josemaría Escrivá, no era como el eslabón de la adaptación del estado religioso a los tiempos modernos y a las nuevas necesidades (eso es un proceso distinto, que cabía esperar que se diera y que, de hecho, se ha registrado). Era, en realidad, un nuevo rebrote de la espiritualidad secular.

Se explica así la insistencia del Fundador del Opus Dei en que el hombre o la mujer que recibe esta vocación no cambia de estado, sino que permanece en el mismo estado —soltero, casado, viudo, sacerdote— con una nueva visión: la de santificar, desde dentro, las actividades diarias, normales, profesionales. No salirse del mundo ni siquiera con el pensamiento. No ser «como los demás»; ser uno más, entre los demás, pero comprometiéndose a vivir las virtudes cristianas con la ayuda de una intensa formación según el espíritu del Opus Dei.

El Fundador del Opus Dei dijo desde el primer momento, que quienes formen parte de aquello —aun sin nombre, aun sin miembros propiamente dichos— no han de cambiar de estado. Así, lo primero que existe, como Opus Dei, es una práctica de vida cristiana en medio de la calle. Una vida que tuvo desde el principio el refrendo de la autoridad competente: la de la Iglesia.

El problema que se planteó enseguida se puede formular así: ¿cómo encuadrar en el derecho de la Iglesia entonces en vigor la realidad de un empeño de vida cristiana, de búsqueda de la santidad, pero sin cambiar de estado? Es significativo que el problema no quedase resuelto hasta 1982 y que el Fundador del Opus Dei no lo

---

«formas nuevas» y sobre la literatura canónica al respecto. *El itinerario jurídico del Opus Dei* es el estudio más completo publicado hasta la fecha. Sirve de guía al resumen que se hace en este apartado.

[15] En 1975 escribía el cardenal Koenig: «Probablemente la fuerza magnética del Opus Dei le viene, según muchos, de su profunda espiritualidad laical; ya en 1928, cuando lo fundó, Escrivá había anticipado lo que, con el Concilio Vaticano II, se convertiría en patrimonio común de la Iglesia» *(Corriere della Sera,* Milán, 9 noviembre 1975). En un sentido semejante se han expresado otros prelados: cfr. una relación sintética al final, Documentación, 3.

pudiera ver en la Tierra. El itinerario jurídico del Opus Dei es algo complejo, incluso «complicado», en palabras del Fundador»[16].

No es el momento de seguir los pasos concretos de un proceso que durante años pareció interminable[17]. Lo esencial es destacar cómo la vida espiritual, sobrenatural, cuando tiene fuerza, cuando está basada en la voluntad de Dios, resulta, en cierto modo, imparable. La solución jurídica, que puede leerse en la Constitución apostólica *Ut sit,* del 28 de noviembre de 1982, de Juan Pablo II, es la de una Prelatura personal de ámbito internacional, cuyo nombre es Prelatura de la Santa Cruz y del Opus Dei o, abreviado, Prelatura del Opus Dei[18]. Además de otras consecuencias que comporta la Prelatura, una es inmediata: el Opus Dei es gobernado por un Prelado, quien depende de la Congregación de los Obispos. Es decir, forma parte de la estructura jurisdiccional de la Iglesia[19].

En una entrevista en *Corriere della Sera,* el Prelado del Opus Dei, Monseñor Álvaro del Portillo, contestaba así a la pregunta ¿qué es una Prelatura personal?: «Es una estructura jerárquica de la Iglesia, que reúne sacerdotes y laicos bajo la jurisdicción de un Prelado, para llevar a cabo un determinado fin apostólico entre los cristianos corrientes que viven en medio del mundo, enseñando a transformar el trabajo en oración, en ocasión de un encuentro con Dios»[20].

Sacerdotes y seglares tienen, en el Opus Dei, una única vocación, la que les ha de llevar a santificar el trabajo ordinario –en el caso de los sacerdotes, el ministerio sacerdotal–, haciendo de esa tarea la ocasión para un mayor conocimiento y amor de Dios. Por la misma razón, sacerdotes y seglares se empeñan, por igual, en la continuación inmediata de esa finalidad –o, mejor, en su otra dimensión– que es la difusión entre personas de todas las condiciones de ese espíritu de santificación en la vida ordinaria.

En el lenguaje usual, incluso el de los católicos, la terminología Prelatura personal no es conocida, cosa nada rara si se tiene en cuenta

[16] *Carta,* 29-XII-1947, citada en *El itinerario...,* p. 13.

[17] *El itinerario...,* p. 14. La complejidad del proceso jurídico se debe a muchos factores, pero uno de los más claros es la proverbial prudencia de la Santa Sede a la hora de aprobar nuevas instituciones o de –lo que viene a ser lo mismo– modificar el derecho común de la Iglesia. Las normas jurídicas, como se sabe, requieren una cierta permanencia, en favor de la seguridad y de la garantía de los derechos subjetivos. Por otro lado, cuando la Santa Sede advierte la existencia de verdadera vitalidad cristiana alberga, sin graves inconvenientes, a las instituciones aunque no hayan aún adquirido un estatuto jurídico correspondiente a su verdadera naturaleza. En conjunto, es un proceso a la vez histórico y jurídico. Su lentitud en el caso del Opus Dei no es insólita, si se ve la historia de la Iglesia.

[18] Ver texto completo en Documentación, al final del presente libro.

[19] La bibliografía fundamental sobre la figura jurídica de la Prelatura en *El itinerario...,* pp. 421-502. Cfr. también Bibliografía, al final del presente libro.

[20] *Corriere della Sera,* Milán, 7 diciembre 1985.

que su precedente inmediato es el Concilio Vaticano II. Las palabras nuevas, que designan conceptos nuevos, tardan mucho en calar en el lenguaje corriente, a no ser que se adopten técnicas publicitarias. Lo que suele sonar a algo acostumbrado –pues no en vano lleva muchos siglos de vida– es la terminología que incluye palabras como *diócesis, parroquia* y, en otro orden de cosas, las que se refieren a *votos, hábitos, convento,* etc.

La terminología territorial, espacial, resulta de inmediato lo más claro. Pero no todas las estructuras jerárquicas de la Iglesia son territoriales. Por ejemplo, en algunos países, el llamado ordinariato militar es, como el mismo término indica, una jurisdicción ordinaria y propia. El obispo correspondiente no tiene «territorio», tiene una misión, una finalidad: la atención espiritual de las personas que componen las fuerzas armadas.

Es probable que, en los tiempos futuros, la jurisdicción ordinaria de la Iglesia se muestre también en términos, por así decir, de «tiempo» y no sólo de «espacio». Siempre predominará lo espacial: intuitivamente es más claro el espacio que el tiempo, pero el Concilio Vaticano II ya estableció estructuras jurisdiccionales personales.

Es un tema que conviene tratar con cierto detenimiento.

El Concilio, en el n.º 10 del Decreto sobre los sacerdotes (7 de diciembre de 1965), prevé la posibilidad de «peculiares diócesis o prelaturas personales». Y el 6 de agosto de 1966, Pablo VI, en el «Motu proprio» *Ecclesiae Sanctae* concreta cómo podrían ser esas prelaturas. Finalmente, el 15 de agosto de 1967, el mismo Papa, en la Constitución apostólica *Regimine Ecclesiae universae,* con la que se iniciaba una reforma de la Curia, al referirse a la competencia de la Congregación de los Obispos, señala que será competente «en lo que se refiere a la constitución de nuevas Diócesis, provincias y regiones eclesiásticas (...), así como también a la erección de Vicariatos castrenses y, oídas las Conferencias episcopales del respectivo territorio, de Prelaturas personales para la realización de peculiares tareas pastorales en favor de regiones o grupos sociales necesitados de ayuda; trata asimismo de lo relacionado con el nombramiento de Obispos, Administradores apostólicos, Coadjutores y Obispos auxiliares, de los Vicariatos castrenses y de los Vicarios o Prelados que gozan de jurisdicción personal»[21].

La relativa aridez del lenguaje jurídico, en este caso canónico, es inevitable. Por otra parte, la historia del proceso de adquisición por el Opus Dei de un adecuado conjunto de normas, desde 1928 a 1982,

---

[21] Para el contexto de este documento, cfr. *El itinerario...,* p. 370.

es un tema nada fácil. Puede verse con detalle en el estudio, antes citado, *El itinerario jurídico del Opus Dei.* Lo más claro es que, tarde o temprano, el adecuado instrumento jurídico tenía que llegar, porque el Opus Dei era una realidad. Cuando nació, no había ninguna norma en la que pudiera encuadrarse. Pero las autoridades de la Iglesia, reconociendo la validez de esa vida, del fenómeno pastoral, fueron aprobando al Opus Dei con instrumentos jurídicos más o menos adecuados, hasta el momento de poder ajustar, como parece lo razonable, el derecho a la vida.

Desde 1982 el Opus Dei puede cumplir su finalidad no con estructuras espaciales, no con «territorios», sino con una Prelatura personal. En un intento de aclarar algo esto para el público que no ha seguido —y es la casi totalidad del público— los últimos desarrollos del derecho canónico, empleo a continuación un lenguaje no jurídico pero quizá claro.

Una Prelatura personal tiene que ver con lo que podría llamarse «la santificación del tiempo», es decir, obteniendo de miles de personas el tiempo necesario para cumplir la propia tarea de formación personal cristiana y, gracias a esa formación, difundir en la sociedad civil el ideal evangélico de la llamada universal a la santidad en medio del mundo. Pero esa dedicación de tiempo es, para cada miembro, algo imbricado en la propia tarea profesional, en las obligaciones familiares, en las relaciones sociales. No se trata de dejar o de disminuir el trabajo para dedicarse a la oración y al apostolado, sino de convertir el trabajo en ocasión de santidad y apostolado. O sea, de empeñarse en ese esfuerzo.

Ahora puede comprenderse mejor por qué el Opus Dei no forma un «cuerpo», no reúne a gente en el «espacio», o sea, no es una organización espacial. El tiempo que los miles de miembros del Opus Dei dedican a cumplir la finalidad de la Prelatura no es visiblemente «reunible». El Opus Dei, desde su fundación, no ha pretendido ocupar sitios, sino animar a personas a entender el tiempo —el único que hay, el de la vida ordinaria del trabajo y la familia— como un homenaje a Dios, como gloria de Dios. Esto puede conectarse con una consideración de *Camino:* «Los que andan en negocios humanos dicen que el tiempo es oro. —Me parece poco: para los que andamos en negocios de almas el tiempo es ¡gloria!»[22].

El «lugar» del Opus Dei en la Iglesia es, por eso, más bien tiempo. La terminología de Prelatura personal, es susceptible de una aproximación que combine el enfoque jurídico con el antropológico.

---

[22] *Camino,* n.° 355.

Jurídicamente, en derecho canónico, lo «personal» se opone, en cierto modo, a lo «territorial». Pero si, como se ve con facilidad, decir «territorial» es decir «espacio», lo que está detrás de «personal» es «tiempo». Por otro lado, «prelatura» es el nombre genérico de la potestad ordinaria, (así, el obispo es el prelado de la diócesis). El uso más propio del nombre «prelado» es el de autoridad jerárquica, ordinaria y propia en la Iglesia. En el caso del Opus Dei, Prelatura personal significa, en el sentido que aquí se considera, institución que se encarga de vivificar el tiempo que los miembros dedican al cumplimiento de la finalidad de esa misma Prelatura. Esa finalidad, a su vez, no es otra que la santificación de esos miembros en la vida ordinaria y la difusión de ese mismo estilo cristiano de vida entre personas de todas las condiciones.

Con esto, en realidad, quedaría, satisfecha cualquier averiguación sobre qué es el Opus Dei. La vocación de los miembros del Opus Dei es total en cuanto a la intensidad. «La Obra, el Opus Dei, no ha surgido como consecuencia de la iniciativa de un sacerdote lleno de inquietudes espirituales, sino que es fruto de una intervención de Dios en la historia. No convoca a participar en un proyecto apostólico bien intencionado, al que se contribuye con mayor o menor intensidad, según los casos, sino a situarse ante Dios, que llama a cada uno por su propio nombre. En otras palabras, la incorporación al Opus Dei presupone saberse objeto de una vocación o llamada divina, de una invitación que viene de Dios mismo y compromete toda la existencia, que debe, a partir de ese momento, orientarse por entero, en todas y cada una de sus dimensiones, a la imitación y el seguimiento de Cristo y precisamente en el trabajo diario, en las condiciones y avatares normales del existir y vivir en medio del mundo»[23].

Todo lo demás depende de eso. Ahora se puede empezar la historia desde el principio.

---

[23] *El itinerario...*, p. 41.

CAPÍTULO II

DATOS HISTÓRICOS SOBRE EL OPUS DEI

De 1928 a hoy

La historia del Opus Dei puede, hasta ahora, dividirse en dos periodos: de 1928 a 1975, que es la etapa de la fundación; y de 1975 a hoy, etapa de la continuidad. La historia del primero coincide, en buena parte, con la vida del Fundador, el desde el 17 de mayo de 1992 Beato Josemaría Escrivá de Balaguer (unió los dos nombres –José y María– desde 1935, por devoción a la Virgen y a San José); pero también los 26 años que transcurren desde el nacimiento de Josemaría Escrivá hasta 1928 son significativos: conocida la historia posterior, se entiende que, ya desde la adolescencia, empiecen a aparecer las pautas fundamentales.

Es una tarea demasiado ardua resumir en unas decenas de páginas una vida larga y muy bien documentada[1]. Por eso, quizá, lo más claro sea referirse a lo que, en definitiva, se ve como hilo conductor, como clave esencial.

La clave es la Cruz, es decir, la santificación del sufrimiento y del dolor. Puede parecer que no es así, porque el Fundador del Opus Dei es alegre, extravertido, de un optimismo que llama la atención.

[1] Existen más de media docena de libros biográficos sobre el Fundador del Opus Dei (cfr. Bibliografía, al final de estas páginas). En este resumen se sigue la obra de A. VÁZQUEZ DE PRADA, *El Fundador del Opus Dei,* 2.ª edición, Rialp, Madrid, 1984.

Pero el dolor estuvo siempre presente en su vida como una participación en la Cruz de Cristo. Si, como dejó escrito, «la alegría tiene raíces en forma de Cruz», no era menos claro, para él, que amar la Cruz es la fuente de la felicidad.

Para una mirada poco atenta, su vida fue la de un triunfador: al principio, un joven sacerdote sin medios de fortuna, sin influencias familiares, sin apoyo de gente poderosa; luego, el Fundador más célebre de los del siglo XX y uno de los más interesantes en la historia de la Iglesia. Nunca pensó él así. Con crudeza, el 28 de marzo de 1975, cuando cumplía las bodas de oro sacerdotales –y cuando faltaban apenas tres meses para su fallecimiento–, decía: «He querido hacer la suma de estos cincuenta años, y me ha salido una carcajada. Me he reído de mí mismo, y me he llenado de agradecimiento a Nuestro Señor, pues es Él quien lo ha hecho todo»[2].

1. La etapa de la fundación

La vida del Fundador del Opus Dei puede dividirse en tres periodos: 1) desde el nacimiento (9 de enero 1902) hasta la fundación del Opus Dei (2 de octubre de 1928); 2) desde la fundación hasta que fija su domicilio en Roma (1946); 3) desde ese año hasta el fallecimiento en la misma ciudad, el 26 de junio de 1975.

26 años de preparación

Josemaría Escrivá de Balaguer y Albás nació en Barbastro (Huesca, Aragón) el 9 de enero de 1902, hijo de José Escrivá y Corzán (nacido en 1867, en Fonz) y de María de los Dolores Albás y Blanc (nacida en 1878, en Barbastro). Don José María y doña Dolores contrajeron matrimonio el 19 de septiembre de 1898. El matrimonio, de familia noble y clase acomodada pero no rica, tuvo seis hijos: Carmen (1899), Josemaría (1902), María Asunción (1905), María de los Dolores (1907), María del Rosario (1909) y, muy distanciado, Santiago (1919). Era una familia con sentido cristiano, devota, pero no beata. Don José y doña Dolores supieron crear un clima en el que no había contradicción, sino armonía, entre la fe cristiana y el amor

[2] *El Fundador...*, p. 478.

a la libertad. Tanto el carácter del padre como el de la madre era comprensivo e indulgente. Por temperamento tendían al buen gusto y a la elegancia.

Desde los tres años llevaron a Josemaría a un colegio de religiosas. Desde los seis a uno de religiosos escolapios.

Hasta los ocho años fue el tan conocido paraíso de la infancia: padres acogedores, muchos hermanos, vida variada y feliz en el colegio. Pero en 1910 muere, de pocos meses, la hermana pequeña, Rosario. Poco después, en julio de 1912, muere Lolita, a los ocho años. En 1913 la tragedia sigue: fallece Asunción, Chon, a los cinco años. Es difícil imaginar lo que pudo suponer para un niño de ocho, diez y once años presenciar que sus hermanas pequeñas fueran desapareciendo. Había como un trágico orden que insinuaba que el próximo sería él.

Los padres se vuelcan en el hijo, que es vivo, brillante, cariñoso. Pero hacia el final de 1913 y principios de 1914, cuando Josemaría ha empezado a estudiar el bachillerato, el negocio de su padre –«Juncosa y Escrivá», una tienda de tejidos– va a la ruina. Pudo haber sido menor la bancarrota, pero don José Escrivá se empeñó en ayudar, hasta límites entonces y después nada frecuentes, a los empleados que iban a quedarse sin empleo. A los 47 años estaba él sin trabajo. Encontró uno nuevo como dependiente en una tienda de tejidos en Logroño. El nivel de vida de la familia descendió abruptamente. Si antes disfrutaban de un buen confort, ahora tenían que vivir de un modesto sueldo.

En otoño de 1915 toda la familia se instala en Logroño, en un cuarto piso, alquilado. Josemaría continuó los estudios en el Instituto, pero como alumno no oficial. Por deseo de los padres acudía por las tardes al Colegio de San Antonio, privado, donde un sacerdote se encargaba de la formación cristiana de los alumnos. Los dos cursos siguientes –el de 1916-1917 y el de 1917-1918– los realiza ya como alumno oficial del Instituto, quinto y sexto y último curso de bachillerato.

Fue a partir del invierno de 1917-1918, quizá en Navidades, cuando Josemaría experimentó lo que él llamó siempre *barruntos,* en plural: indicaciones de que Dios quería algo más de él. Esas indicaciones eran en cosas sencillas, ordinarias, en lecturas, en ansias interiores. Nunca había pensado en hacerse sacerdote ni en entrar en un convento. En el bachillerato, al estudiar latín, que no le gustaba, repetía el tópico de «el latín, para los curas y los frailes»... Muchos años después se dolería de esa salida típica de muchos adolescentes, pero queda como una prueba de que se vio reclamado por Dios cuando no lo esperaba.

Una de esas llamadas en cosas ordinarias resultó emblemática por su capacidad simbólica: las huellas de los pies descalzos de un fraile carmelita sobre la nieve. Era un fraile que atendía el convento de las Carmelitas. Josemaría decide hablar con él. En la primavera de ese año 1918 ha elegido ser sacerdote porque considera que así estará más disponible para lo que Dios quiera. Qué es lo que Dios quiere no lo sabe. No lo sabrá hasta diez años después, en 1928.

Habló con su padre. Los planes para que Josemaría ayudara a sostener a la familia se venían abajo. Pero el padre no se opuso, sino que le recomendó que lo pensara bien y que obrara con libertad. En octubre de 1918 Josemaría es alumno externo del seminario de Logroño. En 1919-1920 completó el primer curso de Teología, pero en septiembre de 1920 se trasladó al de Zaragoza. Antes, en 1919, había nacido el último hijo de la familia, Santiago.

En el seminario de Zaragoza tuvo ocasión de comprobar que lo suyo no era el futuro natural de sus condiscípulos: acabar los estudios, ordenarse, colocarse y, si había suerte, hacer carrera. El ambiente del seminario, aunque sano, era algo rudo en las formas. Además, no existía en esos años, en los seminarios de España, como en gran parte de la sociedad en general, un sentido concreto del aseo personal. Todo eso contribuyó a que Josemaría sufriera en el seminario; pero aprendió a la vez, de una forma que no haría más que crecer con los años, a venerar el sacerdocio.

Cuando estaba a punto de ser ordenado diácono, le llegó la noticia de una grave enfermedad de su padre. Se trasladó enseguida a Logroño, pero don José ya había muerto. Fue el 27 de noviembre de 1924. Don José Escrivá contaba 57 años. Había fallecido de un ataque al corazón.

Josemaría se ordena sacerdote el 28 de marzo de 1925. Ahora es el cabeza de familia, pero, como una señal de que no podría limitarse a atender a los suyos, tres días después tiene que dejar Zaragoza para hacer una sustitución de un párroco que se encuentra enfermo.

Desde que terminó los estudios eclesiásticos, inició los de Derecho civil, con el permiso de sus superiores. En el curso 1925-1926 aprobó muchas asignaturas de la carrera de Derecho, que terminó en 1927. Enseguida solicitó el traslado del expediente académico a Madrid, porque sólo en la Universidad Central se conferían los títulos de doctorado. Pero es que, además, intuía que lo que le pedía Dios –sin saber él qué– podría ser más fácil de realizar en una ciudad como Madrid. Así, con el permiso del arzobispo de Zaragoza, se trasladó el

20 de abril de 1927 a la capital de España. Poco después le seguirían su madre, su hermana y su hermano.

Tanto en Zaragoza como en Madrid se planteaba para él una primera urgencia: conseguir trabajo para sostener a su familia. En Zaragoza dio clases de Derecho canónico y de Derecho romano en el Instituto Amado, una academia de prestigio en la que se hacían estudios de bachillerato y se preparaba para algunas Facultades, Escuelas de Ingenieros e ingreso en la Escuela Militar. En Madrid, a la vez que hacía los cursos del doctorado, daba clases de Derecho romano y de Derecho canónico en la Academia Cicuéndez, situada en San Bernardo, frente a la Facultad de Derecho.

Era mucho mayor el trabajo de atender confesiones, llevar la dirección espiritual de muchas personas, dar clases de catequesis para niños de Primera Comunión. Empleaba también mucho tiempo como capellán de la iglesia y del Patronato de enfermos, que llevaban las Damas Apostólicas de la Caridad.

Lo principal, para él, era mantener viva el alma, por la oración y la celebración de la Santa Misa, para que Dios pudiera hacer que fuera *—Ut sit!,* que sea, repetía en latín— lo que estaba barruntando desde hacía casi diez años. Y la atención a los pobres y a los enfermos de los barrios más extremos de Madrid, recorriendo la ciudad a pie, incansablemente, con la energía de los 26 años.

Al comenzar el otoño de 1928, se apuntó a un retiro para sacerdotes que los Padres Paúles habían organizado en su casa de la calle García de Paredes.

Si se deja a un lado la historia —imposible— de los encuentros íntimos del hombre con Dios, no hay nada extraordinario en los primeros veintiséis años de Josemaría Escrivá. Una serie de golpes, aparentemente de la fortuna, pero que él ya sabía que eran de Dios. Una disposición completa a emplearse en lo que Dios quisiera, pero sin saber qué.

1928-1946: Tiempo para creer

El 2 de octubre de 1928, fiesta de los Ángeles Custodios, don Josemaría *vio* —siempre empleó este verbo al referirse a ese día— lo que barruntaba desde hacía diez años. Primero aquello no tuvo nombre; después, en 1930, descubriendo un sentido profundo en una frase de su confesor, lo llamó *Opus Dei,* Obra de Dios, trabajo de Dios.

Lo que vio fue que la santidad estaba al alcance de todos los hombres en el ejercicio del propio trabajo profesional. Como diría después, se habían abierto los caminos divinos de la Tierra. Esto equivalía a situar en medio de la calle el deseo de santidad, la lucha por la santidad. «Desde ese momento –escribirá más tarde[3]– no tuve ya tranquilidad alguna, y empecé a trabajar de mala gana, porque me resistía a meterme a fundar nada; pero comencé a moverme, a hacer; a poner los fundamentos».

Se trataba de encontrar a su alrededor a personas que pudieran recibir la misma vocación que él tenía: la de buscar la unión con Dios en medio del mundo, con, según una expresión muy suya, «alma sacerdotal y mentalidad laical». No fue fácil. Para complicar las cosas, a pesar de haber escrito que «nunca habrá mujeres –ni de broma– en el Opus Dei»[4], el 14 de febrero de 1930, celebrando la Santa Misa, ve que tiene que haberlas. El Opus Dei es para todos, sin distinción alguna: para hombres y mujeres, solteros y casados. Había, pues, que buscar vocaciones para algo de lo que no podía presentar credencial de ningún tipo. Un fundador que no deseaba serlo. Un joven de 28 años.

Como había hecho desde 1918, reza aún más, pide oraciones a cientos de enfermos, les ruega que ofrezcan sus dolores. Sabe que las plegarias no pueden fallar. Desde esos años iniciales –en realidad, desde mucho antes–, pone en marcha el arma secreta del Opus Dei: la oración. Esto es lo esencial. Si no se tiene en cuenta es muy difícil entender el Opus Dei.

Desde el principio había acudido al obispo de Madrid, que era entonces Mons. Eijo y Garay, y le había contado lo que era sólo un modesto principio. El obispo dio su aprobación sincera y cordial. Pero ¿qué había en realidad? En 1931 contaba con algunos jóvenes estudiantes, artesanos y obreros y con algunos sacerdotes amigos que intentaban ayudarle atendiendo a las primeras mujeres que podrían incorporarse a la Obra. Pero en ese mismo año, con ocasión de la instauración de la Segunda República, el 14 de abril, empezó en el país una época en la que fueron frecuentes los ataques a la Iglesia, la quema de templos y la propaganda anticristiana. En 1933, por ley, fueron suprimidas las congregaciones religiosas que se dedicaban a la enseñanza; antes había sido suprimida también la Compañía de Jesús. Hasta 1936 serían tiempos difíciles; y en ese año empieza una sangrienta guerra civil. Parecía el peor momento y el peor país para empezar nada.

Don Josemaría Escrivá multiplica su trabajo. Aunque había deja-

---

[3] El comentario es de 1962: cfr. *El Fundador...*, p. 15.

[4] *El Fundador...*, p. 116.

do el Patronato de Enfermos, desempeñaba, desde septiembre de 1931, el cargo de capellán de las Agustinas Recoletas, en el Monasterio de Santa Isabel, situado en la calle del mismo nombre. Era también capellán del Hospital del Rey, para enfermos infecciosos, un lugar grande y triste con la muerte como principal huésped.

Los jóvenes que hasta entonces había congregado se reunían con don Josemaría en la casa de la familia, en la calle Martínez Campos. Pero él pensó muy pronto que se necesitaba un poco de espacio y, además, una actividad exterior. A solucionar esto vino la fundación de la Academia Dya, situada en un piso de la calle Luchana. Dya era una sigla para *Dios y Audacia,* pero los estudiantes lo entendían como Derecho y Arquitectura, pues había clases de esas materias. No se trataba de una institución eclesiástica, sino civil, sujeta en todo a las leyes del Estado, incluidas las fiscales.

La Academia supuso enseguida una ocasión para conocer a gente nueva, y así, cuando se inicia 1934, don Josemaría puede contar con unos cuantos miembros del Opus Dei, aún estudiantes universitarios o a punto de terminar la carrera. Para ellos y para los otros muchos que acudían a sus charlas, escribe *Consideraciones espirituales,* un libro corto, de puntos de oración y de meditación. Ese mismo año el libro fue editado en Cuenca. Con el tiempo, esas consideraciones, convertidas en *Camino,* alcanzarían más de ciento ochenta ediciones, en 38 idiomas.

La Academia Dya se reveló un buen instrumento, pero don Josemaría pensó que, además, hacía falta, aunque fuera pequeña, una residencia de estudiantes. Entre otras razones, porque en la residencia, con gente viviendo de manera estable, podría haber oratorio y, en el oratorio, el Señor en el Sagrario. Con el dinero producto de la venta de unas tierras que la familia había heredado de un pariente se instaló la residencia en unos pisos de una casa en la calle Ferraz, 50. Empezó con dos residentes.

Al mismo tiempo se regulariza la situación de don Josemaría como capellán del Monasterio de Santa Isabel. Los antiguos patronatos reales dependen ahora de la República y son las autoridades estatales las que lo confirman en el oficio, después de comprobar que lo venía ejerciendo gratuitamente.

Empieza el año 1935. El Opus Dei, para cualquiera que pudiera observarlo como actividad, era un grupo de jóvenes alrededor de un sacerdote de 33 años, y un pequeño instrumento, la residencia de Ferraz. Por falta de fondos y, por tanto, de servicio, el mismo don Josemaría se encargó al principio, y cuando los estudiantes estaban fuera de la casa, de hacer las camas y de limpiar el suelo. Pero, para él, lo importante es que, con la autorización del obispo, y pidiendo la ayuda de algunas personas para contar con los objetos sagrados necesarios, se pudiera decir la primera misa en Ferraz, el 31 de marzo de ese año. Estaba convencido de que si se ocupaba antes que nada de Dios lo demás saldría.

En la residencia de Ferraz están ya las características de lo que serían, con el tiempo, tanto los centros del Opus Dei como las labores apostólicas llevadas por miembros del Opus Dei junto con otras personas. En cuanto a lo primero, lo más llamativo era que se trataba de un hogar de familia. Todos tenían que ocuparse de todo. Don Josemaría era, para los que estaban allí o frecuentaban el centro, el Padre, sin más, y así nació la manera nada solemne de referirse al fundador del Opus Dei y, desde 1975, a su sucesor, el primer Prelado. Precisamente el que sería su sucesor, Mons. Álvaro del Portillo, se incorporó a la Obra en julio de 1935, en Ferraz, cuando contaba 21 años y era estudiante en la Escuela Superior de Ingenieros de Caminos.

El curso 1935-1936 se presentaba mal, por la agitada vida política española, que preludiaba ya la guerra civil. Pero, como el Fundador dejó escrito por aquellos años, «la Obra de Dios no la ha imaginado un hombre, para resolver la situación lamentable de la Iglesia en España desde 1931. Hace muchos años que el Señor la inspiraba a un instrumento inepto y sordo, que la vio por primera vez el día de los Santos Ángeles Custodios, dos de octubre de mil novecientos veinte y ocho»[5]. De hecho, en el mismo mes de julio, antes de estallar la guerra, don Josemaría se ocupaba de trasladar los muebles de la residencia desde Ferraz 50 a unos pisos con más condiciones, en la misma calle, en el número 16. La casa quedaría destruida en la guerra, porque estaba enfrente de uno de los lugares claves, el Cuartel de la Montaña.

Al iniciarse la guerra y durante su desarrollo –julio de 1936 a abril de 1939–, el Opus Dei apenas crecería en número de miembros, pero llega a varios centenares de personas. Don Josemaría podía contar con la dedicación de una docena de hombres. La labor con las mujeres quedó, salvo en algún caso aislado, interrumpida completamente por la guerra. La falta de atención espiritual y, aun antes de la guerra, su inadecuación hicieron que las pocas vocaciones de mujeres se orientaran hacia formas de vida religiosa. Se trataba de esto: por delicadeza, don Josemaría había buscado a unos sacerdotes amigos para que llevasen la dirección espiritual de aquellas primeras mujeres que se acercaron a la Obra. Pero los sacerdotes, aun con

---

[5] *El Fundador...*, p. 156.

buena intención, seguían con la idea de que cualquier seglar que llevara vida de oración tenía que acabar tarde o temprano en un convento. La santificación en medio de la calle era aún para ellos algo impensable.

Entre julio de 1936 y octubre de 1937 don Josemaría siguió en Madrid, arriesgando la vida, pues seguía con su labor sacerdotal, aunque de paisano. El simple hecho de ser creyente, por no hablar de sacerdote, era motivo para ser eliminado. De hecho, como es sabido, la persecución religiosa que tuvo lugar en España, sobre todo en la primera parte de la guerra, no encuentra precedentes análogos en ninguna otra de la historia de Europa, a no ser remontándose a las de los primeros siglos de la Iglesia. Los miembros del Opus Dei, no más de una docena, se encuentran repartidos en los distintos frentes de los dos bandos. La situación en Madrid llega a tal punto que don Josemaría se ve obligado a abandonar la capital. Inicia un trágico itinerario saliendo de Madrid el 9 de octubre de 1937 para terminar en Andorra el 2 de diciembre. Poco después, en Burgos, durante 1938 y los primeros meses de 1939, se dedica a reconstruir el Opus Dei.

Había sembrado mucho durante los diez años anteriores. Sobre todo, había rezado. Establece enseguida comunicación con los miembros de la Obra y con sus numerosos amigos. Encuentra tiempo para poder hacer la tesis doctoral en Derecho. Como el trabajo ya elaborado se había perdido en Madrid, busca un tema nuevo, que tiene a mano en Burgos: la figura jurídica de la Abadesa de las Huelgas, que en sus tiempos más típicos llegó a tener una jurisdicción cuasiepiscopal. Leerá la tesis en diciembre de 1939[6].

En ese mismo año 1939 aparece *Camino.* El libro es como la carta de presentación de aquel nuevo brote de espiritualidad en medio del mundo que es el Opus Dei; no está dirigido sólo a los miembros de la Obra, sino a todos los que deseen avanzar en vida interior. *Camino* fue enseguida un instrumento en los viajes que los miembros del Opus Dei empiezan a hacer a algunas ciudades de España —Valencia, Barcelona, Valladolid, Zaragoza...— para extender la labor apostólica. Como la residencia de Ferraz estaba destruida, don Josemaría buscó un nuevo local, y lo encontró en la calle Jenner. Desde allí entabló de nuevo, relaciones con estudiantes, obreros y profesionales.

En Valencia, después de un retiro espiritual que predica en el Colegio Mayor Beato Juan de Ribera, en Burjasot, surgen nuevas vocaciones. Lo mismo ocurre en Valladolid, en Barcelona, en Zara-

[6] *La Abadesa de las Huelgas,* reelaborada, fue publicada en 1944. Hay una segunda edición de 1974 y una tercera de 1988.

goza. En este año de 1940 se puede advertir que la Obra ha prendido, que se presentan los primeros resultados algo abundantes de un esfuerzo de muchos años. Ese año don Josemaría alquila una casa de varios pisos en la calle Diego de León para que pueda ser, a la vez, sede central del Opus Dei –pues poco a poco habrá otros centros en diversas capitales– y lugar para la formación de los miembros, que de ese modo tienen la oportunidad de tratar de cerca al Padre.

Una vez más, don Josemaría tiene que recurrir a su madre y a su hermana para que se hagan cargo de dirigir los servicios de limpieza, comida, pidiéndoles que dediquen la vida a estas tareas.

Hay dos residencias, las de Jenner y la de Diego de León. El Fundador viaja mucho por todo el país, invitado por los obispos para predicar retiros espirituales a sacerdotes, seminaristas, religiosos y seglares. Su forma de hacerlo es cálida, seria, una urgente invitación a la vida de oración y de apostolado. No desea cobrar nada por este trabajo, sólo pide que le den alojamiento. Corre él mismo con los gastos de viaje. Hacía tiempo que había renunciado a los estipendios, es decir a la limosna que se entrega al sacerdote cuando se le encarga una misa por una intención determinada. Trabaja como profesor dando clases de Ética y Deontología en la Escuela de Periodismo de Madrid.

El ambiente de la postguerra se había traducido en un florecimiento de la vida cristiana, en estricto contraste con el carácter persecutorio del bando que había perdido la guerra. Pero la mayor vitalidad trajo consigo, como suele ocurrir, el acostumbrado cortejo de envidias, habladurías y chismes. Los chismes sobre el trabajo de don Josemaría eran anteriores a la guerra, pero ahora se recrudecieron. Para algunos, don Josemaría Escrivá, con su aire innovador, era un hereje, fundador de «una secta de judíos francomasones». Se le denunció ante un tribunal especial que aplicaba una Ley de Represión de la Masonería y del Comunismo. Hubo una orden de arresto contra él si pisaba la ciudad de Barcelona.

En esa ciudad, los ataques a la Obra se dieron en algunos confesonarios y en prédicas. Algunos religiosos visitaron a las familias de los pocos miembros de la Obra –no llegaban a la media docena–, diciendo que sus hijos estaban metidos en un camino herético. No es posible exagerar a la vez la gravedad y el pintoresquismo de aquellos ataques: el Opus Dei era acusado de hacer sacrificios humanos, de sacrilegios, de blasfemias. (En una síntesis histórica no habría necesidad de recordar esos hechos si no fuera porque, en los años que siguieron, de manera casi crónica, el mismo tipo de personas siguió atacando al Opus Dei con el mismo tipo de calumnias, variando sólo lo que, de acuerdo con los tiempos, podría parecer más increíble.)

Estos hechos indujeron al obispo de Madrid a decir a don Josemaría Escrivá que sería bueno que la Obra pidiera una forma de aprobación por escrito; por ejemplo, como Pía Unión, una de las formas previstas en el derecho de la Iglesia vigente. Así lo hizo, y esta primera aprobación escrita, de ámbito diocesano, es del 19 de marzo de 1941. El Fundador, en principio, no deseaba ese cauce jurídico porque pensaba que el Opus Dei rebasaría pronto el ámbito diocesano y aun el nacional. Una institución que había nacido con el fin de difundir un camino de santificación en medio del mundo para personas de todas las clases y condiciones sólo se encontraría jurídicamente protegida con un estatuto de ámbito universal, por tanto, pontificio. No era ambición, sino obediencia a la naturaleza de las cosas. De hecho, sólo el estallido de la segunda guerra mundial –en septiembre de 1939– y el trágico desarrollo de la contienda en 1940 y 1941, habían impedido los planes para ir a otros países.

Si el hilo conductor de la vida del Fundador del Opus Dei es la presencia de la Cruz, no podía faltar la de la persecución. Y todo cuando la Obra no era más de medio centenar de personas muy jóvenes dirigidas por un sacerdote que aún no había cumplido los cuarenta.

Un grave golpe más: el 22 de abril de 1941, cuando don Josemaría se encontraba fuera de Madrid predicando unos ejercicios espirituales a sacerdotes, murió inesperadamente su madre, a los sesenta y tres años.

Otro problema aún: ninguna institución de la Iglesia puede ir adelante y durar en el tiempo sin la asistencia sacerdotal en lo que se refiere a las cuestiones de conciencia y a la administración de sacramentos. Hacían falta sacerdotes que salieran del mismo Opus Dei. Así, con tiempo, realizando grandes esfuerzos por acudir a los mejores profesores, don Josemaría había preparado a tres miembros para el sacerdocio: Alvaro del Portillo, José María Hernández Garnica y José Luis Múzquiz. Los tres eran ingenieros; del Portillo y Músquiz, ingenieros de caminos y doctores en filosofía; Hernández Garnica, ingeniero de minas y doctor en ciencias. A don Josemaría le costaba que esos hombres perdieran la condición laical –aunque no perdían la mentalidad laical–, y, por otro lado, le daba alegría poder contar con sacerdotes que eran hijos espirituales suyos.

¿Cómo ordenar a los sacerdotes? Según el derecho canónico de la Iglesia hace falta un título jurídico: por decirlo así, una institución que sea la titular de la ordenación, ya que se ha de asegurar, entre otras cosas, el adecuado sustento de los sacerdotes. Tampoco era conveniente que los sacerdotes se adscribieran a una diócesis –fueran incardinados, según la terminología canónica–, porque debían estar disponibles para atender en primer lugar a los otros miembros de la Obra.

Como en 1930, otro 14 de febrero, esta vez de 1943, don Josemaría vio la solución. Nació así la Sociedad Sacerdotal de la Santa Cruz: ella daría el título para las ordenaciones. Finalmente, la Cruz: ésta era la lógica desde el principio. Años después, resumiendo el itinerario fundacional del Opus Dei, Monseñor Escrivá decía: «La fundación del Opus Dei nació sin mí; la sección de mujeres, contra mi opinión personal, y la Sociedad Sacerdotal de la Santa Cruz, queriendo yo encontrarla y no encontrándola»[7].

La Obra había crecido en España. Ya habían ido algunos miembros a Portugal y a Italia. Apenas terminara la guerra mundial don Josemaría pensaba enviar gente a Francia, Reino Unido y otros países de Europa y América. La institución había rebasado los límites diocesanos y estaba superando los nacionales. Se hacía precisa una aprobación canónica más amplia.

El ingeniero Álvaro del Portillo viajó a Roma y fue recibido por el papa Pío XII el 4 de junio de 1943. La documentación que entregó fue estudiada en la Santa Sede, y el 11 de octubre el Opus Dei obtenía el *nihil obstat* –un pontificio «no hay inconveniente»– para que el obispo de Madrid erigiera la Sociedad Sacerdotal de la Santa Cruz (Opus Dei): una solución provisional, pero la única posible entonces.

Los tres primeros sacerdotes fueron ordenados por el mismo obispo de Madrid, en la capilla episcopal, el 25 de junio de 1944.

La aprobación de la Sociedad Sacerdotal de la Santa Cruz era un nuevo reconocimiento diocesano y, además, con el *nihil obstat* de la Santa Sede. Pero no sirvió para que terminaran los ataques. Al contrario, se hicieron más vivos. En la Santa Sede se recibió una denuncia contra *Camino,* acusado de herético. A pesar de todo esto, el libro entraría pronto en la tercera edición y el Opus Dei era una realidad con centros estables, con autorización de los respectivos obispos, en Madrid, Valencia, Barcelona, Valladolid, Granada, Bilbao y otras ciudades.

En 1944 don Josemaría se encontraba mal de salud. Resistía porque, desde hacía años, había aprendido a trabajar incluso con fiebre y en medio del agotamiento. Pero ahora no podía más: se le

[7] *El Fundador...*, p. 234.

diagnosticó una grave diabetes, enfermedad que habría de aquejarle durante diez años.

Terminó la segunda guerra mundial, y en febrero de 1946 don Alvaro del Portillo viajó de nuevo a Roma. Llevaba cartas de apoyo de muchos prelados españoles y documentos explicando cómo el Opus Dei se encontraba en situación de recibir una aprobación pontificia. La Obra no era ni quería ser una institución local, española. Alguien le dijo entonces: «Ustedes han llegado con un siglo de anticipación»[8]. Don Álvaro comunicó al Fundador que hacía falta su presencia en Roma, pero don Josemaría estaba en uno de los peores momentos de su enfermedad. El médico desaconsejó seriamente el viaje.

Es un momento crítico. El Opus Dei contaba en aquel año con 278 miembros: 249 hombres y 29 mujeres. Todo estaba a punto para la expansión. Don Josemaría no lo dudó. Puso el asunto en manos de la Virgen y se hizo a la mar. Saliendo de Barcelona, en un accidentado viaje en el barco *J. J. Síster* llega a Génova, donde le espera don Alvaro del Portillo.

Roma, 23 de junio de 1946. Por primera vez, el Fundador del Opus Dei entra en la ciudad del Papa. A pesar de la enfermedad, del cansancio de los días de viaje, pasó la noche en oración. Desde ese día don Josemaría es, a todos los efectos, romano. Aunque tardará aún unos pocos meses en establecerse en la ciudad, ya es de ella. Fallecerá allí, en el mismo mes de junio, un 26, 29 años después.

El balance de este segundo periodo podría desanimar: en 1946 han transcurrido 18 años desde la fundación del Opus Dei, y aunque hacia el final se experimenta un fuerte crecimiento, se cuenta sólo, casi, con españoles, una nacionalidad que, por motivos políticos, no era muy popular en la época. Se estaba comenzado en algunos países de Europa, pero no existía, desde el punto de vista jurídico-canónico, un tratamiento adecuado de esta incipiente internacionalidad.

1946-1975: La urbe y el orbe

Un nuevo viaje a Roma, en noviembre de 1946, permite al Fundador ser recibido por Pío XII en audiencia privada. En Roma, los pocos miembros del Opus Dei han conseguido alquilar un apartamento en la plaza Città Leonina, pegada al Vaticano. A partir de ese mes

[8] *El Fundador...*, p. 240. No fue un siglo, pero si más de medio. Un estatuto jurídico adecuado no llegó hasta 1982, al ser erigido el Opus Dei como Prelatura personal.

empieza una historia con pormenores muy técnicos: la de la situación jurídica del Opus Dei. En esencia se trata de esto: el 2 de febrero de 1947 Pío XII promulgó la Constitución apostólica *Provida Mater Ecclesia,* con la que se creaba la figura jurídica de los Institutos seculares. Como su propio nombre indica, eran instituciones seculares, no religiosas, nacidas para albergar los deseos de santidad de personas que permanecían en medio de la sociedad, sin apartarse a un monasterio o convento. El 24 de febrero de ese mismo año, el Opus Dei era aprobado como el primer instituto secular de derecho pontificio. Quedaban aseguradas así tanto la ordenación de sacerdotes como la internacionalidad.

Si las cosas se miraban más a fondo eran más complejas. El Fundador lo explicó más tarde, al cabo de muchos años, con la expresión «conceder sin ceder». Se concedía temporalmente en algunos aspectos jurídicos que no se acomodaban a la naturaleza del Opus Dei, pero que la respetaban en lo esencial. Se hacía así posible, aunque trabajosamente, el camino hacia una solución jurídica adecuada y definitiva. Que el camino era trabajoso lo muestra el que esa solución no llegó hasta 1982.

Don Josemaría, ya Monseñor, porque había sido nombrado prelado de honor por el Papa el 22 de abril de 1947, empezó, con todo, a preparar las cosas para lo que sería un prolongado camino hacia el estatuto jurídico adecuado. Los tiempos no estaban aún maduros. Antes tenía que ocurrir, entre otras cosas, un Concilio ecuménico.

Si se deja a un lado la cuestión jurídica, la vida del Opus Dei –y la vida, como recordaba Mons. Escrivá, es antes que la norma– seguía hacia arriba. Ahora hacía falta tener una presencia más importante en Roma. Un amigo de la primera hora, Mons. Montini –después Pablo VI– recomendó al Fundador que buscara una casa grande. Era precisa cierta representación.

Sin dinero, dando como fianza una monedas de oro que se reservaban para hacer vasos sagrados, se consiguió una villa en el barrio del Parioli. La casa, a la que Mons. Escrivá dio el nombre de *Villa Tevere,* sería la futura sede central de la Obra. Pero por entonces, desde julio de 1947, tuvieron que vivir en la casa que había sido de los porteros, porque los inquilinos tardaban en irse. En poco espacio aguantaron casi sin nada: sin dinero, sin muebles, sin calefacción, con poca ropa. Esperaban lo que podían mandar desde España: tampoco mucho, porque esos años eran los del hambre y la carestía.

El número de miembros creció cuando, desde 1947, pudieron ser admitidas, gracias a la aprobación pontificia, las personas casadas: algo que estaba en la intención del Fundador del Opus Dei desde

1928, pero que hasta entonces no podía ser realidad. Ahora la antigua enseñanza de Mons. Escrivá de que el matrimonio era un camino de santificación se traducía en vocaciones concretas. No una vocación distinta a la de los miembros que permanecían célibes. Era la misma, plena y completa: la lucha por la santidad en medio del mundo.

A pesar de que no contaba con nada más, en Roma, que con la antigua casa del portero, Mons. Escrivá erigió el 29 de junio de 1948 el Colegio Romano de la Santa Cruz, un centro de estudios internacional para la formación de miembros de la Obra de todos los países. Era, antes que nada, la idea. Luego, un pequeño núcleo de personas. El Colegio Romano no tuvo sede propia hasta 1974; mientras tanto estuvo en edificios de *Villa Tevere.*

En febrero de 1949 se fueron al fin los inquilinos de la villa y pudieron empezar las obras. Durarían, en gran parte por falta de fondos, hasta 1960, año en el que se colocó la última piedra. El año 1950 es clave. Desde sus tiempos de seminario Mons. Escrivá había experimentado la necesidad de hacer algo que sirviera a los sacerdotes seculares para alimentar la vida interior y mejorar su apostolado. En 1928 entendió que también los sacerdotes estaban llamados a santificarse en el cumplimiento de su trabajo profesional, el mismo sacerdocio. Pero la solución jurídica de 1947, el Instituto secular, situaba a esos sacerdotes fuera. Mons. Escrivá llegó a decidir lo siguiente: dejar el Opus Dei en otras manos y dedicarse él a hacer algo específico para el clero diocesano. Así lo comunicó a los miembros del Consejo general del Opus Dei.

La aprobación definitiva de la Santa Sede —es costumbre que tras una primera aprobación, después de un período de experiencia, se dé la llamada definitiva—, el 16 de junio de 1950, evitó lo que los miembros del Opus Dei hubieran considerado una situación dura y difícil de sobrellevar. Desde 1950 los sacerdotes seculares podían formar parte de la Sociedad Sacerdotal de la Santa Cruz para recibir ayuda espiritual, sin que sufriera para nada la dependencia de cada uno respecto al propio obispo.

Otra novedad tuvo lugar ese año, el cumplimiento de un antiguo deseo del Fundador: que pudieran ser nombrados cooperadores del Opus Dei también personas no católicas y no cristianas.

Los veinte años que van de 1950 a 1970 fueron para el Fundador del Opus Dei, como siempre, de gran actividad, pero, tal como le gustaba, sin solemnidades, trabajando de la mañana a la noche. Referirse a este periodo resulta fácil y difícil a la vez, porque no se dieron sucesos llamativos o espectaculares. Mons. Escrivá trabajaba en asegurar la naturaleza secular del Opus Dei, la cuestión aún pendiente de un estatuto jurídico adecuado; en cuidar la formación de los miembros, con un plan de estudios que, en el caso de algunos miembros, implicaba la misma exigencia que unos estudios en las universidades pontificias; en orientar y dirigir la expansión, que ya estaba alcanzando los principales países de Europa y América y algunos de Asia y África; en dejar escrita su experiencia para el funcionamiento de la institución; en terminar las obras de la sede central e ir preparando las de los dos colegios romanos, uno para hombres y otro para mujeres; en atender a centenares de personas que venían a verle.

Estas líneas continuas del trabajo se vieron a veces afectadas por hechos graves. El de más entidad fue el intento, por parte de un pequeño grupo de personas, de, primero, denigrar a la Obra entre las familias de los primeros miembros italianos, como había ocurrido en 1941 en Barcelona; después, de dividir la Obra, quitando a Mons. Escrivá de ella. Estas intrigas ocuparon una parte de 1951 y 1952. Alertado por el cardenal Schuster, arzobispo de Milán, Mons. Escrivá se dirigió al Papa y de este modo se frenó la maniobra.

Otro momento grave se dio el 27 de abril de 1954. Como ya se ha dicho, desde 1944 Mons. Escrivá padecía una grave forma de diabetes. El 27 de abril de 1954, después de la prescriptiva inyección de insulina, el Fundador tuvo un ataque tan fuerte que pidió la absolución a don Alvaro del Portillo, quien estaba a su lado. Era la muerte. Don Alvaro del Portillo, además de la absolución y de hacer que avisaran a un médico, llenó de azúcar la boca del Padre –inerte–, para contrarrestar el efecto de la insulina. Poco después Mons. Escrivá dio algunos síntomas de recuperación. Ese día 27 de abril de 1954, fiesta de la Virgen de Montserrat, fue el de la curación definitiva de la diabetes.

A partir de 1955, completamente repuesto, puede hacer lo que hasta entonces era más difícil: viajar por Europa para iniciar o fomentar las tareas apostólicas. En casi todas partes se estaba empezando; había tres, cuatro o cinco miembros del Opus Dei. Poco más. Se trataba de multiplicarse. En 1955, visitó Milán, Zurich, Basilea, Lucerna, Berna, Friburgo, St. Gallen, Bonn, Colonia, Munich, Viena, París, Rouen, Lille, Brujas, Lovaina, La Haya, Amsterdam. En Viena reza por primera vez la oración «Sancta Maria, Stella Orientis, filios tuos adiuva!» (Santa María, Estrella de Oriente, ¡ayuda a tus hijos!). Estaba convencido de que por mediación de Santa María llegarían la paz y la libertad a los pueblos del centro y del este de Europa.

En 1956, nuevos viajes a Suiza, Francia, Bélgica, Alemania, Italia. En ese año se celebró el segundo Congreso General del Opus Dei, junto al santuario mariano de Einsiedeln, en Suiza. Se decidió, entre otras cosas, que el Consejo general, hasta entonces en Madrid, fijara su sede en Roma.

Nuevos viajes en 1957. De 1958 a 1962 pasa una parte de los veranos en Gran Bretaña.

Estos años de la mitad de los cincuenta no tienen los sobresaltos de otras épocas de la vida del Fundador. Pero el hilo conductor de la Cruz tenía que mostrarse: en 1957 fue la muerte de su hermana Carmen. Falleció a los 57 años, un 20 de junio. Desde 1953 vivía en Roma, por fin en una casa propia.

El 28 de octubre de 1958 –día de la elección de un nuevo Papa, Juan XXIII– puede ser el inicio convencional de lo que se demostraría como una nueva época. El 25 de enero de 1959 el Papa anunció un Concilio ecuménico, cosa que no sucedía desde 1870.

En 1960 empiezan los trabajos inmediatos de preparación del Concilio. En plena euforia, se piensa en 75 temas que, en principio, tendrían que dar lugar a otros tantos documentos. Mons. Escrivá fue invitado repetidas veces a participar en el Concilio, pero estimó más conveniente que fuera el Secretario general del Opus Dei, don Alvaro del Portillo, quien interviniera a fondo. Don Alvaro del Portillo fue presidente de la comisión antepreparatoria sobre seglares y, después, miembro de varias comisiones y secretario de la que trató sobre los sacerdotes.

Como es conocido, junto al trabajo de cientos de personas que entendieron el aire renovador que Juan XXIII deseaba dar a algunos temas de la vida católica, hubo, ya desde 1959, el de otros que quisieron aprovechar el Concilio para modificar la naturaleza y los fines de la Iglesia. Mons. Escrivá se tomó desde el principio el trabajo de distinguir entre esos dos tipos de actividades, que, al coexistir, podían confundirse. Desde muy pronto se dio cuenta, quizá por su conocimiento del mundo eclesiástico, de hacia dónde podrían dirigirse los fenómenos de opinión pública sobre el Concilio. Tuvo dos ocasiones especiales de decir directamente al Papa lo que pensaba: el 5 de marzo de 1960 y el 2 de julio de 1962. Estaba seguro de que del Concilio, como trabajo del Espíritu Santo, saldrían grandes bienes; pero a la vez le preocupaba que, aprovechando el clima conciliar, algunos intentaran desmantelar la Iglesia.

La primera sesión del Concilio terminó el 11 de octubre de 1962. Un solo documento aprobado –una pequeña declaración sobre los medios de comunicación social– y gran perplejidad cara al futuro. A ese ritmo, si quedaban 74 esquemas, habría Concilio para al menos veinte años. Juan XXIII urgió enseguida a una agilización de los trabajos, pero no pudo hacer más. El 3 de junio de 1963 moría.

El nuevo Papa, Pablo VI, elegido el 21 de junio de 1963, era aquel Mons. Montini: el primer amigo del Opus Dei en Roma ya en los años cuarenta. Pablo VI decidió continuar el Concilio y reducir el número de esquemas. Quedaron en total 13. Dos años más tarde el Concilio había concluido.

Como se señala en otro lugar, Mons. Escrivá tuvo ocasión de encontrarse varias veces con Pablo VI: el 24 de enero de 1964, el 10 de octubre de ese año, el 21 de noviembre de 1965, etcétera. Mientras, la labor del Opus Dei crecía y se extendía a nuevos países, pero la vida de Mons. Escrivá seguía presentando la normalidad y la cotidianidad que él prefería. Aunque durante los años del Concilio fueron muchos los prelados que, al estar en Roma, deseaban verle –y acudían con ese fin a la sede central del Opus Dei–, él no buscaba ni notoriedad ni popularidad.

Con todo, tanto la situación de la Iglesia como de la opinión pública sobre el Opus Dei le movieron a conceder, entre mayo de 1966 y mayo de 1968, una serie de entrevistas a medios muy conocidos –como *Time, New York Times, L'Osservatore Romano*–, en las que opinaba sobre las principales cuestiones de la vida de la Iglesia y contestaba a muy diversas preguntas sobre la Obra. Las siete entrevistas –las únicas que concedió junto a una de 1959 a *The Times,* otra en 1971 a *ABC* de Madrid y otra en 1969 a *El Cruzado aragonés,* el periódico local de su Barbastro natal– se reunieron en 1969 en el libro *Conversaciones con Mons. Escrivá de Balaguer.* Ese libro, al cabo de los años, se ha convertido en un interesante documento histórico. En esa obra se incluye también el texto de una homilía que pronunció, ante 30.000 personas, el 8 de octubre de 1967, al aire libre, en el campus de la Universidad de Navarra. Ese texto sigue siendo una de las formulaciones más claras del espíritu del Opus Dei[9].

Otra línea continua de la actividad del Fundador del Opus Dei en esos años es la preocupación por la cuestión jurídica. Desde la aprobación, en 1947, como Instituto secular habían transcurrido dos decenios, y Mons. Escrivá seguía haciendo todo lo posible para que lo que no eran de hecho no lo fuesen tampoco de derecho. Por lógica histórica era poco probable que Pío XII, que había aprobado la figura jurídica de instituto secular y la había aplicado por primera vez al Opus Dei, cambiase de parecer. Ese tipo de cuestiones quedan, como enseña la historia de la Iglesia, «para el próximo Papa». Por otro

---

[9] La homilía se encuentra publicada al final del libro *Conversaciones con Mons. Escrivá de Balaguer.*

lado, los temas, aunque dependen en definitiva del Papa, pueden estar detenidos o ralentizados en la Curia vaticana.

Juan XXIII, al convocar el Concilio, hacía que muchos temas siguiesen pendientes. Cualquier punto importante tenía que esperar por tanto el final del Concilio; por ejemplo, la compilación de un nuevo código de Derecho Canónico. Terminado el Concilio, había que esperar la legislación postconciliar.

El primer día de septiembre de 1969 se inauguró en Roma la primera parte del Congreso general especial del Opus Dei como una reflexión sobre los primeros cuarenta años de la institución, sobre la permanencia de la realidad fundacional y sobre la necesidad de contar, cuando fuera posible, con un apropiado estatuto jurídico. Mientras se desarrollaban esos trabajos, tenía lugar, de nuevo, otro intento para intervenir desde fuera en la naturaleza y estructura del Opus Dei. Algo incluso más grave que lo que había ocurrido en 1951 amenazaba la vida de la Obra. Mons. Escrivá tuvo que acudir, como entonces, al Papa. Recordó que, con la autorización de la Santa Sede, se estaba celebrando precisamente un Congreso para estudiar, de forma coherente y completa, el problema. Una segunda parte del Congreso tuvo lugar, en los distintos países, desde el 16 de septiembre de 1969 al 16 de febrero de 1970.

La salida definitiva hacia una solución jurídica aceptable era una viva preocupación del Fundador. Pero otro asunto lo llevaba a rezar y a pedir oraciones: la situación de la Iglesia. Con esas dos intenciones, muy unidas entre sí, en 1969 acudió a varios santuarios marianos de Europa. En 1970 fue a México, pare ver a la Virgen de Guadalupe y estar con los ya muy numerosos miembros del Opus Dei de ese país. De vuelta a Roma en mayo de ese año, en septiembre tuvieron lugar las sesiones plenarias de la segunda parte del Congreso general especial. Por parte del Opus Dei quedaba todo dispuesto para que se procediera a la solución jurídica apropiada. Se trataba, como ya se vio, de la figura de la Prelatura personal, que había sido introducida en el Vaticano II.

El periodo que va de 1970 a 1975 fue especialmente duro e intenso para Mons. Escrivá. No había problema por parte del Opus Dei: continuaba creciendo y trabajaba en los cinco continentes, con más de 60.000 miembros. Las dificultades venían de la vida de la Iglesia. Mons. Escrivá de Balaguer no estaba hecho para permanecer pasivo, indiferente o desligado de lo que estaba ocurriendo.

Sin quejas externas, sin dar escándalo, «callando y rezando», Mons. Escrivá sufrió de muchas maneras la situación de la Iglesia. Llegó un momento en el que empezó a ofrecer su vida para que Dios otorgara el final de lo que llamaba «el tiempo de la prueba». Por su parte, redobló los cuidados para que los miembros del Opus Dei no fueran afectados por el desmoronamiento que se estaba registrado en algunos sectores de la Iglesia. En ese sentido, entre otras medidas, inició una serie de viajes, en los que se reunía con miles de personas, de la Obra o no, para hablar de Dios. No se criticaba nada, no se iba contra nadie. Eran reuniones públicas. Están filmadas y han sido proyectadas desde entonces miles de veces.

En 1972 estuvo en España y en Portugal. En 1974 en Brasil, Argentina, Chile, Perú, Ecuador y Venezuela. En 1975, en Venezuela y en Guatemala. De los dos últimos viajes tuvo que volverse a causa de la enfermedad. Estaba ya mal de salud, pero, a pesar de todo, a sus 72 y 73 años, no quiso ahorrarse el esfuerzo.

Volvió a Roma el 3 de marzo de 1975. El 28 del mismo mes celebró, en el silencio y en la oración, los 50 años de sacerdote. En mayo tuvo que ir a su ciudad natal, Barbastro, porque le habían concedido la Medalla de Oro. Visitó el Santuario de Torreciudad, que era la última gran obra que había animado. En junio estuvo varias veces con los alumnos del Colegio Romano de la Santa Cruz y con las alumnas del Colegio Romano de Santa María. De hecho, el 26 de junio de 1975, cuando alrededor de las doce del mediodía cayó desplomado en la habitación en la que trabajaba, había venido de estar un rato con las alumnas de este último centro.

En 1970, en México, viendo a la Virgen de Guadalupe, pidió a la Madre de Dios que pudiera morir contemplándola. En la habitación donde trabajaba, en la pared a la izquierda de la puerta de entrada, hay un cuadro de la Virgen mexicana. Es muy probable que fuera lo último que viera en la Tierra.

2. La etapa de la continuidad

El eco del fallecimiento de Mons. Escrivá fue muy grande en todo el mundo. Se destacó de forma especial su carácter innovador y el prestigio de su personalidad. Doctor en Derecho por la Universidad de Madrid y en Teología por la Lateranense de Roma, era miembro de la Pontificia Academia Romana de Teología, Prelado de honor del Papa y Consultor de varias Congregaciones vaticanas. Había sido nombrado hijo predilecto de la ciudad de Barbastro e hijo adoptivo de las de Barcelona y Pamplona, además de doctor *honoris causa* por la Universidad de Zaragoza. Era Gran Canciller de la Universidad de Navarra (España) y Piura (Perú)[10].

Todo quedaba, sin embargo, en segundo plano al lado de la fama de su santidad. El mismo 26 de junio, uno de los prelados que fueron a rezar ante el cuerpo presente del Fundador del Opus Dei dijo que lo hacía ya por la glorificación de Mons. Escrivá.

En el Opus Dei, tal como había visto el Fundador, no ocurrió ningún cataclismo. La unidad de la institución quedó reforzada el 26 de junio de 1975.

Elección del sucesor

En septiembre, cumpliéndose las previsiones de los Estatutos, hubo un Congreso electivo. El 15 de septiembre fue elegido Presidente, a la primera votación y por unanimidad, don Alvaro del Portillo, Secretario General de la institución. Don Alvaro del Portillo estaba junto al Padre desde 1935.

La figura de don Alvaro del Portillo era bien conocida en la sociedad civil y en la Iglesia. Nacido en Madrid, en 1914, era Doctor Ingeniero de Caminos, Doctor en Filosofía y Letras y Doctor en Derecho Canónico. Ordenado sacerdote en 1944, durante dos periodos (1940-1947 y 1956-1975) fue Secretario General del Opus Dei. Mons. del Portillo había trabajado en numerosas tareas encomendadas por la Santa Sede desde tiempos de Pío XII, en los años cincuenta. Participó en el Concilio Vaticano II como perito, Secretario de la Comisión sobre la Disciplina del Clero y del Pueblo Cristiano y Consultor de otras Comisiones. Era autor de diversas obras teológicas y canónicas, entre ellas *Fieles y laicos en la Iglesia* y *Escritos sobre el sacerdocio.*

Desde el principio, don Alvaro del Portillo anunció que empezaba la época de la continuidad. Nada había que cambiar en el espíritu del Opus Dei. Se trataba de seguir lo que el Fundador había dispuesto.

En el tiempo transcurrido desde 1975 el Opus Dei ha crecido según un ritmo semejante al de los años anteriores. Se inició la labor

---

[10] El Fundador del Opus Dei es desde hace tiempo una celebridad, y en algunas ciudades, por ejemplo de América, se le han dedicado calles. Llama, por eso, más la atención que en Madrid, donde nació el Opus Dei y donde el Fundador vivió durante más de veinte años, no exista nada semejante. Se puede decir que las autoridades políticas españolas –durante el régimen de Franco y desde la reinstauración de la democracia, en 1976– no se han distinguido precisamente por el sentido del reconocimiento.

apostólica en nuevos países de Europa –Suecia, Finlandia, Polonia–, de África –Zaire, Costa de Marfil, Camerún–, Asia –Hong Kong, Singapur, Taiwan, Macao–, y Oceanía, en Nueva Zelanda. En América la presencia era ya casi completa. Continuó también el crecimiento en el número de miembros, que, en los primeros años de los noventa, superaba los 75.000.

Los hechos más destacados de este periodo fueron: el inicio y el buen ritmo del proceso de beatificación y canonización de Mons. Escrivá de Balaguer, hasta la beatificación por Juan Pablo II, el 17 de mayo de 1992; la erección del Opus Dei en Prelatura personal; el nombramiento de Mons. del Portillo como obispo; la erección del Ateneo Romano de la Santa Cruz.

Prelatura personal

Con la erección del Opus Dei en Prelatura personal, el 28 de noviembre de 1982, y la ejecución de la Bula pontificia, el 19 de marzo de 1983, terminaba el largo camino al que ya se ha hecho referencia. Para llegar a esta solución, tuvieron lugar en la Santa Sede más de veinte reuniones durante unos tres años, y fueron consultados miles de obispos, todos los de los lugares donde el Opus Dei tenía centros.

El Ateneo Romano de la Santa Cruz

El Ateneo Romano de la Santa Cruz, erigido en 1990, es el germen de una futura Universidad Pontificia, como las ya existentes en el centro del catolicismo. El Ateneo se nutre, en parte, del alumnado internacional del Colegio Romano de la Santa Cruz, del Colegio Romano de Santa María y de sacerdotes y seminaristas enviados por obispos de todo el mundo. En cinco años el número de alumnos ha pasado de pocas docenas al medio millar.

Consagración episcopal del Prelado

En diciembre de 1990, Mons. del Portillo fue nombrado obispo por el Papa. Recibió la consagración, junto con otros prelados, de manos de Juan Pablo II, en San Pedro, el 6 de enero de 1991. El nombramiento no supone cambio alguno en la configuración jurídica del Opus Dei. Al igual que a otros obispos sin territorio –obispos auxiliares, castrenses, de Curia, etcétera–, a Mons. del Portillo se le ha dado como es tradicional en estos casos, una sede desaparecida desde hacía siglos, concretamente la de Vita, en la en otro tiempo floreciente cristiandad del norte de África.

Al ser nombrado obispo, Mons. del Portillo sigue teniendo la misma jurisdicción que antes. Su potestad se extiende al clero de la Prelatura y a los laicos incorporados a ella, pero en el caso de éstos sólo en lo que se refiere a los fines específicos del Opus Dei.

Cuando se produjo el nombramiento, el portavoz del Opus Dei en Roma, Giuseppe Corigliano, declaró que «este nombramiento confirma el carácter jurisdiccional de la Prelatura, pero no modifica en modo alguno las relaciones del Opus Dei o de sus miembros con los Ordinarios locales», es decir con los obispos diocesanos. Los miembros laicos del Opus Dei siguen dependiendo de sus respectivos obispos diocesanos en las mismas materias y en el mismo grado que los demás fieles, ya que los compromisos vocacionales que tienen por pertenecer a la Prelatura se refieren a materias distintas de aquellas sobre las que recae la jurisdicción de los ordinarios locales. La única novedad práctica es que Mons. del Portillo puede ordenar personalmente a los diáconos y sacerdotes de la Prelatura, como ocurrió por primera vez en 1991.

Mons. del Portillo es actualmente consultor de las Congregaciones para el Clero y para las Causas de los Santos, y del Pontificio Consejo para las Comunicaciones Sociales. Como miembro de nombramiento pontificio, intervino en dos de los últimos sínodos de Obispos: sobre la formación de los laicos (1987) y sobre la formación de los sacerdotes (1990).

Beatificación de Monseñor Escrivá

Quizá sea oportuna una breve información sobre los procesos de beatificación y canonización. Comenzaron a regularse en el siglo XVII –por el Papa Urbano VIII– y fueron codificados por Benedicto XIV, en el siglo XVIII. La numerosa legislación acumulada fue ordenada en el Código de Derecho Canónico de 1917. Pablo VI promulgó en 1969 un documento que simplificaba la complejidad de los procesos. Juan Pablo II, con la Constitución apostólica *Divinus perfectionis Magister,* promulga la normativa actual, para aplicar las normas del Código de Derecho Canónico de 1983.

Los procesos siguen siendo complejos, con todo tipo de garantías. El decreto de introducción de una causa es competencia del obispo de la diócesis en la que muere el Siervo de Dios —que es la terminología tradicional en estos casos—, pasados al menos cinco años desde su fallecimiento y después de recoger una amplia documentación.

El decreto de introducción da paso a la instrucción de la causa, que tiene por objeto recoger todas las pruebas testificales y documentales referentes a la vida y virtudes del Siervo de Dios. Se coleccionan también todos sus escritos, si los hay, tanto los publicados como los inéditos. Esos escritos son dictaminados por peritos.

Instruida de este modo la causa, el tribunal remite a la Santa Sede una copia auténtica de todas las actas de declaraciones de testigos, así como la documentación y los escritos, éstos ya dictaminados.

Comienza entonces el estudio de la causa —hasta entonces sólo instruida—; este estudio está dirigido por un relator nombrado por la Congregación para la Causa de los Santos. La discusión tiene lugar en dos instancias: el llamado Congreso ordinario —un Prelado teólogo y ocho consultores teólogos— y la Congregación de Cardenales y Obispos miembros de la citada congregación.

Si el dictamen es positivo en las dos instancias y el Papa lo hace suyo, tiene lugar la publicación del decreto sobre la heroicidad de las virtudes del Siervo de Dios, y a partir de entonces se le puede dar el título de Venerable.

Para que el Papa pueda declarar la beatificación —y pueda usarse el nombre de Beato— es preciso probar antes un milagro atribuido directamente a la intercesión del Siervo de Dios. A su vez, el estudio y la aprobación de hechos milagrosos requiere un procedimiento simililar al exigido para la declaración de la heroicidad de las virtudes.

Cuando se tienen el decreto de heroicidad de virtudes, el dictamen sobre la buena doctrina y la declaración de algún milagro, el Papa puede proceder a la beatificación. Después, tras la revisión del primer proceso y la demostración de otro milagro —que tiene que ocurrir después de la beatificación—, el Papa puede declarar la canonización y la legitimidad del título de Santo.

Como se aprecia con facilidad, se trata de una reglamentación minuciosa, que exagera la prudencia y alarga los plazos para que puedan adoptarse todas las garantías.

El proceso de beatificación de Mons. Escrivá de Balaguer se inició en 1981, casi seis años después de su fallecimiento. Unos setenta cardenales, más de un tercio del episcopado mundial y casi medio centenar de superiores de órdenes y congregaciones religiosas habían escrito al Papa expresando el deseo de que se iniciara la causa. Ya que desde 1975 se había extendido la devoción privada a Mons.

Escrivá, como se podía atestiguar fácilmente, el proceso siguió una marcha sostenida, a costa de años de trabajo para recoger los testimonios de varios centenares de personas, en dos procedimientos simultáneos, en Madrid y en Roma. En Roma se terminó en 1986. Después de otros cuatro años de intensos trabajos y de esmeradas revisiones de los documentos pertinentes, el 9 de abril de 1990 la Santa Sede promulgó el decreto por el que se reconoce la heroicidad de las virtudes de Mons. Escrivá[11].

Más de un año después, el 6 de julio de 1991, la Congregación para las causas de los santos preparó y el Papa emitió el Decreto del reconocimiento de un milagro atribuido a la intercesión del Venerable Escrivá de Balaguer. Quedaba así abierta la puerta para la solemnidad de la beatificación, el 17 de mayo de 1992.

---

[11] El texto íntegro al final de estas páginas, en Documentación, 2. Al clausurarse en Roma, en 1986, el proceso cognicional sobre la vida y virtudes de Mons. Escrivá, el cardenal Poletti, Vicario del Papa para la diócesis de Roma, dijo, entre otras cosas: «Opero en este momento en nombre y por la autoridad de la Santa Iglesia y formulo sinceramente el deseo de que el proceso pueda cumplir lo más rápidamente posible su camino para favorecer el eventual reconocimiento de la santidad del Siervo de Dios Josemaría Escrivá». «La densidad de la instructoria llevada a cabo por este tribunal se muestra coherente con el relieve eclesial de su figura (del Fundador del Opus Dei): 5 años y 6 meses de trabajo, para un total de 374 sesiones. Cerca de 8.000 páginas escritas a máquina a simple espacio recogen los resultados del examen de los testigos, todos de visu.» «Las informaciones han de considerarse exhaustivas. (...) Dignos de mención son los 62 volúmenes de escritos inéditos del Siervo de Dios» (en *Rivista Diocesana di Roma,* enero-febrero 1987, pp. 184-185).

Por su parte, el padre Rafael Pérez, agustino, promotor general de la Fe en la Congregación para la Causa de los Santos de 1966 a 1976 y presidente del tribunal del proceso de Madrid sobre la vida y virtudes de Mons. Escrivá, declaró en 1984: «La investigación ha sido muy rigurosa, sin omitir ninguna pregunta a ningún testigo. Y ésta ha sido una Causa bien informada, con abundancia de testigos. Se ha trabajado con mucha seriedad: así se explican las 606 sesiones que se han celebrado» –se refiere al proceso de Madrid: en total, es decir, contando las sesiones de Roma, las sesiones fueron 980–. «Ha sido el proceso más largo que yo he conocido. He tenido en mis manos muchos procesos en Roma, y ninguno tuvo tantas sesiones».

Amplia información en *Josemaría Escrivá de Balaguer. Itinerario de la causa de canonización,* Documentos MC, Madrid, 1992, 3.ª edición, con un extenso artículo del postulador de la causa, el sacerdote Flavio Capucci. La beatificación suscitó un gran eco en la opinión pública internacional: cfr. capítulo VII, *El Opus Dei y la opinión pública.*

CAPÍTULO III

EL ESPÍRITU DEL OPUS DEI

1. Fundamentos

Cualquiera que conozca el funcionamiento habitual de los medios de creación y de difusión de la opinión pública sabe algo de las dificultades que encuentran para referirse a ese conjunto de realidades que se llaman espirituales. Por eso, antes de tratar sobre el espíritu del Opus Dei, quizá no estén de más algunas cortas reflexiones sobre qué se entiende por espíritu.

El término *espíritu* se ha hecho más o menos usual para designar al conjunto de ideas, creencias y valores compartidos que caracterizan a una determinada institución. A veces, con un sentido menos propio, se emplea *estilo,* o *filosofía.* En cualquier caso, intuitivamente se entiende qué se quiere decir al hablar del *espíritu de...:* espíritu es el conjunto de los rasgos peculiares e inmateriales, en el sentido de no sensiblemente tangibles. No es que el espíritu carezca de manifestaciones sensibles –las tiene: es la fuente de ellas–; lo que se quiere indicar es que el espíritu no es «agotado» por lo tangible. El tema es mucho más complejo y esencial.

En una concepción espiritual es precisamente el espíritu la fuente de las manifestaciones vitales. En ese sentido, otro término para designar el espíritu es *alma.* El alma es la fuente de la vida –es la vida–, también en los vivientes terrenos no humanos, en los demás animales y en las plantas. Sucede, por otro lado, que el espíritu humano, siendo, como todo espíritu, la raíz de las manifestaciones vitales, no queda agotado en lo sensible o tangible, en lo empírico. El espíritu es, en el caso del hombre, un «algo más».

Espíritu, con ese sentido primordial, se opone a *materia.* Pero de nuevo hace falta el matiz. La oposición no implica que no se puedan dar juntos materia y espíritu: precisamente el hombre es un compuesto de materia y de espíritu, de cuerpo y de alma. En realidad, como está atestiguado, también los vivientes no humanos tienen espíritu; pero el hombre ha entrevisto, de diversos modos, que, a diferencia de los otros vivientes terrenos, el espíritu del hombre perdura después de la muerte. De ahí la primacía de lo espiritual, que no sólo no significa menosprecio de lo material, sino que incluye su exaltación. (Con datos ya de fe cristiana, el dogma de la resurrección del cuerpo —pues el alma no muere— es asombroso, en lo que significa de glorificación de la carne.)

Cualquier tradición religiosa es un cultivo del espíritu, pero la revelación cristiana ha hecho saber que el espíritu, también en Dios, es personal. Muchas formas religiosas registradas en la historia humana son de religiones «civiles», de «teología política» en el sentido en que usó la expresión San Agustín, tomándola de autores romanos, principalmente de Varrón; otras formas son panteístas, un tipo de espiritualismo que, a veces por complicados caminos, se hace equivalente a un materialismo poético. El cristianismo es espiritualismo personal, y dio lugar, por tanto, a una espiritualidad que se distingue claramente de lo que había existido hasta entonces.

Estas ideas generales pueden resultar muy sumarias, pero quizá sirvan para entender que lo esencial en el Opus Dei, la condición de su existencia, es el espíritu.

2. Las claves del espíritu

Hasta 1928, cuando Josemaría Escrivá vio el Opus Dei, los datos que constan con claridad sobre la vida y los escritos del joven sacerdote —26 años— no permiten inducir que pensara fundar nada. Sin embargo, de hacerlo, tenía que ser por los caminos de una espiritualidad secular. Se puede hablar de una predisposición a ver lo que vio el 2 de octubre de 1928.

En *Camino,* su obra más difundida, en la primera edición, de 1939, que está basada en materiales publicados en 1934, producto a su vez de consideraciones escritas o predicadas ya desde 1928, hay un punto de importancia radical: «Tienes obligación de santificarte. –Tú también. –¿Quién piensa que ésta es labor exclusiva de sacerdotes y religiosos? A todos, sin excepción, dijo el Señor: "Sed perfectos, como mi Padre celestial es perfecto"»[1]. También en *Camino* está lo que luego Mons. Escrivá desarrollaría de forma continua y amplia: «Pon un motivo sobrenatural a tu ordinaria labor profesional, y habrás santificado el trabajo»[2].

En el título III, capítulo I de los Estatutos de la Prelatura del Opus Dei se trata de «la vida espiritual». Con frases que datan, en muchos casos, de los primeros escritos del Fundador –anotados por los años treinta en simples cuadernos de apuntes–, se ofrece una síntesis de los pilares de la espiritualidad del Opus Dei.

Se precisa, en primer lugar, que el espíritu y la praxis ascética del Opus Dei revisten caracteres específicos, plenamente determinados. Un espíritu con un doble aspecto: el ascético –el de la vida de lucha por la santidad– y el apostólico; y, a su vez, ese doble aspecto se integra en el carácter secular del Opus Dei. Todo se centra, pues, en la unidad de vida. Los planos ascético, apostólico, social, profesional, no están separados, sino íntimamente compenetrados[3].

La unidad de vida es el rasgo inmediato de esa espiritualidad secular. Es como un signo, pero no es el fundamento: el fundamento es «el sentido humilde y sincero de la filiación divina». En el texto de los Estatutos este tema alcanza un gran aliento teológico. El sentido de la filiación divina lleva a los miembros del Opus Dei a querer imitar a Jesucristo y a procurar estar siempre en la presencia de su Padre Dios. Es la filiación divina, que encierra en sí las tres virtudes teologales –la fe, la esperanza y el amor–, la que produce, como uno de los frutos, la unidad de vida, que crea «la necesidad y como el instinto sobrenatural de purificar todas las acciones, de elevarlas al orden de la gracia, de santificarlas y de convertirlas en ocasión de unión personal con Dios y en instrumento de apostolado»[4].

Conectada desde dentro –por así decir– con la filiación divina está la Santa Misa, que en los Estatutos del Opus Dei es considerada «centro y raíz de la vida espiritual de los fieles de la Prelatura»[5].

[1] *Camino,* 291.
[2] *Camino,* 359.
[3] Citado en *El itinerario jurídico,* p. 639.
[4] *El itinerario...,* p. 639.
[5] *El itinerario...,* p. 639.

3. La santificación del trabajo

Por la unidad de vida, que es un signo de la filiación divina, no hay separación entre lo espiritual y lo material, en el sentido que precisaba en 1967 Mons. Escrivá en la célebre homilía en el campus de la Universidad de Navarra: «No puede haber una doble vida, no podemos ser como esquizofrénicos, si queremos ser cristianos. Hay una única vida hecha de carne y de espíritu, y ésa es la que tiene que ser —en el alma y en el cuerpo— santa y llena de Dios: a ese Dios invisible, lo encontramos en las cosas más visibles y materiales»[6]. De ahí que, apoyado en en fundamento de la filiación divina y en el centro que es la Eucaristía, el carácter peculiar de la espiritualidad del Opus Dei se puede resumir en la santificación del trabajo ordinario: «cada miembro debe santificar su trabajo profesional; santificarse en el perfecto cumplimiento de su trabajo; y, a través de esa tarea, santificar a los demás»[7].

Lo esencial sigue siendo la santificación, es decir, la unión con Dios, que los miembros del Opus Dei son movidos a realizar, con toda la espiritualidad cristiana, a través de la oración y de la mortificación, pero también del trabajo. Es central la oración, es decir, el trato filial con Dios. La santificación del trabajo es clave porque la específica vocación al Opus Dei lleva a convertir lo ordinario, lo normal, que suele ser el trabajo profesional, en camino de un encuentro con Dios. Tan radical es esto que en los escritos del Fundador del Opus Dei no hay referencia —como se había hecho con frecuencia en la tradición de la espiritualidad— al trabajo como un remedio del ocio, para evitar las tentaciones. Prescindiendo de la verdad o justeza de esa antiquísima apreciación —anterior incluso al cristianismo—, en el Opus Dei el trabajo es valorado, a la vez, por sí mismo, como muestra de la legítima inventiva de la libertad humana y en cuanto instrumento o medio de santificación.

El trabajo tiene tal relevancia en el espíritu del Opus Dei que, de ordinario, no se concibe la vocación sin un trabajo bien determinado, una ocupación profesional. No importa, en cambio, la categoría humana que, según la apreciación social, se conceda al trabajo. Con tal de que se trate de una ocupación honrada, todo trabajo puede ser santificado, y su categoría sobrenatural —según una reiterada enseñanza fundacional— está en función de las condiciones personales del

---

6 *Conversaciones con Mons. Escrivá de Balaguer,* n.º 114.

7 *El itinerario...,* p. 441.

que lo ejercita, de la seriedad humana con que lo desempeña y sobre todo del amor de Dios con que lo realiza. No hay en el espíritu del Opus Dei profesiones prohibidas, a no ser las que se autoexcluyen al colocarse fuera de la moral cristiana y aun de la moral natural.

No están prohibidas las profesiones comerciales y mercantiles, ni las políticas, a pesar de los tópicos corrientes sobre las dificultades de desempeñar con eficacia ese tipo de profesiones y ser, a la vez, honrado. Según el espíritu del Opus Dei, se trata no sólo de ser honrado en esa como en las demás profesiones, sino además de vivirlas con sentido sobrenatural.

El trabajo es considerado el terreno y el lugar para llegar a un encuentro profundo con Dios, es decir, como ámbito de verdadera contemplación –«noticia amorosa de Dios», según las palabras de San Juan de la Cruz–; no se trata, por tanto, de alternar ratos de oración con ratos de trabajo, sino de, además de dedicar cada día un tiempo fijo a la oración, hacer de las horas de trabajo –intentando que sean intensas– horas de contemplación: «contemplativos en medio del mundo».

La santificación del trabajo es tarea personal de cada miembro, quien también decide, según el conjunto de circunstancias que ocurren en su vida, como en la de cualquier otra persona, a qué se dedica profesionalmente. Sea cual sea el trabajo o el oficio, es escogido con libertad personal. Por lo demás, la mayoría de los miembros, cuando se incorporan al Opus Dei, ya están en ejercicio de su trabajo. La Prelatura no interviene en estos temas; simplemente asegura la formación espiritual para que cada miembro intente hacer de su trabajo ocasión de santidad y medio de apostolado.

En los más de sesenta años de historia del Opus Dei ha ocurrido, con este asunto, lo que suele suceder en la sociedad, ahora y en el pasado, a juzgar por los testimonios históricos y literarios: bastantes trabajos, aunque sean básicos para la vida de todos, son poco considerados y peor retribuidos. Es también cierto que en los entornos inmediatos y cercanos en los que se desarrollan esos trabajos la valoración ha sido y es muy alta, pero, por lo general, la opinión pública tiende a fijarse en lo más llamativo, ya que de lo ordinario se supone que «hay más»...

De los más de 75.000 miembros del Opus Dei, la casi totalidad son personas con un trabajo medio o menos que medio. Los miembros numerarios –en el capítulo IV se explica esta terminología– son todos de carreras universitarias, pero esto hace tiempo que ha dejado de ser sinónimo de próspera situación profesional y económica. Y, sin embargo, en la opinión pública han trascendido casi exclusivamente las personas, miembros del Opus Dei, que han ocupado u ocupan un puesto de cierto relieve en la vida social, política o económica. Se ha llegado a decir, con desconocimiento de datos sencillos de obtener, que el objetivo del Opus Dei es que sus miembros se sitúen en posiciones ventajosas o que sólo se admite a personas de cierta renta o de notable inteligencia. Esas afirmaciones han corrido, con más o menos fuerza, como estereotipos, a pesar de su falsedad.

Lo que se advierte en el Opus Dei, en cambio, es un esfuerzo sostenido para suministrar una formación, de forma que, sea cual sea la profesión que se tenga, sea realizada del mejor modo humano posible y con el mayor prestigio que se pueda conseguir. No por autoafirmación, sino para, en los términos más exactos, dar gloria a Dios a través de la intrínseca compatibilidad entre el espíritu cristiano y la perfección humana en el trabajo.

Como ocurre normalmente con cualquier persona, los miembros de la Prelatura son conocidos en la sociedad civil por el trabajo que desarrollan: el que cada uno haya elegido o, como sucede con frecuencia, el que no ha elegido pero la vida le obliga a hacer. Es decir, en el caso de los seglares, no se trata, por ejemplo, de un miembro del Opus Dei que es abogado, sino de un abogado que, para lo que se refiere a su vida espiritual y apostólica, es miembro del Opus Dei. No es que el trabajo se ponga por delante de la vida espiritual: es que la vida espiritual consiste, esencialmente, en intentar la completa unión con Dios —algo común a toda espiritualidad— en medio del trabajo ordinario, que es lo específico del Opus Dei.

4. La sencillez de la manifestación

Un miembro del Opus Dei, que es una persona que desarrolla un trabajo cualquiera en la sociedad, no va pregonando sus compromisos con la Prelatura, ni anuncia su condición de miembro en las tarjetas de visita o en los membretes de las cartas o en el *curriculum vitae.* A todos los efectos, su pertenencia al Opus Dei es un asunto privado. Pero, a la vez, como desarrolla un apostolado personal en medio de los parientes, conocidos y amigos, la condición de miembro de la Prelatura es algo conocido.

No pregonado, pero suficientemente conocido. Este rasgo de la espiritualidad del Opus Dei, que se ha mantenido desde el principio, ha sido a veces malentendido y después convertido en un estereotipo:

«el secreto del Opus Dei». Al principio, cuando existían pocos miembros del Opus Dei, una acusación de secretismo podía encontrar apoyo en ese mismo hecho. Si se decía que «salieran a la luz» los miembros del Opus Dei y no salían muchos, se podía decir que «se ocultaban». La realidad era que no había más. Y si la acusación se reiteraba, el mismo responder con la verdad a esa imputación falsa parecía una confirmación de la sospecha.

A eso se unía el «estereotipo de la conspiración», algo conocido desde antiguo. Se trata, en efecto, de una de esas constantes culturales que hacen verosímil, incluso para los incrédulos, la existencia de una común naturaleza humana. Así, ha sido corriente que cuando un pueblo quería preparar un ataque contra otro —y esto en ámbitos también de sociedades iletradas, «primitivas»—, difundiera rumores sobre la «infiltración» del «enemigo» en las propias filas. Con independencia de que aquello respondiera a un hecho, el estereotipo ha funcionado de forma constante. Ya en tiempos históricos, han sido víctimas de ese estereotipo de la conspiración tanto los judíos como los cristianos, los protestantes o los católicos, los comunistas, los anticomunistas y, en general, cualquier conjunto de personas identificable como grupo.

También el Opus Dei ha sido objeto de ese estereotipo. Pero, ya desde hace tiempo, la acusación de secreta conspiración o simplemente de ocultamiento se demuestra inconsistente. En el último decenio del siglo, con decenas de miles de miembros del Opus Dei, con iniciativas sociales y educativas de bastante relieve —como la Universidad de Navarra, en España, o el Ateneo de la Santa Cruz, en Roma— y, sobre todo, con todo lo que ha girado en torno a la beatificación del Fundador, un presunto secretismo es uno de esos fósiles desinformativos que se transmiten por perezosa inercia.

La Prelatura del Opus Dei tiene la obligación de respetar la intimidad de sus miembros, es decir, no tiene derecho a comunicar la condición de miembro, a no ser que el interesado esté de acuerdo. Confundir esto con el secreto es desconocer la práctica habitual en cualquier institución de vínculos voluntarios y contractuales.

En realidad, como ya se ha dicho, la condición de miembro del Opus Dei es sabida, sin más, en el ámbito de la vida familiar y profesional de cada uno: entre sus parientes, amigos y conocidos. Cada miembro tiene completa libertad para comportarse del modo que quiera si alguien le pregunta si es del Opus Dei; todo depende de las circunstancias y de lo que se pueda esperar de quien pregunta. No es deseo de secreto, por ejemplo, contestar con una evasiva a alguien que pregunta a otro, sin apenas conocerle, en qué banco tiene una cuenta corriente, dato que sin duda no es secreto, pues lo conocen decenas de personas.

Las dificultades que, en un tiempo, surgieron en la opinión pública para entender este rasgo del espíritu del Opus Dei se deben, una vez más, a lo afianzado de la idea de que una vida espiritual debe notarse exteriormente en algún tipo de señal «vistosa». Los religiosos han llevado tradicionalmente hábitos para que se viera, desde fuera, su profesión (religiosa). Y si, por la evolución de los tiempos o por otras razones, se quitan el hábito suelen dar a entender, con algún signo, esa misma profesión de vida de perfección, su condición de «persona sagrada».

La condición de los miembros de la Prelatura no es, como ya se ha dicho con frecuencia en estas páginas, «religiosa». Los sacerdotes son sacerdotes seculares, incardinados en una Prelatura que es parte de la estructura jerárquica de la Iglesia. Los seglares son, antes que nada, lo que cada uno ha querido o ha podido ser: empleado, enfermera, médico, estudiante, atleta, cantante, profesora, secretaria, abogado, ingeniero, comerciante, modista, campesino, artesano, banquero, profesor, y así toda la variedad casi innumerable del trabajo social. Ser del Opus Dei no es una profesión, sino una vocación espiritual. La vocación trasciende de un modo semejante a como trasciende la afición que alguien puede tener a la música: habla de ella en la primera ocasión que se le presente. Un miembro del Opus Dei habla de su vocación, cuando es normal hacerlo, entre amigos y entre conocidos.

Ese rasgo de no aparatosidad, de naturalidad, de secularidad, tiene que ver también con algo muy tratado en los escritos del Fundador y en los Estatutos de la Prelatura: la humildad personal y la humildad colectiva. El carácter básico de la humildad es una nota común de la espiritualidad, no sólo de la cristiana. Hay completa unanimidad entre los autores espirituales en afirmar que el mayor enemigo de la santidad y, por tanto, de la caridad es el orgullo, la soberbia, no sin razón considerada como el primero de los siete vicios capitales.

Pero, además, el Opus Dei señala a sus miembros la importancia de la humildad colectiva. No se trata, en absoluto, de buscar la gloria del Opus Dei, pues «la gloria del Opus Dei es vivir sin gloria humana»[8]. La razón principal de esta actitud es la convicción de que la gloria se debe sólo a Dios –*Deo omnis gloria,* el antiguo aforismo cristiano repetido con frecuencia por Mons. Escrivá–, pero, además,

[8] *El itinerario...*, p. 641.

la experiencia histórica de que las instituciones cristianas, si quieren pervivir a lo largo del tiempo, no han de exaltar el espíritu de cuerpo. Las ventajas iniciales del espíritu de cuerpo se suelen traducir, al cabo del tiempo, en algo peligroso: que, perdido el sentido de la finalidad fundacional, el ser considerado, el contar, el estar en todas las salsas, se convierte en el verdadero objetivo de la institución. Esto, que puede ser menos grave en una empresa política o comercial, suele ser letal en una institución con fines espirituales y apostólicos.

Otro aspecto de la sencillez de la manifestación es el hecho de que, así como no se puede hacer responsable a la Prelatura de las actuaciones desafortunadas de sus miembros, tampoco el Opus Dei se apropia de los logros o éxitos de los que forman parte de él.

5. Cultivo de la interioridad

De un modo casi cíclico, en los últimos siglos aparece alguna corriente de opinión en la Iglesia y, en general, en la espiritualidad cristiana, que defiende la necesidad de demostrar la fe con hechos más que con «doctrinas». Si esto se exagera, se llega a lo que, a finales del siglo pasado, se llamó, con una palabra poco acertada, «americanismo». En realidad, se trata de una de esas constantes del espíritu humano que se expresan en forma de tensión: qué es mejor, ¿la vida activa o la vida contemplativa?

No se suele olvidar, al referirse a esto, un texto del Evangelio sobre el que se ha escrito mucho: el que relata la escena de una visita de Jesucristo a la casa de Lázaro, Marta y María. Marta se afana en servir, yendo de un lado para otro. María está quieta, escuchando al Maestro. Marta se queja de que todo el peso recaiga en ella. Jesús dice de María «que ha escogido la mejor parte» (cfr. *Lucas* 10, 42). Puede imaginarse con facilidad que, si María existe, es porque Marta trabaja; y, a la vez, que si no existiera María, no habría razón importante para trabajar como Marta.

En el mismo Evangelio se aclara que «brillen vuestras obras delante de los hombres, de modo que glorifiquen a vuestro Padre celestial» *(Mateo* 5, 16). Esa tensión entre la vida activa y la contemplativa se puede resolver en una armonía, en la que la acción es consecuencia de la contemplación, de la meditación, de la oración. Para que se mantenga la armonía —que, desde otro punto de vista, es una lucha: la lucha ascética– es preciso que no falte lo principal, que sigue siendo lo interior.

El Fundador del Opus Dei lo vio siempre así cuando hablaba de «contemplativos en medio del mundo». En *Camino,* que, como se ha visto, recoge materiales de su enseñanza desde 1928 y antes, puede leerse, encabezando el capítulo dedicado a oración: «La acción nada vale sin la oración; la oración se avalora con el sacrificio»[9]. Para continuar: «Primero, oración; después, expiación; en tercer lugar, muy "en tercer lugar", acción»[10]. No podía faltar un comentario al texto antes citado: «"María escogió la mejor parte", se lee en el Santo Evangelio. –Allí está ella, bebiendo las palabras del maestro. En aparente inactividad, ora y ama. –Después, acompaña a Jesús en sus predicaciones por ciudades y aldeas. Sin oración, ¡qué difícil es acompañarle!»[11].

Oración es trato con Dios, plenitud del Espíritu. Por tanto, es cultivo de la interioridad. En el Opus Dei, desde el principio, con independencia de las modas que se han sucedido, la insistencia en la oración ha sido continua. Tanto cuando, en la opinión general, al menos en teoría, la acción apostólica era subestimada como cuando, con mucha más frecuencia, se tacha a la oración personal de «intimismo», con un inconfundible matiz peyorativo. En el espíritu del Opus Dei se mantiene, con la doctrina de la Iglesia y con la experiencia de cualquier verdadera espiritualidad, que la oración es lo primero.

Uno de los muchos textos del Fundador del Opus Dei sobre el tema –aunque, en realidad, todos sus escritos están enfocados desde esa perspectiva de la primacía de lo interior– es el que se titula *Hacia la santidad,* una homilía pronunciada en 1967 y recogida póstumamente en el libro *Amigos de Dios.* Ahí puede verse, por así decir, la entraña de la interioridad, la trama de la lucha ascética. «Recomendar esa unión continua con Dios –se pregunta–, ¿no es presentar un ideal, tan sublime, que se revela inasequible para la mayoría de los cristianos? Verdaderamente es alta la meta, pero no inasequible. El sendero que conduce a la santidad es sendero de oración, y la oración debe prender poco a poco en el alma, como la pequeña semilla que se convertirá más tarde en árbol frondoso»[12].

---

[9] *Camino,* 81.

[10] *Camino,* 82.

[11] *Camino,* 89. La preeminencia de la oración es el tema más frecuente en los escritos del Fundador del Opus Dei. Además de *Camino,* por quedar en las obras del mismo estilo, véanse dos de las póstumas: *Surco* y *Forja.* En el primero, las referencias expresas a la oración son abundantísimas: por ejemplo, los puntos del 444 al 481. En *Forja,* sobre 1055 puntos, más de un centenar están dedicados explícitamente a la oración. En realidad, todo el libro trata de eso.

[12] *Amigos de Dios,* n.º 295.

Estos temas se tratan de forma habitual en las disciplinas teológicas bajo la forma de teología ascética y mística, según una bipartición, no del todo clara, pero que se corresponde con «momentos» o «fases» en los que parece primar el esfuerzo humano –ascética– o el don de Dios, lo místico. Asunto complejo, porque también la ascética es don de Dios. En cualquier caso, en la citada homilía, el Fundador del Opus Dei describe, a grandes trazos, un itinerario que va desde la repetición de pequeñas oraciones vocales hasta una situación en la que «no se discurre, ¡se mira!»[13]. Y sigue: «¿Ascética? ¿Mística? No me preocupa. Sea lo que fuere, ascética o mística, ¿qué importa?: es merced de Dios. Si tú procuras meditar, el Señor no te negará su asistencia. Fe y hechos de fe: hechos, porque el Señor –lo has comprobado desde el principio, y te lo subrayé a su tiempo– es cada día más exigente. Eso es ya contemplación y es unión: ésta ha de ser la vida de muchos cristianos, cada uno yendo adelante por su propia vía espiritual –son infinitas–, en medio de los afanes del mundo, aunque ni siquiera hayan caído en la cuenta»[14].

El tema es, en cierto modo, inagotable. Comentar la primacía de la oración en el espíritu del Opus Dei daría para un libro aparte. Pero se puede decir, al tratar de hacerlo ver, que no es posible incorporarse al Opus De ni permanecer en él si no existe una lucha constante por cultivar la interioridad, en el sentido preciso del trato personal con Dios. La oración –en cualquiera de sus formas: vocal o mental– no es un simple acompañamiento o un requisito de adorno: es la raíz, el fundamento. No sólo como idea, sino además como práctica diaria, como vida continua.

Ahora se puede, quizá, entender mejor por qué referirse al Opus Dei sin hacer mención expresa de la dedicación a la oración en medio del trabajo diario y de la cotidianidad de la vida es silenciar su esencia. Todo en el Opus Dei aparece enfocado a facilitar a cada miembro el trato con Dios, la vida de oración. Y no según un simple cumplimiento externo, sino según un impulso interior de buena voluntad. El Fundador del Opus Dei solía comparar el esfuerzo del cristiano a la confección de un tapiz en la que no pudiera nunca verse la parte «buena» que va resultando del trabajo –eso sí que se ve– de tejer, atar nudos. Lo que se pide al hombre es no cesar en el esfuerzo.

Cualquier fenómeno, también el espiritual, puede ser analizado desde muchos puntos de vista. De la Iglesia, como de sus institucio-

[13] *Amigos de Dios,* n.º 307.
[14] *Amigos de Dios,* n.º 308.

nes, es posible un estudio antropológico, sociológico, histórico, fenomenológico... Pero habría que advertir que esas visiones no tocan lo esencial. Explicar el Opus Dei es —con independencia de que se tenga o no fe— ponerse en el lugar de quienes sí creen y, por eso mismo, llegando hasta el fondo, se esfuerzan por vivir esa creencia con el trato asiduo con Dios, en la oración.

6. La importancia de las virtudes

El cultivo de las virtudes, es decir, de los hábitos operativos buenos, de los hábitos que hacen más fácil realizar actos acordes con el querer de Dios, es algo común a todas las espiritualidades y una realidad bien conocida desde antes del cristianismo. Así, la formulación de las virtudes que aún se llaman *cardinales* —del latino *cardo,* quicio— se encuentra en los griegos clásicos. Tres siglos y medio antes de Cristo, Aristóteles, por ejemplo, hizo un minucioso tratamiento de esas virtudes y de otras muchas.

En la terminología de la moral esas virtudes se denominan humanas para distinguirlas de las sobrenaturales. El eje de la distinción estriba en que también los no bautizados pueden cultivar las virtudes humanas. Es doctrina católica que las virtudes sobrenaturales son infundidas en el Bautismo y ampliadas después con las gracias recibidas de Dios, principalmente en los demás sacramentos.

La relación entre las virtudes naturales o humanas y las sobrenaturales no es simple. De algún modo, también para recibir las virtudes sobrenaturales es preciso el esfuerzo humano, y, por otro lado, si no existen virtudes humanas es difícil que arraiguen las cristianas. Podría decirse, con una fórmula breve y simplificada, que hay entre los dos organismos —el de las virtudes humanas y el de las sobrenaturales— una especie de influencia mutua y en espiral, de forma que el aumento de la intensidad de uno de los grupos repercute en el otro. Es esencial, por tanto, un buen ejercicio de las virtudes humanas porque son, en cierto modo, como la condición necesaria, aunque no suficiente, para una intensa vida sobrenatural, cristiana.

Las virtudes ordenan los actos humanos, por así decir: los clasifican, los hacen reconocibles. No es, por eso, extraño que desde el principio, el ascetismo cristiano consistiera en la práctica de las virtudes, en el ejercicio o entrenamiento en las virtudes. *Asceta* tiene mucho que ver con *atleta,* símil que ya utilizó San Pablo al comparar la vida del cristiano a la de un atleta que corre en el estadio. De sí mismo llega a decir: «He terminado la carrera, he guardado la fe» *(2 Timoteo* 4, 7), como en las carreras de relevos al entregar el testigo a otro.

La lista de las virtudes podría ser muy extensa, pero, en este contexto, resulta más claro distinguir entre varias «constelaciones» o agrupaciones. En el organismo cristiano las primeras son las teologales, cuyo nombre viene del hecho de que, al ser infundidas por Dios *(theos),* hacen que el hombre vea y entienda *(logos)* el mundo al modo de Dios, en la medida en que esto es posible en un ser limitado. Fe, esperanza y caridad –o, por orden de importancia, caridad, fe y esperanza– son las virtudes fundamentales.

Se debe a los fenómenos históricos ya reseñados en estas páginas el que otra constelación –pobreza, castidad y obediencia– haya tenido en muchas épocas especial importancia. Sin embargo, no son ésas las virtudes fundamentales, salvo en el caso de la obediencia –en su sentido de cumplimiento de la voluntad de Dios–, que es otra forma de hablar del amor de Dios y de la fe en Él.

La castidad, por su parte, es la virtud que facilita el cumplimiento de esa misma voluntad de Dios respecto a la sexualidad. Sobre esta virtud ha existido crónicamente gran ignorancia, a pesar de tratarse de algo sencillo. A veces se la confunde con la virginidad, lo que a su vez se confunde con el simple no casarse. En cualquier caso, la virginidad, en sentido ascético, no equivale a un hecho fisiológico o anatómico: los escritores que gustan de las antítesis, también algunos cristianos, no se han recatado de hablar de personas «vírgenes como ángeles y soberbias como demonios». Está claro que, en un sentido profundo, ahí ya no existe virginidad.

La disposición cristiana, tal como puede leerse en el Evangelio (véase, por ejemplo, *Mateo* 19, 1-13) es que el uso de la sexualidad, en su aspecto afectivo y genital, sólo es lícito dentro del matrimonio. Por tanto es una virtud para todos, solteros, casados, separados, viudos. De ahí se sigue que vivir la castidad no convierte a alguien en «religioso»; sería un abuso de la palabra, porque la castidad es un deber general. (Se puede recordar que los sacerdotes seculares no tienen que vivir voto alguno y no son religiosos; los sacerdotes seculares hacen una promesa de castidad; en cuanto a la pobreza o desasimiento de los bienes, su obligación es la general de cualquier cristiano.)

En los Estatutos del Opus Dei, a la hora de hacer referencia a las virtudes, se pueden distinguir varias agrupaciones o, como aquí han sido llamadas, «constelaciones». Así, en conjunto, las virtudes podrían agruparse así:

a) En primer lugar, las teologales: fe, esperanza y caridad. De la caridad dependen, en un sentido, la obediencia y la docilidad, en cuanto cumplimiento, por amor, de la voluntad de Dios; en otro sentido, de la caridad depende la fraternidad; y, finalmente, la alegría y el optimismo, que son signos o señales del amor.

b) En segundo lugar, la humildad, tanto personal como colectiva. Con la humildad —que es, si se mira bien, diafanidad, transparencia— están relacionadas la sencillez, la naturalidad, la sinceridad.

c) En tercer lugar, las cuatro virtudes cardinales: prudencia, justicia, fortaleza y templanza. A la justicia están asociadas virtudes como la lealtad y la fidelidad; a la fortaleza, la reciedumbre —otro término para designar lo mismo—, la audacia, la valentía; a la templanza se asocian: la castidad, el desasimiento de los bienes, la pobreza personal, la sobriedad[15].

Otra virtud destacada en los Estatutos —la laboriosidad— no encuentra fácil relación en ninguno de los tres grupos anteriores —el de las teologales, la humildad y las cardinales—, lo cual puede ser una prueba de que el trabajo no ha tenido, durante la mayor parte de la historia de la Iglesia, un tratamiento ascético. Si en ese esquema anterior —y de acuerdo con los textos del Fundador del Opus Dei y, en general, de la Prelatura— hubiera que incluir la laboriosidad en alguno de los tres apartados anteriores, tendría que ser en el primero, como una señal de la caridad: el cristiano corriente ha de demostrar su amor a Dios en el desarrollo de su trabajo profesional, ya que esa es la materia de su santificación. La laboriosidad, como virtud, como hábito operativo, hace más fácil esa obligación.

En conjunto, han aparecido hasta ahora unas veinticinco virtudes —que se podrían quizá reducir a quince, porque en algunos casos se han utilizado términos sinónimos—, que representan otras tantas líneas de actuación. Esto quiere decir, según la antigua experiencia humana, que la lucha ascética ha de sostenerse, a la vez, en varios frentes, puesto que no tendría sentido, por ejemplo, ser justo a costa de no ser humilde, o ser casto al precio de no ser alegre. El conjunto de las virtudes ha sido comparado muchas veces a un organismo sobrenatural, en el que cada uno de esos hábitos operativos buenos cumple una función y, a la vez, se relaciona con todos los demás. El crecimiento en una virtud supone, en principio, el crecimiento de todas, y la pérdida de cualquiera pone en peligro al resto.

---

[15] *El itinerario jurídico...*, pp. 640-642.

En uno de los mejores libros existentes sobre las virtudes –*Las virtudes fundamentales,* de Josef Pieper–, se puede leer, después de la anotación de que el término virtud parece caído en desuso, lo siguiente: «La virtud no es la honradez y corrección de un hacer u omitir aislado. Virtud más bien significa que el hombre es verdadero, tanto en el sentido natural como en el sobrenatural. Incluso, dentro de la misma conciencia general cristiana, hay dos posibilidades peligrosas de confundir el concepto de virtud: primero, la moralista, que aísla la acción, la práctica, y la independiza frente a la existencia vital del hombre; segundo, la supernaturalista, que desvaloriza el ámbito de la vida bien llevada, de lo vital y de la honradez y decencia natural. Virtud, en términos completamente generales, es la elevación del ser en la persona humana. La virtud es, como dice Santo Tomás, *ultimum potentiae,* lo máximo a que puede aspirar el hombre, o sea, la realización de las posibilidades humanas en el aspecto natural y sobrenatural. El hombre virtuoso es el que realiza el bien obedeciendo a sus inclinaciones más íntimas»[16]. Lo cual quiere decir, si se observa bien, que la virtud es la realización de la libertad.

Se comprende que *no* presumir de ser virtuoso es casi la única forma de serlo. La falta de humildad está en contra de la caridad. La falta de humildad –o sea, la soberbia– no es otra cosa que el amor a sí mismo por encima de cualquier otro amor, incluso del amor de Dios. En los Estatutos del Opus Dei es llamativa la presencia de la humildad como condición *sine qua non* de la espiritualidad. En el capítulo I del título III, es decir, en el capítulo sobre la vida espiritual –que corresponde a los parágrafos 79 a 95– se habla de humildad: en el 80 (sentido humilde de la filiación divina); en el 83 (humildad externa e interior, personal y colectiva); en el 89 (íntegramente dedicado al tema y donde se explica que es el deseo de la humildad lo que explica que el Opus Dei no participe, como tal, en actos colectivos o que no edite, con ese nombre, publicaciones, etc.)[17].

Se anotaba antes la opinión de Pieper –quien no hace más que recoger otras, más o menos extendidas– de que el término virtud parece haber caído en desuso. Estas opiniones implican una comparación respecto a otras épocas, pero ¿qué tiempo se toma como referencia? En cualquier caso, se puede entender sin gran trabajo que una sociedad en la que predomine la práctica de la virtud sea también una época en la que apenas se hable de virtudes, y esto precisamente por una de las virtudes básicas, la humildad. Por el contrario, ha

---

[16] J. PIEPER, *Las virtudes fundamentales,* Rialp, Madrid, 1980, p. 15.

[17] *El itinerario...,* pp. 639-642.

habido épocas en las que el «discurso» dominante era el de las virtudes –por ejemplo en las épocas controladas por el puritanismo–, lo que no era obstáculo para que bajo cuerda (hipó-critamente) se cultivaran diversas especies de vicios. Por ejemplo: la soberbia de creerse perfecto y árbitro de la salvación de los demás.

Cuando las virtudes no son muy mencionadas, no es necesariamente porque se las aborrezca. En cualquier caso, lo que no puede faltar es «la función de las virtudes». Una institución cualquiera no conseguiría subsistir sin la práctica suficiente de virtudes por parte de los que la integran. Esta consideración, que vale tanto para una empresa comercial como para un club deportivo, es esencial en una institución de la vida del espíritu. Las virtudes cumplen la función de permitir la libre circulación del bien. Si, por ejemplo, en lugar de sinceridad hay engaño, al cabo de no mucho tiempo se observará algún tipo de disfunción grave.

En el espíritu del Opus Dei las virtudes son importantes, pero no es lo que va a en primer lugar, a no ser que se trate de las virtudes teologales, que no tienen ese carácter de «obtenidas por el esfuerzo humano», puesto que son infundidas por Dios. Con el esfuerzo humano se puede favorecer colateralmente el crecimiento de la fe, de la esperanza y del amor, pues, en definitiva, según la doctrina cristiana, el aumento de esas virtudes es una gracia de Dios. Se han de cultivar las virtudes, pero de un modo que no las ponga, en el habla ni en la autorreflexión, en primer término. Otra forma de decir lo mismo es afirmar que las virtudes han de estar en las obras antes que en las palabras, según la enseñanza esencial del apóstol Juan: «No amemos de palabra y con la lengua, sino con obras y de verdad» *(1 Juan* 3, 18).

La insistencia en las virtudes –y no en los votos– fue una enseñanza constante del Fundador del Opus Dei. Y, sin embargo, es uno de los rasgos que peor se han entendido. Se encuentra aquí, de nuevo, la mentalidad «estamental», para la cual es más importante, en cierto modo, el rótulo que la realidad. Los votos, según un modo frecuente de juzgar, son considerados paradójicamente más importantes que las virtudes a las que se refieren. No es así, como es lógico, en ninguno de los fundadores de las órdenes y congregaciones religiosas, ni en los religiosos que siguen a esos fundadores con fidelidad. Si algo está claro desde las mismas páginas del Evangelio y desde el conocido texto de San Pablo es que nada es más importante que la caridad. Sin embargo, en la apreciación exterior, en la consideración sociológica de los fenómenos espirituales, es más estudiable un rótulo que los ejercicios concretos de virtudes, que no sólo no se pueden medir, sino que, al medirlos, se desvirtúan.

En contra de los que prefieren siempre manifestaciones exteriores, lo fundamental y decisivo es eso de lo que precisamente resulta tan difícil hablar: el ejercicio concreto de las virtudes. Toda la formación que se da en el Opus Dei tiende, como se lee en los *Estatutos,* a garantizar que haya lucha por las virtudes, el esfuerzo del intento sostenido, el –por utilizar una expresión muy frecuente en las enseñanzas del Fundador– «comenzar y recomenzar».

La paradoja, que está presente siempre, es que esa vida de virtudes, es decir, el esfuerzo por adquirirlas o por pedirlas a Dios, no puede pensar ni decir de sí misma que es virtuosa. A veces se ha escrito que en el Opus Dei se ofrece una imagen excesivamente hagiográfica de su Fundador. Esto no es cierto, para empezar, en lo que se refiere a la propia confesión de Mons. Escrivá. Su conviccion de que era «un pecador que ama a Jesucristo» puede ser testimoniada por muchos miles de personas. La vida santa de cualquier persona sólo se puede afirmar después de su muerte, porque, así como mientras se vive en la tierra hay posibilidad de hacer méritos, también existe la posibilidad de los deméritos. Sólo la muerte marca la línea divisoria. En el caso del Fundador del Opus Dei ha sido oficialmente la Iglesia la que, quince años después del fallecimiento, ha declarado la heroicidad de su vida de virtudes.

La antigua experiencia en la Iglesia y, en general, en cualquier camino de sabiduría suena: quien se piensa virtuoso no lo es; quien se considera un aficionado puede haber llegado, sin saberlo, a un alto grado de unión con Dios. Pero, si se mira bien, la experiencia se da también en otros campos: en el artístico –el poeta, músico o pintor continuamente insatisfecho con su obra–, en el científico, en el filosófico y, antes que nada, en el amor. El que ama piensa siempre que no ama lo suficiente; hasta tal punto esto es así que cuando alguien piensa que no es querido suele ser, por lo común, porque él, en realidad, ha dejado de querer.

El espíritu del Opus Dei –junto a esas otras realidades nucleares antes señaladas: filiación divina, Eucarístía como centro y raíz de la vida interior, oración, mortificación y santificación del trabajo– se hace en la vida de un denso organismo de virtudes. Pero, un vez más, se trata de un punto sobre el que no se puede insistir. Humildad no es presentarse de modo que otros puedan comentar lo humilde que se es; pero tampoco es presentarse aparentando lo contrario. La humildad es la verdad, según la experiencia tan conocida de Santa Teresa: «Una vez estaba yo considerando por qué razón era Nuestro Señor tan amigo de esta virtud de la humildad, y púsoseme delante, a mi parecer sin considerarlo, que es porque Dios es suma verdad y la humildad es andar en verdad»[18].

7. Lucha ascética

Lo que precede –un resumen de aspectos del espíritu del Opus Dei– se puede a su vez entender como una continua invitación a la lucha por la santidad en medio del mundo, a la lucha ascética, de un «ascetismo sonriente», en la expresión del Fundador del Opus Dei. *Camino, Surco* y *Forja* no tratan de otra cosa. En el último, la presencia del tema es insistente en los capítulos, titulados «Lucha», «Derrota», «¡Puedes!», «Otra vez a luchar», «Resurgir», «Victoria»... Se trata de algo tan claro que apenas resulta posible entender cómo se han citado esos libros, a veces, tergiversando sus puntos. Es como si se dijera de un libro de álgebra que trata de poesía lírica. El tono y el tema de los libros del Fundador del Opus Dei pueden apreciarse por este punto de *Surco,* casi tomado al azar: «Ser fiel a Dios exige lucha. Y lucha cuerpo a cuerpo, hombre a hombre –hombre viejo y hombre de Dios–, detalle a detalle, sin claudicar»[19]. O éste de *Forja*: «Siente cada día la obligación de ser santo. ¡Santo!, que no es hacer cosas raras: es luchar en la vida interior y en el cumplimiento heroico, acabado, del deber»[20].

Los tres libros citados constituyen una especie de guía sobre las vicisitudes de la lucha interior. Se adivina la experiencia del autor, sobre todo con miembros del Opus Dei; pero el panorama trazado es tan esencial que esos textos –de modo especial, por su mayor antigüedad, *Camino*– han sido y son empleados por seglares y sacerdotes, religiosos y religiosas. Desperdigados a lo largo de esos tres libros hay una completa fenomenología de la vida interior, de la lucha ascética. Con frecuencia, en pocas palabras se traza todo un mundo; así, al referirse al sentimiento, que «se apega a todo lo que desprecias, incluso mientras lo consideras despreciable». O, cuando al enumerar algunos detalles que agobian y desalientan en la lucha, menciona: «las asperezas del trabajo; la resistencia a obedecer; la falta de medios; las

---

[18] SANTA TERESA DE JESÚS, *Las moradas,* VI, 10: en *Obras Completas,* BAC, 3.ª edición, Madrid, 1972, p. 434.

[19] *Surco,* 126.

[20] *Forja,* 60.

luces de bengala de una vida regalada; pequeñas y grandes tentaciones repugnantes; ramalazos de sensiblería; la fatiga; el sabor amargo de la mediocridad espiritual»[21].

8. Inteligencia de la mortificación

De todas las realidades cristianas y, más en general, espirituales, tal vez la menos entendida en los últimos tiempos sea la mortificación, es decir, la paradoja del Evangelio de que, para vivir, hay que morir.

Mortificación –de *mortificatio,* en latín– quiere decir aceptar y a la vez contribuir a esa muerte que, paradójicamente, da la vida. Por eso no se entendería apenas nada en este tema si se perdiera de vista que el horizonte cristiano es el de una realidad que comprende esta historia, este mundo, pero a la vez lo trasciende. Como Cristo, el cristiano tiene que morir para, como Cristo, resucitar: esta idea es continua y básica en el Evangelio, y sobre todo en ese amplio comentario de él que son las epístolas de San Pablo: «considerad que realmente estáis muertos al pecado en el bautismo, y que vivís ya para Dios en Jesucristo Señor Nuestro» *(Romanos* 6, 11).

Un encuadre general de la mortificación tiene que hacer referencia a la experiencia humana, muy común, de que «lo que mucho vale mucho cuesta». Por eso mismo, el hombre se explica con facilidad que tenga que renunciar a algo, «hacer sacrificios», para conseguir o conservar otra cosa de más valor. No quiere el sacrificio, la renuncia o la mortificación por sí mismos, sino en cuanto que son indispensables para conseguir un bien mayor.

El bien mayor de que se trata, en el caso de la mortificación, es la vida con Dios, una vida de amistad que ya empieza en este mundo a través de la identificación con Cristo, y que sigue durante «toda» la eternidad. Mortificación no es, pues, menos vida, sino toda la vida, sin fin. Si no se tiene fe en la trascendencia, si se olvida o rechaza que «no tenemos aquí ciudad permanente, sino que andamos en busca de la venidera» *(Hebreos* 13, 14), es imposible, en la práctica, entender la mortificación. Si este mundo fuese el único mundo, la mortificación tendría que desaparecer en absoluto, para ceder todo el lugar al placer. Y como el mismo pensamiento de que el placer no dura es un

---

[21] *Surco,* 166.

dolor, se exalta, como Horacio, sólo el *carpe diem,* disfruta el día presente[22].

La mortificación, a su vez, se encuadra en algo más amplio, que es la penitencia. *Se paenitere* significa arrepentirse, convertirse. El Evangelio, con el mensaje de Juan el Bautista, comienza precisamente así: «Haced penitencia porque ha llegado el reino de los cielos» *(Mateo* 3, 2). El mismo Cristo lo dice: «No he venido a llamar a los justos sino a los pecadores a la penitencia» *(Lucas* 5, 32). Los apóstoles, al comenzar a difundir la Iglesia, no dejaron de recordar este mensaje: «Haced penitencia» *(Hechos* 2, 38).

Arrepentirse, ¿de qué? Del único mal propiamente hablando, del pecado. Y como, según la doctrina de fe, cada hombre, menos la Madre de Dios, nace trayendo consigo las consecuencias del pecado original, hay desde el principio necesidad de penitencia. Esa necesidad se acrecienta posteriormente con los pecados y faltas personales. Sólo la persona que fuera impecable no necesitaría penitencia. Pero pensarse impecable es ya un pecado de soberbia. No es preciso llevar el razonamiento hasta el extremo; hace falta no querer ver para no advertir que, por lo menos en las relaciones con los demás, incluso cuando se desea hacer bien a veces se hace daño. La experiencia del mal es tan continua que querer demostrarla es trivialidad. Ovidio escribió aquello tan citado: «video meliora, proboque; deteriora sequor» (veo el bien y lo valoro, pero sigo el mal).

Hacer penitencia es arrepentirse del mal que se ha cometido y procurar subsanarlo con abundancia de bien. Pero hay una razón más profunda, que se insinuó al principio: unirse al sacrificio penitente de Cristo, que trae consigo la salvación del hombre, es decir, la posibilidad de que en lugar del pecado haya gracia. La Cruz es la verdadera y auténtica *mortificatio.* Al morir en la Cruz, Cristo señala el camino: no hay resurrección sin muerte. No hay salvación si el hombre no se incorpora a Cristo en la Cruz.

La unión con Cristo se ha de hacer, por tanto, también con obras

---

[22] Se considera habitualmente a Horacio como el iniciador de esta mentalidad del *carpe diem.* Se trataba de algo habitual en la cultura romana y el mismo Horacio se remitió, cuando parecía haberse arrepentido, al epicureísmo griego, al llamarse a sí mismo, con humor, *Epicuri de grege porcum,* puerco del rebaño de Epicuro. Sin embargo, todo es mucho más antiguo. El grito de «Comamos y bebamos que mañana moriremos» *(Isaías* 22, 13) no es otra cosa. Por otro lado, el cristianismo ha sabido siempre convivir con ese sentido de la fugacidad de las cosas —algo también clásico: Horacio dice que «somos polvo y sombra»—, y eso es lo que entiende Quevedo en el soneto famoso: «Serán cenizas mas tendrán sentido. / Polvo serán, mas polvo enamorado». No extraña, por eso, que el *carpe diem* persista en la Edad Media (los goliardos, Arcipreste de Hita, *Carmina Burana),* en el Renacimiento (Ronsard: «Coged desde ahora mismo las rosas de la vida») y hasta hoy.

de penitencia, de sacrificio. No se trata de masoquismo: las principales obras de penitencia son, precisamente, las obras de misericordia con los demás, el socorrer a quien lo necesite, en las diversas circunstancias de pobreza, hambre, enfermedad, privación de libertad, soledad, ignorancia y hasta en la muerte. Son obras de penitencia porque suponen dedicar un tiempo –que, en principio, el hombre tiende a consagrar a sí mismo– a los demás. No sólo tiempo: también bienes, palabras, disposiciones. Se renuncia a algo para que los demás lo tengan.

Además de esas obras de penitencia, están las personales en el sentido de que el término de la acción no es ya el otro, sino la misma persona. Esas obras personales son, principalmente, el dolor y el arrepentimiento de haber pecado y la confesión de los pecados: de ahí el nombre de sacramento de la penitencia.

Entre esas obras personales de penitencia se encuentran precisamente las mortificaciones. La antigua ascética cristiana –que cuenta con rasgos paralelos en otras religiones– ha tratado desde antiguo las mortificaciones a través de una doble división. Está, en primer lugar, la división entre mortificaciones pasivas y mortificaciones activas. Las primeras son las que vienen sin que se las busque; las segundas son «traídas» por la voluntad de la propia persona. Tanto las activas como las pasivas pueden ser exteriores o interiores.

Mortificaciones pasivas exteriores son las circunstancias, inconvenientes, las desgracias, los obstáculos: el frío, el calor, la escasez de bienes, la enfermedad, el dormir mal, el accidente, la contrariedad –incluso en cosas muy menudas–, el fracaso en el trabajo... En fin, todo lo que sale mal, se tenga o no se tenga una culpa explícita en ello. Se llaman exteriores por eso, pero afectan también a la interioridad, porque el hombre es unidad de cuerpo y alma.

Las mortificaciones pasivas interiores son más complejas. Algunas son el resultado de conductas ajenas: es el caso de la enemistad, de la injuria, de la calumnia, del desprecio, de la ingratitud. Otras, en cambio, surgen de la misma interioridad personal: la insatisfacción ante cualquier cosa, la ansiedad, la angustia, el cansancio psíquico, el miedo. El creyente ha de aprender a ver en todo esto la voluntad de Dios. Por eso el camino de la mortificación pasiva fue bien expresado por el Fundador del Opus Dei al escribir: «Escalones: Resignarse con la Voluntad de Dios: Conformarse con la Voluntad de Dios: Querer la Voluntad de Dios: Amar la Voluntad de Dios»[23].

---

[23] *Camino,* 774. La voluntad de Dios se puede aceptar por temor o por resignación, pero la manera más propia es la del amor. De ahí la importancia, en los escritos del Fundador del

No quiere eso decir que no se pueda o no se deba hacer nada para evitar esas ocasiones de mortificaciones pasivas, tanto exteriores como interiores. Se puede y se debe ahorrar a los demás ese sufrimiento. Si fuera posible suprimir esas desgracias, sería lícito hacerlo. La cuestión es que no se puede del todo nunca, como el mundo sabe desde el principio. Es cierto, por ejemplo, que hace sólo unos decenios la extracción de una muela podía verse como una tremenda mortificación corporal, pasiva, exterior, inevitable. Desde hace tiempo, aunque subsista una cierta angustia, no es ya así. Algo semejante ha ocurrido con muchas incomodidades exteriores: se han remediado gracias a la técnica. No solamente eso es lícito, sino que, por justicia y por solidaridad, hay que luchar para que todos los hombres tengan el mínimo de comodidad en lo que se refiere a lo esencial: el alimento, la casa, el vestido, el cuidado de la salud. El Fundador del Opus Dei, en una ocasión, se refirió a ese tema de esta forma: «Hemos de sostener el derecho de todos los hombres a vivir, a poseer lo necesario para llevar una existencia digna, a trabajar y a descansar, a elegir estado, a formar un hogar, a traer hijos al mundo dentro del matrimonio y poder educarlos, a pasar serenamente el tiempo de la enfermedad o de la vejez, a acceder a la cultura, a asociarse con los demás ciudadanos para alcanzar fines lícitos y, en primer término, a conocer y amar a Dios con plena libertad, porque la conciencia –si es recta– descubrirá las huellas del Creador en todas las cosas»[24].

Querer y amar la voluntad de Dios también en lo que son mortificaciones pasivas, exteriores o interiores, no va en contra ni del progreso material ni del progreso, por así decir, mental. Sólo que, al no ser posible evitar todos los males sociales o los que se engendran en las relaciones de unos hombres con otros, hay que saber ver en ellos un signo de la voluntad de Dios y una ocasión involuntaria de mortificación. Lo que ya es voluntario es la aceptación, el querer la Cruz.

La mortificación activa es otra cosa: por ella, el hombre se niega a sí mismo, tanto en cuestiones corporales como en su interioridad. Comparada con la mortificación pasiva, la activa es de una categoría,

---

Opus Dei, de este tema. Sólo en *Camino* se pueden ver los 24 puntos del 754 al 778 y además: 691, 718, 731, 739, 864, 912, etc. Como, por otro lado, la santidad está en el amor de Dios y es el amor el que lleva a hacer la Voluntad de Dios, el amor a las mortificaciones pasivas se convierte en algo esencial. En *Surco* y en *Forja* el tema reaparece con intensidad. Por ejemplo, en el 235 del primero: «No te quejes, si sufres. Se pule la piedra que se estima, la que vale. ¿Te duele? –Déjate tallar, con agradecimiento, porque Dios te ha tomado en sus manos como un diamante... No se trabaja así un guijarro vulgar». La Forja, el ser «forjado» por Dios, es el *leitmotiv* del libro.

[24] *Amigos de Dios,* n.° 171.

por así decir, inferior, ya que puede prestarse a una cierta presunción. Esa antigua enseñanza, que trasciende las diversas espiritualidades, fue recogida también por el Fundador del Opus Dei al escribir: «No eres humilde cuando te humillas, sino cuando te humillan y lo llevas por Cristo»[25]. Pero, por otro lado, si no hay mortificación exterior es difícil que exista mortificación interior. Se trata de realidades mutuamente implicadas.

Dentro de las mortificaciones activas exteriores, la mortificación corporal es una práctica tan antigua como la Iglesia. En los primeros siglos cristianos y hasta bien adentrada la Edad Moderna, la penitencia impuesta por los pecados –las obras de penitencia y de mortificación– podía consistir en largos ayunos o en trabajos costosos, como una peregrinación a Tierra Santa, lo que implicaba gastos, peligro de vida, exposición a enfermedades, etc. O bien las penitencias mortificaban el orgullo y la vanidad, al establecerse que, en expiación por los pecados, los grandes de este mundo vistieran de cilicio y ceniza o ayunasen a pan y agua durante largos días.

Estas prácticas se han ido reduciendo en la Iglesia, pero la doctrina sobre la necesidad de la mortificación de los sentidos, tanto de los externos –la vista, el gusto, el tacto, el oído, el olfato– como de los internos –memoria, fantasía– sigue siendo doctrina común en la teología espiritual y en la enseñanza de la Iglesia. De ahí el sentido que sigue conservando el mortificar la curiosidad, la comodidad, los gustos. En el espíritu del Opus Dei esas mortificaciones han de ser muy frecuentes, aunque siempre con una condición: que no mortifiquen a los demás. Al contrario, la idea es que cada uno se mortifique para que los demás estén mejor.

Como mortificación corporal en la práctica de muchas instituciones de la Iglesia y, en cierta medida, para todos los fieles ha quedado el ayuno –actualmente sólo dos días al año, el Miércoles de Ceniza y el Viernes Santo: y es un ayuno relativo, pues se permite una comida al día y algo por la mañana y por la noche– y la abstinencia de carne los viernes. No se trata tanto de la materialidad de abstenerse de esto o de lo otro, sino de abstenerse de algo, como dice el lenguaje habitual, de «hacer un sacrificio». Por eso el obispo en cada diócesis puede disponer que se sustituya la abstinencia e incluso el ayuno por algún otro tipo de penitencia.

No es obligación general, ni siquiera recomendación, pero es práctica antigua y nunca abandonada, el uso de los cilicios y de las disciplinas como instrumentos de mortificación corporal. El último

---

[25] *Camino*, 594.

sentido de esta mortificación corporal –como el de toda mortificación– es unirse al sacrificio de Cristo en la Cruz, es decir, imitarle, aunque sea en pequeña medida, en el sufrimiento: aceptando los sufrimientos involuntarios y eligiendo los voluntarios. Junto a esa finalidad hay otra, la de «tener el cuerpo a raya». En la Iglesia ha sido frecuente que quienes querían vivir más cerca de Dios acudieran a una forma u otra de mortificación corporal. Son célebres las mortificaciones de los eremitas, de los monjes, de los religiosos en general, pero igualmente de santos que no eran ni monjes ni frailes, como San Luis de Francia, Santa Isabel de Hungría, San Fernando de Castilla, Santo Tomás Moro.

La doctrina espiritual sobre este tema, en los tiempos recientes, insiste en los siguientes puntos: *a)* se ha de tratar de una mortificación moderada, que no ponga en peligro la salud; *b)* no ha de hacerse sin permiso del director espiritual; *c)* no ha de perderse la rectitud de intención, sin la cual cualquier mortificación sería perjudicial al alma.

En el espíritu de la Prelatura del Opus Dei se insiste en la necesidad de abrazar con amor la mortificación pasiva y en la necesidad de buscar activamente mortificaciones exteriores e interiores, sobre todo en cosas pequeñas: «Esa palabra acertada, el chiste que no salió de tu boca; la sonrisa amable para quien te molesta; aquel silencio ante la acusación injusta; tu bondadosa conversación con los cargantes y los inoportunos; el pasar por alto cada día, a las personas que conviven contigo, un detalle y otro fastidiosos e impertinentes... Esto, con perseverancia, sí que es sólida mortificación interior»[26].

El sentido profundo de la mortificación es esencial en la vida cristiana, y así está en los escritos del Fundador del Opus Dei: «Es necesario que te decidas voluntariamente a cargar con la cruz. Si no, dirás con la lengua que imitas a Cristo, pero tus hechos lo desmentirán; así no lograrás tratar con intimidad al Maestro, ni lo amarás de veras. Urge que los cristianos nos convenzamos bien de esta realidad: no marchamos cerca del Señor, cuando no sabemos privarnos espontáneamente de tantas cosas que reclaman el capricho, la vanidad, el regalo, el interés... No debe pasar un jornada sin que la hayas condimentado con la gracia y la sal de la mortificación. Y desecha la idea de que estás, entonces, reducido a ser un desgraciado. Pobre felicidad será la tuya, si no aprendes a vencerte a ti mismo, si te dejas aplastar

[26] *Camino,* 173.

y dominar por tus pasiones y veleidades, en vez de tomar tu cruz gallardamente»[27].

Es probable que, al no tener en cuenta todo lo anterior, es decir, el sentido de la penitencia y de la mortificación en la vida espiritual, haya extrañado que en el Opus Dei algunos miembros incluyan entre las mortificaciones corporales —además de muchas pequeñas, las que a cada persona dicte su generosidad con Dios— el uso de cilicio y de disciplinas[28]. Por lo demás, no habría que extrañarse, porque la Cruz ha sido siempre un motivo de escándalo.

Es cierto, como se ha comentado muchas veces, que, sobre todo en los últimos tiempos, las personas se exponen a grandes sufrimientos —de ejercicios, de dieta, de cirugía estética— por conservar una cierta imagen corporal que los demás puedan admirar. Igualmente es verdad que, por obtener una cierta satisfacción, otras muchas personas se embarcan en una dirección, como es la de las distintas drogas, que con mucha frecuencia sólo traen «mortificaciones» para el sujeto afectado y sobre todo para los que están a su alrededor. Pese a todo eso, hay personas que no acaban de entender el sentido de una mortificación corporal que no hace daño a la salud —más bien, si acaso, al contrario— y que expresa el deseo de unirse, en lo poco que el hombre puede, al sacrificio de Cristo.

Se comprende que en una época en la que se difunden con insistencia mensajes del tipo de «no te prives de nada», se haga difícil entender las bases mismas de la penitencia y de la mortificación. Si «se puede todo», si nada está mal una vez que ha sido «asumido» por el yo; si, en definitiva, no hay pecado, no hay nada de lo que hacer penitencia. La mortificación resulta así ininteligible. Pero nótese también esto: entre los mensajes frecuentes destaca el de «el cuerpo es mío y hago con él lo que quiero». Es por lo menos incongruente que se admita la licitud de cualquier comportamiento corporal, incluso aberrante, y sea motivo de escándalo el hecho de la mortificación.

---

[27] *Amigos de Dios,* n.º 129.

[28] El cilicio usado por muchas personas en la Iglesia —aunque tampoco se trata de algo ni exclusiva ni inicialmente católico— es una especie de muslera de alambre de pequeñas púas. En el Opus Dei lo utilizan, por un tiempo limitado al día, sólo algunos miembros, no la mayoría de los fieles de la Prelatura. La práctica de soportar cierta molestia —es decir lo más activo de una mortificación corporal— exige, por su misma lógica, un instrumento. El cilicio es lo que queda de los antiguos vestidos bastos, de piel de cabra, que arañaban todo el cuerpo, usados ya en la época romana, antes del cristianismo. Las disciplinas —un latiguillo de esparto— es la transformación de algo más duro, utilizado desde antiguo por los flagelantes. Por otro lado, los instrumentos por así decir históricos de mortificación no son estrictamente necesarios. Pueden desaparecer sin que eso signifique que queda abolida la mortificación corporal.

9. Libertad, justicia y caridad

La libertad está en el mismo principio de la vocación al Opus Dei: tanto la que se puede llamar libertad psíquica o libre arbitrio —poder hacer o no hacer— como la libertad moral, es decir, el libre arbitrio que se decide por el bien o por el mal. En realidad, como se ha precisado desde antiguo, elegir el mal, aunque sea un signo de libertad, no es libertad en sentido pleno.

La vocación es una llamada de Dios, que es el Bien subsistente, el Bien por esencia, el Bien en toda su plenitud; por eso, responder positivamente a la llamada de Dios es adherirse al bien de la más alta calidad.

Esa libertad en la vocación es radical. Conserva siempre —ha de conservarlo— el impulso interior. Recurriendo a una posibilidad del idioma castellano, decía con frecuencia Mons. Escrivá que los miembros del Opus Dei son fieles a su vocación «porque les da la gana, que es la razón más sobrenatural»[29]. O sea, esa expresión casi instintiva, corporal, llena de nervaduras, es la mejor para mostrar el tipo de decisión que se requiere.

La libertad de elegir la vocación desde lo profundo de la gana implica que se ha de mantener siempre con «voluntariedad actual»[30]. Para ser del Opus Dei hay que solicitarlo movido por la vocación de Dios, es decir, por motivos sobrenaturales. No es una simple adhesión. Si falla la voluntariedad de forma grave y no pasajera, la salida del Opus Dei es una consecuencia lógica.

La libertad es como el tono del Opus Dei, la clave de su funcionamiento. En la Prelatura no existen controles; cada miembro puede pensar y actuar como quiera, dentro del amor de Dios. Se necesita sólo un mínimo de organización. En la vida espiritual no hay método alguno de oración... Estos y otros muchos rasgos del Opus Dei no se darían sin la libertad como clave de funcionamiento. En otras palabras: el Opus Dei ha podido ir y va adelante, contando con la ayuda de Dios, porque es consecuencia de una suma de libertades. En el momento en que no se desea participar en esa corriente de vida cristiana, es inevitable irse. Carece de sentido retener a alguien contra su voluntad: primero, porque la libertad es un don de Dios que

[29] «Libremente, sin coacción alguna, porque me da la gana, me decido por Dios» *(Amigos de Dios,* 35).

[30] «En la vida interior, ¿has considerado despacio la hermosura de "servir" con voluntariedad actual?» *(Camino,* 293).

ha de ser respetado; segundo, porque la existencia de vocaciones «a medias» supondría una pesada carga para todos; tercero, porque sin libertad no es posible cumplir el objetivo de la institución, que es la difusión de la llamada completa a la santidad en medio del mundo.

Cuando en la Biblia se lee que el hombre fue creado a imagen y semejanza de Dios *(Génesis* 9, 6), se puede entender que la semejanza se refiere a la libertad. Si se atiende al Evangelio, se observa cómo las llamadas de Cristo a sus discípulos están montadas sobre la libertad. Es cierto que Cristo convoca a quien quiere, pero la voz puede ser desoída, como ocurrió en el caso de un joven que tenía muchas riquezas (cfr. *Mateo* 19, 16-22).

Esta realidad, que hoy parece obvia, distaba mucho de serlo en el mundo antiguo, donde, para empezar, la libertad civil era, en el mejor de los casos, un atributo de sólo un pequeño número de personas. Los derechos y obligaciones venían dados por nacer dentro de determinada familia.

La idea de que los hombres nacen todos libres e iguales en derechos y deberes, popularizada trabajosamente a partir de la Revolución francesa, es, en su raíz, cristiana. Es más: se trata de un descubrimiento evangélico. Es cierto que, desde el principio, se enseña también que Cristo, y la Iglesia fundada por Cristo, es el único camino de salvación (aunque a la Iglesia pueden pertenecer, en espíritu, muchos que aparentemente están muy lejanos); pero el camino —es decir, la búsqueda de Dios de buena fe— ha de ser emprendido en libertad. Decía Tertuliano, en el siglo II, que «no es propio de la religión obligar a la religión»[31]. Porque, además de la libertad natural, el cristiano tiene otra: la que Cristo ha ganado, la definitiva libertad de poder escapar al pecado. Escribía el Fundador del Opus Dei: «No destruye el Señor la libertad del hombre, precisamente Él nos ha hecho libres. Por eso no quiere respuestas forzadas, quiere decisiones que salgan de la intimidad del corazón»[32].

El aprecio por la libertad confiere al Opus Dei un aspecto característico. No se presenta ni se ha presentado, desde el principio, como antinada. Sus miembros han sido a veces criticados, denigrados o calumniados, porque actúan, y quienes actúan a veces se equivocan; pero no han rehuido responder personalmente de lo que han elegido en libertad. «Seguir a Cristo no significa refugiarse en el templo, encogiéndose de hombros ante el desarrollo de la sociedad, ante los

[31] TERTULIANO, *Apologeticum,* I.
[32] *Es Cristo que pasa,* 100.

aciertos o las aberraciones de los hombres y de los pueblos. La fe cristiana, al contrario, nos lleva a ver el mundo como creación del Señor, a apreciar, por tanto, todo lo noble y todo lo bello, a reconocer la dignidad de cada persona, hecha a imagen de Dios, y a admirar ese don especialísimo de la libertad, por la que somos dueños de nuestros propios actos y podemos —con la gracia del Cielo— construir nuestro destino eterno»[33].

La defensa de la libertad quiere decir, antes que nada, la defensa de la libertad del otro. «El cristiano sabría defender antes que nada la libertad ajena, para poder después defender la propia»[34]. Se comprende, a la vista de este enfoque de libertad, cuánto deben haber sufrido algunos cristianos, en determinadas épocas, al ser víctimas o testigos de procesos injustos, anónimos. Se entiende, de igual modo, la difícil situación de quienes, a partir del siglo XVIII, cuando se produce un cambio de sensibilidad, la religión se utiliza a veces para defender un estado de cosas basado en una concepción poco cristiana de la desigualdad humana. Cualquier cristiano que haya tenido, en cualquier época, un talante liberal —no en el sentido político del término— se habrá visto quizá enfrentado con mentalidades tendencialmente tiránicas, incluso en el mismo seno de la Iglesia. Cómo ese tipo de fenómenos se haya prolongado hasta hoy mismo, a veces con rótulos progresistas, es uno de los enigmas de la historia.

No es respeto de la libertad coaccionar para que los demás entiendan por libertad lo que «yo entiendo por libertad». La libertad es, antes que nada, la libertad del otro, tanto cuando quieren emplearla en hacer el mal como cuando sirve de vehículo al bien. «Me gusta hablar de la aventura de la libertad, porque así se desenvuelve vuestra vida y la mía. Libremente —como hijos, insisto, no como esclavos—, seguimos el sendero que el Señor ha señalado para cada uno de nosotros. Saboreamos esta soltura de movimientos como un regalo de Dios. Libremente, sin coacción alguna, porque me da la gana, me decido por Dios»[35].

* * *

La radicalidad de la experiencia de la libertad en el Opus Dei, unida a la convincente definición de los objetivos de la institución —la santificación en medio del trabajo ordinario— hace que queden claros

---

33 *Es Cristo que pasa,* 99.
34 *Es Cristo que pasa,* 124.
35 *Amigos de Dios,* 35.

los ámbitos en los que la Prelatura no entra ni sale, ni interviene para nada.

En primer lugar, en las opiniones teológicas sobre las que no existe una explícita enseñanza de la Iglesia. Aunque las antiguas escuelas teológicas han perdido vigor en los últimos siglos, siguen existiendo; los miembros del Opus Dei –en realidad, esto afecta más bien a los que se dedican profesionalmente a esos temas– son libres para adherirse a cualquiera de ellas, para rechazarlas, para crear otras, etcétera. La Prelatura no sólo no cuenta con una escuela teológica propia, sino que se prohíbe a sí misma tenerla.

En los centros de formación para miembros del Opus Dei se siguen, en este campo, las indicaciones de la enseñanza común de la Iglesia. Así, desde León XIII –finales del XIX– en adelante, se ha indicado que se siga, en principio, el espíritu de la obra de Santo Tomás de Aquino, lo que no quiere decir que hayan de adoptarse todas sus conclusiones ni que no se pueda ir más allá. Hablar de tomismo es, en cierto modo, una simplificación, pues el contenido de ese «ismo» es objeto de controversias entre los expertos. Por otro lado, para algunos, la doctrina de Santo Tomás de Aquino sería algo ya superado, antiguo, obsoleto. Sin entrar en un tema que obligaría a muchas precisiones, puede recordarse que desde 1274, fecha de la muerte de Tomás de Aquino, hasta hoy sólo ha habido un Concilio ecuménico que haya recomendado vivamente el enfoque del autor de la *Suma teológica:* ha sido el Concilio Vaticano II, al decir que en las Universidades católicas se enseñe «siguiendo las huellas de los doctores católicos, sobre todo de Santo Tomás de Aquino»[36]. La intención del Concilio parece ser la de recordar la armonía existente entre la fe y la razón, una de las notas más características de la teología de Santo Tomás.

En segundo lugar, en el campo de la filosofía y de las demás ciencias, tanto experimentales como históricas, jurídicas, sociales, los miembros del Opus Dei mantienen las posiciones que deseen, dentro, precisamente, de esa armonía entre fe y razón. Esta libertad no supone limitación alguna, porque, en realidad, los conflictos entre fe y ciencia no son reales si se mantiene la claridad metodológica. Así, por ejemplo, no es verdad que un cristiano, en el tema del origen del universo y del hombre, haya de ser «creacionista» en el sentido –muy poco afortunado– del otro término de la alternativa «creación»-evolución. Desde hace ya muchos decenios, la Iglesia católica ha aclarado que la fe implica sostener como verdades: que la materia ha sido

[36] Concilio Vaticano II, Declaración *Gravissimum educationis,* n.º 10.

creada por Dios; que Dios crea para cada hombre –por tanto también para el primer hombre– un alma racional, libre e inmortal. Qué sucede entre un momento y otro en muchos sentidos, un enigma, en el que la fe no ha entrado y en el que la ciencia está muy lejos de decir la última palabra.

Por otra parte, hay que tener en cuenta que el mismo estatuto de la ciencia no está por completo dilucidado; recientemente se considera más científico sostener que esa dilucidación constituye, por emplear en otro sentido una expresión de Karl Popper, una «búsqueda sin término». En otras palabras, la supuesta incompatibilidad entre fe y ciencia es un tema que surgió en un contexto histórico determinado, en el que había un prejuicio escasamente científico en contra de la fe.

No es compatible con la fe una filosofía, o cualquier otro planteamiento en el campo de las ciencias, que asuma, como principio, la exclusiva existencia de lo material –más o menos «espiritualizado»– con expresa negación de Dios.

En tercer lugar, hay completa libertad en cuestiones estéticas, en el campo de las artes plásticas, de la música, de la literatura, etcétera. El tema no precisa más aclaraciones, ya que casi pertenece al campo de lo obvio. Durante siglos han sido cristianos los grandes creadores en las artes. En muchos sentidos, la estética de Occidente, y por extensión la de otras muchas culturas, es cristiana.

En cuarto lugar, puede considerarse un tema más problemático, sobre todo por razones históricas: el de la libertad de los cristianos en materias políticas, económicas y sociales.

El asunto es tan amplio y complejo que queda trivializado si no se sale de simples anotaciones generales. Sin hacer referencia a los precedentes históricos que aclararían muchas de las incógnitas, baste decir que, después del ámbito religioso, el político (y económico-social) es el más abarcante, el de más implicaciones. Lo político, es decir, los elementos de la organización social, presenta caracteres de imprescindibilidad. En una situación de emergencia, ciencias, filosofía y artes pueden «suspenderse», pero hará falta siempre, aunque sea en forma primaria, política y economía. Se añada a eso que, en la medida en que se registra un proceso de descristianización, se puede dar, con más fuerza, un proceso de politización. Ésa ha sido, con bastante probabilidad, la tendencia en las épocas de grandes fervores ideológicos, en este siglo XX, en los años veinte y treinta y, de forma más mitigada, en los sesenta. El proceso de politización podría enmarcarse con la frase famosa –«Tutto è politica»– de un autor italiano, marxista, que escribe precisamente en los años veinte y treinta: Antonio Gramsci.

Es significativo que, naciendo el Opus Dei en 1928, en una época de grandes pronunciamientos ideológicos, el Fundador situara a la institución, de forma explícita, fuera de cualquier acción en lo temporal. En otros países, como también en la España de aquella época, algunas organizaciones integradas por seglares y estrechamente dependientes de la Jerarquía eclesiástica —la Acción católica en sentido amplio— ponían las bases de lo que eran ya o serían los partidos políticos cristianos.

El Opus Dei es ajeno a ese fenómeno. Se recuerda a los miembros el deber natural y también cristiano de no desentenderse de la vida pública, de participar: pero cada uno elige con libertad su actuación y responde personalmente de lo que ha elegido. En la práctica esto significa que la mayoría de los miembros, en estos temas, hará igual que la mayoría de los ciudadanos: mantener unas opiniones más o menos claras y utilizar los modos comunes de participación, empezando por el voto, si existe esa posibilidad. No hay ni una ni varias doctrinas políticas en el Opus Dei. En más de sesenta años de historia nadie puede presentar un pronunciamiento del Opus Dei a favor o en contra de determinada política. En cambio es continuo el recordatorio de la libertad de que goza cada miembro, así como la afirmación de que «la diversidad de opiniones y de actuaciones en lo temporal y en lo teológico opinable no es para la Obra ningún problema: la diversidad que existe y existirá siempre entre los miembros del Opus Dei es, por el contrario, una manifestación de buen espíritu, de vida limpia, de respeto a la opción legítima de cada uno»[37].

Finalmente, la misma libertad personal existe en la elección de la profesión y en el desarrollo de los trabajos que comporta. Las decisiones que en esos casos se han de adoptar, así como los métodos, el estilo, etcétera, son competencia de cada uno, sin que pueda intervenir para nada ni el Opus Dei ni otros miembros de la Prelatura en cuanto tales miembros.

La libertad personal en esos ámbitos antes anotados —en lo teológico, en el cultivo de las ciencias, en la investigación, en las opciones políticas, económicas y sociales, en la elección y ejercicio de la profesión— tiene, en correspondencia, la responsabilidad también personal. Por eso carece de sentido atribuir a la Prelatura los méritos, las ventajas, los inconvenientes, las consecuencias o, en general, cual-

[37] *Conversaciones...*, 38. Y en *Amigos de Dios*, 32: «Cuando durante mis años de sacerdocio, no diré que predico, sino que grito mi amor a la libertad personal, noto en algunos un gesto de desconfianza, como si sospechasen que la defensa de la libertad entrañara un peligro para la fe. Que se tranquilicen esos pusilánimes».

quier accidente que resulte del ejercicio de la libertad personal de los miembros.

Esta responsabilidad no es sólo una exigencia de la Prelatura, sino también un dato básico e inicial de la vocación. Un miembro del Opus Dei sabe que, al gozar de la más amplia libertad en lo temporal y en lo opinable, responde lógicamente en nombre propio de sus acciones.

En la declaración del 23 de agosto de 1982 de la Congregación para los Obispos, con motivo de la erección del Opus Dei en Prelatura personal, se puede leer: «Por lo que se refiere a sus opciones en materia profesional, social, política, etc., los fieles laicos que pertenecen a la Prelatura –dentro de los límites de la fe y de la moral católicas y de la disciplina de la Iglesia– gozan de la misma libertad que los demás católicos, conciudadanos suyos; por tanto, la Prelatura no hace suyas las actividades profesionales, sociales, políticas, económicos, etc., de ninguno de sus miembros»[38].

* * *

Tradicionalmente, en los paradigmas con los que se funciona en los dos últimos siglos, existe la idea de fondo de que dos son las opciones principales: la de la libertad y la de la justicia, ésta entendida como igualdad. Sólo unas referencias, breves, a lo que ha hecho correr ríos de tinta desde mediados del siglo XVII hasta hoy.

En primer lugar, los tres valores –libertad, igualdad, fraternidad– que pone en circulación la Revolución francesa son cristianos. La libertad se acaba de ver, con algún detalle. Pero también es cristiana –y chocó entonces con la cultura extendida por buena parte del mundo– la idea de que todos los hombres deben ser iguales ante los hombres, porque son igualmente hijos de Dios. El Evangelio es explícito. Cristo utiliza una nueva lógica, según la cual, por ejemplo, la pobre viuda que entregó su sustento, la moneda de menor valor, dio más que los que arrojaban grandes cantidades. Para el Evangelio, no hay nadie que sea más que nadie. Todos son hijos de Dios. Por tanto, no sólo hay que hacer toda la justicia, sino que a la justicia se ha de añadir el amor, la caridad, la misericordia, la verdadera fraternidad. Para que quedase del todo claro, Jesús contó la parábola del buen samaritano: quien cumple la ley y más que la ley es el «infiel»; ya no dependen las cosas de que se sea sacerdote o levita, sino del amor de Dios.

---

[38] *L'Osservatore Romano,* 24 agosto 1982.

Correspondía a los hombres hacer que la igualdad ante Dios quedase reflejada en la igualdad ante las leyes. Esto, sin embargo, como se sabe, ni se consiguió ni se ha conseguido. No hay, en muchos casos, ni igualdad ante las leyes ni, mucho menos, ante los bienes económicos o culturales. No se trata de negar las desigualdades naturales –las diferencias de inteligencia, voluntad, estatura, peso, etc.–, sino de recordar, con la idea que repitió, entre otros, Rousseau, que precisamente porque los hombres nacen desiguales, hay que intentar corregir la desigualdad.

La sociedad antigua –entendiendo por eso el mundo anterior al siglo XIX– no hizo mucho por corregir las desigualdades. El esquema social era estamental. Se nacía noble o plebeyo, y esto parecía algo natural. Individualmente o de forma asociada, muchos cristianos se dedicaron, desde los primeros siglos, a paliar las consecuencias de las desigualdades con obras de caridad y de misericordia, erigiendo hospitales, asilos, hospicios, escuelas. Todas estas instituciones, en Europa y en muchos otros lugares del mundo, tienen un origen cristiano[39].

La polémica que introduce el socialismo –en su sentido genérico, primero, y, después, marxista–, a partir de la primera mitad del siglo XIX, tiene como uno de sus caballos de batalla la idea de que el cristianismo se opone a la justicia. Y, por un efecto de contraste, algunos cristianos, en un proceso que se inicia a finales del XIX y llega hasta hoy, consideran que sólo se puede ser fiel al Evangelio «asumiendo el socialismo», hasta hace pocos años también en su forma marxista.

En realidad, nadie puede acusar a la Iglesia católica de haber desconocido o infravalorado lo que se llamaba hasta época reciente «la cuestión social». En 1991, León XIII escribía en la encíclica *Rerum novarum:* «Un número sumamente reducido de opulentos y adinerados ha impuesto poco menos que el yugo de la esclavitud a

[39] Ya se vio cómo San José de Calasanz, en el siglo XVII, es el pionero del acceso a la educación de las clases más modestas. Es la misma intención que animó enseguida a San Juan Bautista de la Salle. Para entender hasta qué punto era una novedad, puede verse la siguiente apreciación de La Chaloteais, uno de los más famosos ilustrados: «Los hermanos de las escuelas cristianas, que son llamados "ignorantins", han venido para acabar de estropear todo. Enseñan a leer y a escribir a gentes que no deberían aprender nada más que a manejar el martillo y la lima. Estos hermanos son los rivales o los sucesores de los jesuitas. El bien de la sociedad humana pide que los conocimientos del pueblo no se extiendan más allá de sus ocupaciones. Todo hombre que va más allá de su triste trabajo no se contentará jamás con el valor y la paciencia. Entre las gentes del pueblo sólo es necesario que sepan leer y escribir los que viven de estas artes o aquellos a los que estas artes ayudan a vivir» (en «Éducation nationale ou plan d'études pour la jeunesse», citado en A. MELOR, *Histoire de l'anticléricalisme français,* París, 1966, pp. 81-82).

una muchedumbre infinita de proletarios»[40]. Sucede, sin embargo, que la Iglesia, en cuanto jerarquía, ha carecido y carece de poder real —desde hace ya bastantes siglos— para intervenir políticamente en la sociedad. Son los cristianos, solos o asociados con otros, los que, precisamente llevados por el espíritu del Evangelio, han de realizar a la vez la libertad, la justicia y la solidaridad. El tema no resulta nada fácil si se tiene en cuenta que, en la antigua Unión Soviética, más de setenta años de experiencias igualitarias y redistributivas no sólo no dieron como resultado la igualdad, sino que significaron el entierro de la libertad.

El Opus Dei, en cuanto tal, no se ha hecho, por su propia naturaleza, ni defensor ni contradictor de ningún sistema político, ni de la derecha ni de la izquierda. Sus miembros, con libertad, pueden militar donde puede hacerlo un católico. Eso quiere decir que se excluyen las formaciones políticas que parten del presupuesto de que, como escribía Marx, «la raíz del hombre es el propio hombre» o «el hombre es para el hombre el ser supremo»: una antropología que, por cierto, pueden compartir, y de hecho comparten, algunos grupos políticos que se autoconsideran de derechas, liberales o conservadores[41].

La exclusión de una posición política no significa que el Opus Dei, en cuanto tal, se desentienda de la realización de la libertad y de la justicia. Muchas de las actividades apostólicas de la Prelatura se desarrollan en zonas de países con muchas carencias en la atención médica, educativa o asistencial. Pero también en países más desarrollados hay iniciativas del Opus Dei que se han demostrado buenos remedios de la injusta distribución de la renta, por el procedimiento de dar a los hijos de familias con modestos medios una educación de primera calidad.

Sucede, sin embargo, que el Opus Dei no ha querido nunca dar a todo eso una dimensión política, en ningún sentido. Y, por otro lado, no se contabilizan las abundantes actuaciones a favor de la libertad, de la justicia y de la solidaridad de miles de miembros, realizadas a título personal, pero animados por un espíritu que lleva a preocuparse antes de los demás que de sí mismos.

Desde el principio, las preferencias del Fundador del Opus Dei fueron hacia los pobres y los enfermos[42]. Con ellos transcurrió años

---

[40] León XIII, *Rerum novarum,* 1891, cita por *El mensaje social de la Iglesia,* MC, 3.ª edición, Madrid, 1991, p. 26.

[41] Todo esto no quiere decir que no sea lícito cooperar con personas de cualquier idea o tendencia cuando se trata de unir fuerzas en asuntos urgentes, en situaciones excepcionales en las que se trata de ayudar al hombre. El hombre no nace ni liberal ni socialista, sino hijo de Dios.

[42] Existen muchos testimonios sobre este tema. Entre los publicados, véanse los de las religiosas M. Asunción Muñoz González, M. Milagros del Santísimo Sacramento Alvarado, Sor

enteros, en un servicio callado, que no tenía ni nombre ni rótulo. En *Camino* hay un pequeño rastro de esa preocupación: «–Niño. –Enfermo. –Al escribir estas palabras, ¿no sentís la tentación de ponerlas con mayúsculas? Es que, para un alma enamorada, los niños y los enfermos son Él»[43]. En una homilía de 1963 escribe: «No sé si es irremediable que haya clases sociales; de todos modos, tampoco es mi oficio hablar de esas materias, y mucho menos aquí, en este oratorio, donde nos hemos reunido para hablar de Dios –no quisiera en mi vida tratar nunca de otro tema–, y para charlar con Dios. Pensad lo que prefiráis de todo lo que la Providencia ha dejado a la libre y legítima discusión de los hombres. Pero mi condición de sacerdote de Cristo me impone la necesidad de remontarme más alto, y de recordaros que, en todo caso, no podemos jamás dejar de ejercitar la justicia, con heroísmo si es preciso»[44].

En *Surco* se pueden leer textos como los siguientes: «Por "el sendero del justo descontento", se han ido y se están yendo las masas. Duele..., pero ¡cuántos resentidos hemos fabricado, entre los que están espiritual o materialmente necesitados! –Hace falta volver a meter a Cristo entre los pobres y entre los humildes: precisamente entre ellos es donde más a gusto se encuentra»[45]. O bien: «Un hijo de Dios no puede ser clasista, porque le interesan los problemas de todos los hombres... Y trata de ayudar a resolverlos con la justicia y la caridad de nuestro Redentor»[46].

El espíritu del Opus Dei lleva a defender y a difundir lo que favorece la realización de la libertad, la justicia y la solidaridad. La Prelatura contribuye a una tarea que en cierto modo es inagotable al dirigir muchas de sus actividades a los sectores menos favorecidos de la sociedad, difundiendo ese espíritu entre sus miembros y entre muchas otras personas. Pero no es del espíritu del Opus Dei organizar actividades políticas o parapolíticas, ni siquiera con el buen fin de obtener poder para solucionar las cuestiones sociales de justicia.

10. Los modos de apostolado

El término *apostolado* conserva todavía, en la mayoría de los idiomas, la connotación de algo peculiar de algunas personas, no de

---

Engracia Echeverría y otras en el n.º 7 de la colección *Testimonios sobre el Fundador del Opus Dei,* Palabra, Madrid, 1992.

[43] *Camino,* 419.

[44] *Amigos de Dios,* 170.

[45] *Surco,* 228.

[46] *Surco,* 303.

todos. Esto es, al menos en parte, consecuencia de la profesionalización de lo espiritual que ha estado vigente durante siglos. De hecho, cuando uno de los documentos del Concilio Vaticano II, el decreto sobre el apostolado de los laicos, se abre con la afirmación de que el apostolado es algo que corresponde a todos en la Iglesia —«La vocación cristiana es, por su misma naturaleza, vocación al apostolado»[47]— ese enfoque podía aún sonar como novedad. Dice también el Vaticano II: «A todos los cristianos se impone la gloriosa tarea de trabajar para que el mensaje divino de salvación sea conocido y aceptado en todas partes y por todos los hombres»[48].

No era necesario enseñarlo en los primeros siglos del cristianismo. Basta leer los Hechos de los Apóstoles para ver decenas de casos —y eso sería lo corriente— en los que simples laicos, como el matrimonio formado por Aquiles y Priscila, «hacen apostolado», es decir, llevan a otras personas, en ese caso a Apolo, al conocimiento de Cristo y, con ello, a la dedicación al Evangelio (cfr. *Hechos* 18, 26). Aunque sólo fuera por pura necesidad de las cosas, la propagación del cristianismo tenía que hacerse con un método normal, a través del diálogo, basándose en las relaciones de parentesco y de amistad. Pues ésa es, casi a la letra, la realidad que permite al Fundador del Opus Dei hablar de «apostolado de amistad y de confidencia»[49].

* * *

La obligación del apostolado ha estado unida, en la historia de la Iglesia, a la idea que se tuviera sobre la llamada a la santidad. Aunque, en teoría, como ya se vio, la universalidad de la llamada nunca fue negada expresamente, en la práctica la santidad era considerada cosa de «especialistas». Y, en estricta correspondencia, también el apostolado. Esto no quiere decir que no se hayan dado casos, incluso muchos, de santidad en medio del mundo y de apostolado corriente con quienes se tenía cerca. Basta pensar en la historia concreta desarrollada en el interior de la familia; en la normal evangelización por

---

[47] Concilio Vaticano II, Decreto *Apostolicam actuositatem,* n.º 2.

[48] *Apostolicam...,* n.º 3.

[49] Ésa es la expresión corriente en la enseñanza del Fundador del Opus Dei. En *Camino* escribía «apostolado de discreción y de confidencia» (por ejemplo, en el punto 972), entendiendo discreción en el sentido de lo normal, lo amistoso, lo corriente. Pero como la palabra atrajo sobre sí algunas maliciosas críticas, Mons. Escrivá declaró, también públicamente, que prescindía del término. Por lo demás, la expresión «apostolado de amistad y de confidencia» era simultánea a la anterior. Desde al menos los años sesenta fue la única que utilizó el Fundador del Opus Dei cuando quería referirse a ese aspecto del espíritu de la institución.

parte de las madres, pero no sólo de las madres. A pesar de esto, no existe prueba de que se tuviera conciencia de que aquello era un camino grande, no inferior a ningún otro. Parece como si la santificación y el normal apostolado de esas personas fueran considerados de segunda división.

Al principio las cosas estaban más claras. En los primeros siglos pueden encontrarse numerosos textos de las enseñanzas de los Padres de la Iglesia, que hacen del apostolado una obligación general. Valgan, como ejemplo, estas palabras de San Juan Crisóstomo: «No puedes decir que te es imposible atraer a los demás. Si eres verdadero cristiano, es imposible que eso no suceda. Si es cierto que no hay contradicción en la naturaleza, es también verdad lo que nosotros afirmamos, pues esto se desprende de la misma naturaleza del cristiano. Si afirmas que un cristiano no puede ser útil, deshonras a Dios y lo calificas de mendaz. Le resulta más fácil a la luz convertirse en tinieblas que al cristiano no irradiar. No declares una cosa imposible cuando es precisamente su contrario lo que no es posible»[50].

Con todo, un indicio claro de que el tema no estaba maduro ni siquiera en los principios del siglo XX se encuentra en la misma historia del Opus Dei. Cuando, ya desde los años treinta, algunos veían en aquel fenómeno una «nueva herejía», se hacía referencia a la enseñanza de que la santidad se podía vivir en medio del mundo, el apostolado de los iguales entre los iguales.

* * *

«La actividad principal del Opus Dei consiste en dar a sus miembros, y a las personas que lo deseen, los medios espirituales necesarios para vivir como buenos cristianos en medio del mundo. Les hace conocer la doctrina de Cristo, las enseñanzas de la Iglesia; les proporciona un espíritu que mueve a trabajar bien por amor de Dios y en servicio de todos los hombres»[51]. En simetría con esa base, «el apostolado más importante del Opus Dei es el que cada socio realiza con el testimonio de su vida y con su palabra, en el trato diario con amigos y compañeros de profesión»[52].

El Opus Dei es conocido por haber movido iniciativas docentes

---

[50] SAN JUAN CRISÓSTOMO, *Homilía 20 sobre los Hechos,* citado en F. FERNÁNDEZ CARVAJAL, *Antología de textos,* Palabra, 7.ª edición, Madrid, 1985, p. 111.

[51] *Conversaciones...,* n.º 27.

[52] *Conversaciones...,* n..º 31.

o asistenciales de prestigio, pero todo eso no es mucho al lado de lo que no puede ni sumarse ni calcularse: los hechos de servicio, de amistad, de apostolado sin ningún tipo de publicidad. Es más, si ese apostolado personal, normal, fuera, por así decirlo, «enfocado», perdería su sentido.

El apostolado, tal como se entiende en el Opus Dei, es un callado, pero continuo elogio de la amistad. No se instrumentaliza la amistad: no se hacen amistades para hacer apostolado, sino que el apostolado nace, sin forzamientos, de la amistad previa.

Existe, a veces, cuando se ha escrito sobre este tema, o más quizá en conversaciones corrientes, la idea de que un miembro del Opus Dei va, sin pensárselo dos veces, a «pescar» al que se pone por delante. Aunque la expresión tiene, nada menos, que raíces evangélicas –«Venid en pos de mí y os haré pescadores de hombres» *(Mateo* 4,19)–, se trata de una de esas verdades trivializadas por el chisme. Todo el mundo está llamado a la santidad, pero los miembros del Opus Dei no son tan simples como para pensar que todo el mundo está llamado a ser del Opus Dei. Cualquier vocación es una llamada específica, y en la Iglesia hay muy diversos tipos de vocaciones. En el Opus Dei no se plantea a nadie la posible vocación si no se advierten indicios ciertos de esa llamada específica; entre esos indicios está la madurez y, por eso mismo, la comprensión, al menos incoada, de lo que es una vida de trabajo y de oración en medio del mundo. En un punto de *Surco,* el Fundador del Opus Dei aconseja al miembro de la Obra: «Sé claro. Si te dicen que vas "a pescarlos", responde que sí, que eso deseas... Pero..., ¡que no se preocupen! Porque, si no tienen vocación –si Él no les llama–, no vendrán; y si la tienen, qué bochorno acabar como el joven rico del Evangelio: solos y tristes»[53].

Hay varias razones para entender esto, pero una es elemental en sociología de las organizaciones: cualquier institución que desee permanecer fiel al diseño inicial procura que el crecimiento sea a través de personas que interioricen del modo adecuado los objetivos de la empresa y que reúnan cualidades para cumplirlos. De ahí que, como decía Mons. Escrivá, nadie más interesado que el Opus Dei en que no venga al Opus Dei gente sin vocación.

El apostolado personal que hacen los miembros del Opus Dei ofrece, al menos, tres aspectos: uno es el del testimonio de vida

[53] *Surco,* 218. En el punto 207 del mismo libro se hace referencia a la «constancia para hablar de Dios», otra forma de referirse al apostolado: «Si perseveramos, si insistimos bien convencidos de que el Señor lo quiere, también a tu alrededor, por todas partes, se apreciarán señales de una revolución cristiana; unos se entregarán, otros se tomarán en serio su vida interior y, otros –los más flojos– quedarán al menos alertados».

cristiana en el propio ambiente. Así, en el ámbito del apostolado, la experiencia de que nadie da lo que no tiene se convierte en la enseñanza del cristiano como «sal de la tierra» *(Mateo* 5, 13).

Este testimonio de vida lo intenta dar cada uno en su sitio, en el lugar de su vida, en su condición y profesión, en su ámbito propio. Se consideran válidas todas las situaciones, tanto las que son consideradas «buenas» económicamente– como las del simple pasar, que son las más. Se dice a veces que en el Opus Dei no se da de lado a los ricos: es una antigua maledicencia empleada en la historia con decenas de instituciones. La realidad es que no se da de lado a nadie. En cualquier caso, sería poco evangélico no ocuparse de todos, también de los que disponen de más bienes económicos. Basta recordar el caso de Zaqueo *(Lucas* 19, 1-10) o el de hombres como José de Arimatea *(Mateo* 27, 57) o el de aquellas mujeres principales que, según el texto sagrado, seguían a Cristo «y le auxiliaban con sus bienes» *(Lucas* 8, 2).

Muchas de las actividades apostólicas del Opus Dei se dirigen a personas de condición social muy modesta. En Filipinas, el cardenal Sin ha comentado: «Para mí es alentador saber que en los miembros del Opus Dei tengo algunos de mis más firmes aliados en poner en práctica la "opción preferencial por los pobres"»[54].

Otro aspecto que ha sido a veces mal entendido es la importancia que se concede en la Prelatura a los intelectuales. En realidad, esa importancia no es más que una consecuencia de la necesidad de que cada miembro dé testimonio de vida allí donde esté y también del hecho de que cada vez hay más profesiones intelectuales. Pero existe otra razón, que ha comentado el cardenal Poupard, del modo siguiente: «¡Qué profundidad evangélica tiene el "apostolado de la inteligencia"!» Cuando el joven sacerdote Josemaría Escrivá escribía esta frase del punto 978 de su libro *Camino* (la primera edición es de 1934) trazaba un programa al que se atiene durante toda su vida: precisamente porque el Opus Dei quiere llevar a todos los hombres, de todas las clases sociales, el mensaje de la llamada universal a la santidad cristiana mediante el trabajo profesional, el Fundador ha dedicado siempre la máxima atención a los intelectuales, a aquellos que trabajan con las ideas y las transmiten, porque hoy como nunca el problema de los problemas es la relación del Evangelio con las culturas, es decir "la inculturación de la cultura del Evangelio"»[55].

---

[54] Cardenal Sin, en *Bulletin Today,* Manila, 29 junio 1976.

[55] Cardenal Poupard, en *Il Messaggero,* Roma, 26 junio 1990, ahora también en *Así le vieron,* Madrid, 1992, p. 183.

También es comprensible que el Opus Dei, como cualquier institución de cualquier tipo que desea extender hacia el futuro el cumplimiento de su objetivo específico, trabaje con los jóvenes. No por tópica deja de ser verdad la afirmación de que los jóvenes son el futuro. Lo principal y fundamental que el Opus Dei ofrece a los jóvenes fue expresado así por Juan Pablo II: «Sé que todos vosotros, siguiendo la formación que os es ofrecida en los centros de la Prelatura del Opus Dei, os dedicáis seriamente a buscar a Cristo y a amarlo a través de las tareas que desarrolláis en la sociedad humana»[56].

El segundo aspecto, junto al testimonio de la vida, es la conversación. Llega un momento, en la vida de amistad, en el que no se pueden soslayar los temas claves, porque la condición humana, limitada, dura y a la vez apasionante, es inocultable. Apostolado es hablar de Dios, con las palabras usuales de un diálogo normal y corriente, sin técnicas, sin fórmulas estereotipadas; esa conversación, o es un desbordamiento de la vida personal de fidelidad a Dios —de intentarlo, al menos— o no es nada. Se trata de otra antigua enseñanza del Evangelio, muy comentada siempre en la Iglesia. «Empieza por tener paz en ti mismo y así podrás dar paz a los demás», escribió San Ambrosio[57]. Hablar de Dios, ¿con qué objeto? También la respuesta a esta pregunta es tan de la tradición de la Iglesia que puede resultar trivial. Hablar de Dios porque no hay más remedio, porque Dios es el Bien y el bien, por sí mismo, se difunde, se comunica, se da. Todo el mundo habla de lo que ama: de lo que está lleno el corazón habla la boca. Ese antiguo refrán es citado por Cristo como tal refrán (cfr. *Mateo* 12, 34). En el Opus Dei, como en tantas instituciones cristianas, la conversación de apostolado es una necesidad, según también una exclamación de San Pablo: «¡Ay de mí si no evangelizara!» *(1 Corintios* 9, 16).

Esto es esencial en el apostolado de los miembros del Opus Dei: si no hay amistad, no se da el apostolado más normal y corriente. El apostolado del ejemplo se puede vivir, como es lógico, también con quienes no son amigos. (Aunque en realidad, no resulta fácil pensar en «ponerse en actitud de dar buen ejemplo».) Dar buen ejemplo, desde el punto de vista del agente, consiste, en realidad, en esforzarse por hacer las cosas lo mejor posible y en estar dispuesto a rectificar las equivocaciones, que serán siempre numerosas. En cambio, la conversación permite, no sólo el razonamiento, sino la presentación

[56] Juan Pablo II, en *L'Osservatore Romano,* 17-18 abril 1990.
[57] San Ambrosio, en *Antología de textos,* p. 102.

persuasiva del estilo cristiano de vida. No como un tema del que simplemente «se habla», sino como una realidad que ha de convertirse en vida. En la doctrina que enseñó el Concilio Vaticano II, «este apostolado no consiste sólo en el testimonio de vida. El verdadero apóstol busca ocasiones para anunciar a Cristo con la palabra, ya a los no creyentes, para llevarlos a la fe, ya a los fieles, para instruirlos, confirmarlos y estimularlos a un mayor fervor de vida»[58].

Se puede hablar de un tercer aspecto en el apostolado de los miembros del Opus Dei, que consiste en hacer participar a los amigos, conocidos y otras personas que así lo deseen de las actividades de formación cristiana que organiza la Prelatura: meditaciones predicadas por sacerdotes, retiros espirituales de unas horas o de varios días, convivencias o, bien, de la dirección espiritual con un sacerdote del Opus Dei, lo que no implica necesariamente la confesión.

La asistencia a estas actividades formativas no significa, por parte de las personas, que se estén preparando para una posible vocación. Es cierto que las vocaciones al Opus Dei suelen surgir en ese ámbito, por la razón, bastante clara, de que de ese modo se conoce mejor el espíritu de la Prelatura. Pero no lo es menos que existen muchos miles de personas que participan en estas actividades y no son miembros de la Obra. Muchos son cooperadores, otros muchos no. Basta un sencillo dato para entender eso: al cabo de un año, en el mundo, en las ciudades donde hay centros del Opus Dei —o, a veces, donde ni siquiera hay centros— se pueden organizar muchos miles de retiros espirituales, lo que significa centenares de miles de asistentes. Pero el total de los miembros del Opus Dei es de 75.000.

De esos tres aspectos del apostolado personal de los miembros del Opus Dei los esenciales son los dos primeros: el testimonio del ejemplo de vida y la conversación amistosa. El modo, el tono del apostolado de cada uno depende, en parte, de su personalidad, de su manera de entrar en sintonía con los demás, pero sobre todo de la gracia de Dios. El apostolado personal no es una técnica de «hacer amigos para Dios». La amistad no desaparece si alguien no quiere saber nada de religión. Las cosas serias, densas y cordiales son mucho más flexibles que todo eso. Pero, al mismo tiempo, son realidades casi inexplicables. No se puede decir mucho más sobre lo que tiene el variado y distinto relieve de las relaciones humanas.

* * *

[58] *Apostolicam actuositatem,* n.º 6.

Según el espíritu del Opus Dei, el trabajo, en primer lugar, y las relaciones humanas en general son medio y ocasión de ese apostolado personal, que es esencial en la Prelatura. De ordinario, los miembros del Opus Dei, como le ocurre a la mayoría de las demás personas, tienen un trabajo dependiente, es decir, no son trabajadores autónomos. El mayor porcentaje, como suele ocurrir, se distribuye entre quienes trabajan en sus casas –muchas mujeres, en todas partes–, lo hacen en empresas privadas o bien son funcionarios de la Administración pública. Ese sitio, cualquiera que sea, es uno de los «lugares» de sus relaciones de amistad y, por tanto, de su apostolado.

El panorama no cambia si se trabaja en una empresa propia: aquello no se convierte en una «empresa de apostolado», y menos aún en una empresa del Opus Dei, sino que se respetan las normales leyes de funcionamiento de la actividad económica. Lo que sucede es que, en ese supuesto, es mayor el deber, si cabe, de dar ejemplo y, por tanto, de vivir con plenitud las virtudes, de modo especial las sociales: justicia, equidad, cordialidad.

No hay que esperar, sin embargo, que todo el mundo esté contento. Siempre puede haber errores en la gestión o fallos morales. Por eso no hay que extrañarse, dentro de la chismografía habitual, de que alguien eche en cara a un miembro del Opus Dei que, «siendo tan católico no...», y aquí una lista de agravios o de problemas. Es sabido que la gente exige más, incluso en una desproporción muy notable, de quienes saben que se toman la religión en serio. Es experiencia de miembros del Opus Dei que han ocupado puestos de responsabilidad social –como jueces, fiscales, diputados, etc.– que a su alrededor nacen sin saber cómo habladurías que suelen tener una misma raíz: personas que se creen defraudadas en sus expectativas tienden a atribuir la causa a alguna razón especialmente «vistosa». Si se percatan de que una de las personas que han participado en una decisión –aunque se haya tomado entre varios– es del Opus Dei, se pueden aferrar a ese dato para justificar la frustración. Con independencia de que el hecho sea más o menos frecuente, es una especie de «esquema de funcionamiento anormal» que es preciso tener en cuenta a la hora de atender a chismes más o menos habituales.

Tampoco eso es, en realidad, algo nuevo o insólito. El único modo, ligeramente cínico, de llevar, en ese sentido una vida tranquila es desentenderse de los problemas de conciencia, de las cuestiones sociales y aferrarse al antiguo «los negocios son los negocios». Si uno no cree en nada, nadie podrá echarle en cara, con coherencia, que no cumple con sus convicciones. Muchos de los problemas a los que se enfrentan algunos miembros del Opus Dei, como otras muchas personas de fe, surgen del rechazo del cinismo o el pragmatismo como modo de conducta.

Otros miembros del Opus Dei fundan o ponen en marcha actividades docentes, asistenciales, etcétera, también con la ayuda de personas que no pertenecen a la Prelatura. No hay nada que diferencie a esas empresas de las demás, en cuanto al estatuto civil, a no ser que de ordinario no son actividades rentables y se sostienen sólo gracias a otras fuentes de ingresos: aportaciones privadas o subvenciones públicas. Estas actividades, por su orientación fundacional, son directamente apostólicas y plenamente profesionales. Según el espíritu del Opus Dei, el apostolado debe empezar por la calidad profesional y científica. Lo cual no quiere decir que esa profesionaliad resulte máxima en todos los casos: depende del ambiente del país, de la posibilidad de contar con buenos expertos, de la demanda social.

No puede decirse, si se habla con propiedad, que esas actividades son del Opus Dei; y esto ni siquiera cuando la dirección espiritual, es decir, entre otras cosas, la asistencia sacerdotal está encomendada a sacerdotes del Opus Dei. Ni la Prelatura es propietaria de los medios económicos ni dirige o controla el programa académico, el sistema de enseñanza o de gestión.

Hasta ahora, en la mayoría de los países, muchas de esas iniciativas son de carácter educativo, en sus diferentes modalidades. Aunque, en la opinión pública, suelen ser identificadas como labores del Opus Dei, no lo son desde el punto de vista de la propiedad de los bienes ni desde el punto de vista de un respaldo oficial y jurídico por parte de la institución.

En algunos casos concretos, el Opus Dei se hace explícitamente responsable de la formación espiritual y doctrinal que en esas iniciativas se imparte. Ésas son las obras corporativas de apostolado. En la entrevista concedida en 1967 por Mons. Escrivá de Balaguer a la revista *Palabra,* el Fundador del Opus Dei se refería a residencias de estudiantes, casas de retiro, centros de formación para obreros y campesinos, institutos técnicos, colegios, escuelas de formación para la mujer... «Estas obras han sido y son indudablemente focos de irradiación del espíritu cristiano que, promovidos por laicos, dirigidos como un trabajo profesional por ciudadanos laicos, iguales a sus compañeros que ejercitan la misma tarea u oficio, y abiertos a personas de toda clase y condición, han sensibilizado vastos estratos de la sociedad sobre la necesidad de dar una respuesta cristiana a las cuestiones que les plantea el ejercicio de su profesión o empleo»[59].

---

[59] *Conversaciones...,* n.º 18.

De vez en cuando, en la opinión pública se nota un cierto interés por el tema de la financiación de estas tareas corporativas del Opus Dei. Así puede verse, por ejemplo, en una pregunta de la entrevista que hizo al Fundador del Opus Dei el corresponsal del *New York Times*. Mons. Escrivá contestó entonces que «cada centro se financia del mismo modo que cualquier otro de su tipo. Las residencias de estudiantes, por ejemplo, cuentan con las pensiones que pagan los residentes; los colegios con las cuotas que satisfacen los alumnos; las escuelas agrícolas con la venta de sus productos, etc.» Y añadía: «Está claro, sin embargo, que estos ingresos casi nunca son suficientes para cubrir todos los gastos de un centro, y menos cuando se considera que todas las labores del Opus Dei están pensadas con un criterio apostólico y la mayoría se dirigen a personas de escasos recursos económicos que —en muchas ocasiones— pagan por la formación que se les ofrece cantidades simbólicas»[60].

Se refería también a que la mayor contribución al sostenimiento de esas tareas proviene del producto del trabajo de los miembros de la Obra. Terminaba diciendo que, para poder subsistir, esos centros tenían que acudir a la colaboración económica de muchas personas: «La financiación de cada centro es autónoma. Cada uno funciona con independencia y procura buscar los fondos necesarios entre las personas interesadas en aquella labor concreta».

Dirigidas por seglares, ciudadanos corrientes, integradas tanto por miembros del Opus Dei como por otras muchas personas que no lo son, sujetas a la normal legislación civil del país, propiedad de empresas civiles, sostenidas con fondos privados o con las normales subvenciones para centros del mismo tipo, se comprende que estas iniciativas no sean «católicas» si por eso se entiende «eclesiásticas». Son católicas en el sentido teológico: porque las enseñanzas que se imparten en los centros educativos y, en general, las actividades que se realizan contribuyen a difundir el sentido cristiano en la sociedad.

Contando todos los países en los que trabaja la Prelatura, hay centenares de estas obras corporativas. En conjunto, si se organizara una presentación adecuada de esos centros exponiendo sólo cuatro o cinco líneas sobre cada uno, resultaría un volumen de bastantes páginas y un panorama que podría justamente impresionar. Que se sepa, la Prelatura nunca ha hecho alarde de ese trabajo; en realidad, no forman una red, sino una suma de iniciativas distintas, gestionadas

[60] *Conversaciones...*, n.° 51.

con diversos criterios profesionales y completamente autónomas desde el punto de vista de la financiación.

Existe una razón aún más poderosa, si se deja a un lado el espíritu de humildad colectiva que lleva a no alardear: una presentación global del conjunto de las labores apostólicas de la Prelatura podría dar la impresión de que la finalidad del Opus Dei es montar centros educativos, asistenciales, benéficos. No es así: la finalidad del Opus Dei es «ayudar a las personas que viven en el mundo –al hombre corriente, al hombre de la calle– a llevar una vida cristiana, sin modificar su modo normal de vida, ni su trabajo ordinario, ni sus ilusiones y afanes»[61]. Sin duda se graban más en la memoria colectiva los centros que tienen una sede material, pero el Opus Dei seguiría siendo completo si faltaran esas instituciones, y, en cambio, no sería Opus Dei si no se diera, en las normales actividades sociales, el trabajo de sus miembros por difundir la llamada universal a la santidad y al apostolado.

* * *

En los últimos decenios se ha difundido en algunos sectores o ambientes de la Iglesia católica la idea de que cualquier forma de apostolado que no sea el simple testimoniar con la vida es una ilegítima irrupción en la intimidad de los demás. Según esa postura, una institución que intente, sin más, difundirse y, si es posible, contribuir a aumentar el nivel espiritual de la sociedad en la que vive estaría, entre otras cosas, poniendo en peligro el ecumenismo. La difusión de esas actitudes «antiapostolado» tuvo quizá algo que ver en el hecho de que en muchos países descendiera el número de las vocaciones sacerdotales y religiosas, ya que, como parece razonable, son los sacerdotes y religiosos los que mejor pueden realizar la tarea de su propia continuidad.

La enemistad hacia un apostolado vivo y activo no puede encontrar apoyo en el Evangelio, en la tradición de la Iglesia o en las enseñanzas más recientes, como las del Concilio Vaticano II o los documentos de los últimos Papas. Más bien al contrario: tanto en la constitución *Lumen gentium* como en el decreto *Apostolicam actuositatem* existe una insistente y meditada invitación al apostolado. Baste citar de nuevo un texto de este decreto, en el que se puede advertir, de modo especial, la extensión, que se subraya: «A todos los cristianos se impone la gloriosa tarea de trabajar para que el mensaje divino de

---

[61] *Conversaciones...*, n.º 24.

la salvación sea conocido y aceptado en todas partes por todos los hombres»[62].

Pablo VI dedicó al tema todo un documento, *Evangelii nuntiandi*. En el cortísimo pontificado que le tocó vivir, Juan Pablo I tuvo ocasión de decir, desde el primer mensaje: «Queremos recordar a toda la Iglesia que la evangelización sigue siendo su principal deber»[63]. Juan Pablo II insiste, casi continuamente, en la recristianización de Europa y, en general, de todo el mundo, y, personalmente, lo hace en más de medio centenar de viajes. El documento reciente más extenso es la encíclica *Redemptoris missio,* de 1991.

El Opus Dei tiene como característico, desde el principio, el sentido de la urgencia del apostolado. Vista desde fuera, y por un no creyente, la institución podría parecer algo activísimo, casi con la obsesión de multiplicarse. Según el espíritu del Opus Dei esa multiplicación es una consecuencia inmediata de la finalidad institucional: difundir el camino cristiano de santidad en medio de la calle. Como esto significa que los llamados son muchos —en principio, todos—, no es extraño que el apostolado sea continuo.

Este rasgo, aunque no es exclusivo del Opus Dei, tenía que llamar la atención en los ambientes en los que se difundió la mentalidad «antiapostólica» antes comentada. El Opus Dei ha sido y es muy atacado por hacer apostolado. Ataques que provienen de quienes, paradójicamente, querrían imponer el «apostolado del no-apostolado».

Cuando se analizan más de cerca las críticas que el Opus Dei ha recibido y recibe por su sentido apostólico, hay que asombrarse ante la insistencia en no respetar la libertad ajena. No es que no se compartan unos modos de apostolado —lo cual es cosa legítima—, sino que parece como si se deseara impedir, al menos a través de un intento de descrédito en la opinión pública, que el Opus Dei trabaje. De ahí, por ejemplo, en algunos críticos, la alegría no contenida al recordar que el Opus Dei no ha conseguido llevar a cabo algunos proyectos de iniciativas apostólicas.

En ese contexto se cita a veces el fracaso de un proyecto de *college* en Oxford, hacia el principio de los años sesenta. Se trataba, simplemente, de que en el ámbito de la célebre Universidad existiera un *college,* no sólo para católicos, sino abierto a todo el mundo, gestionado por profesionales universitarios con los habituales requisitos académicos. En realidad, no es difícil de entender que, en Ox-

---

[62] *Apostolicam..., n.º 3.*

[63] *L'Osservatore Romano,* 28 agosto 1978.

ford como en cualquier otro lugar, siempre es preferible la pluralidad de ofertas. Surgió, en cambio, en Oxford una oposición, en cierto modo comprensible, porque estaba integrada por personas que se aferraban al pasado tradicional. La iniciativa, a pesar de las garantías que daba para su proyecto, era considerada una peligrosa innovación.

En otros casos semejantes, tampoco muchos, se han registrado parecidos recelos. No es algo exclusivo del Opus Dei, pero es que, según los críticos, el Opus Dei es «más peligroso». ¿Por qué? Quizá, si los miembros de la Prelatura de dedicasen a vivir aislados, si no estuvieran animados por el deseo de comunicar su vocación, si se clausurasen o se dedicasen sólo a actividades temporales, los ataques disminuirían. Pero es que, según el espíritu del Opus Dei, sus miembros hacen apostolado en su vida diaria: «Hemos de evitar el error de considerar que el apostolado se reduce al testimonio de unas prácticas piadosas. Tú y yo somos cristianos, pero a la vez, y sin solución de continuidad, ciudadanos y trabajadores, con unas obligaciones claras que hemos de cumplir de un modo ejemplar, si de veras queremos santificarnos»[64].

Puede comprenderse que existan formas de espiritualidad que renuncian a una serie de actividades por amor a Cristo y para dar testimonio de que este mundo no es lo último para el hombre. Sin embargo, la existencia de esas espiritualidades que forman parte de la valiosa variedad de la Iglesia no dice nada contra otras posibles. La fundación de la Iglesia por Cristo coincide con el hecho de confiarla a Pedro y a los demás apóstoles. Este término significa enviado y es consustancial con la vida cristiana. Las formas de apostolado pueden ser muchas –y cuantas más y más diversas, mejor–, pero la esencia es siempre aquel «id y enseñad a todas las gentes» (*Mateo* 28, 19). Sin eso no habría Iglesia.

---

[64] *Amigos de Dios*, 61.

CAPÍTULO IV

VIDA COTIDIANA EN EL OPUS DEI

1. El aire de la normalidad

A juzgar por el tono de algunos artículos, reportajes o libros sobre el Opus Dei, las explicaciones que han sido publicadas ya sobre la Prelatura no parecen bastar. Si se deja a un lado la crítica a ultranza, parece que lo que más inquieta es la respuesta a estas dos preguntas: 1) «¿qué hacen en concreto los miembros del Opus Dei?»; 2) «¿se trata de un grupo político-económico-conservador que actúa en la clandestinidad?»

Las sospechas podrían haber sido peores. Muchas personas han sido «etiquetadas» a lo largo de la historia con minucias como comer niños crudos, sacrificar doncellas, ritos orgiásticos, matanzas ocultas, envenenamiento de las aguas, trato con los demonios, etc. En el fondo, el esquema de todas las cazas de brujas que se han registrado en la historia es el mismo: un conjunto de personas –«encerradas», porque uno o algunos así lo deciden, en una denominación– son acusadas de una serie de delitos y crímenes, casi siempre los mismos, con pocas modificaciones.

La acusación de secretismo, respecto al Opus Dei, llegó hasta un Parlamento, el de Italia, como se puede ver más adelante. El Ministro del Interior hizo una pública declaración, en 1986, en la que sustancialmente se decía que el Opus Dei es lo que dice ser. En realidad, se trata de un tema muy manido.

La otra cuestión —«¿qué hacen en concreto los miembros del Opus Dei?»— es más pacífica. Suele interesar, por lo general, a los parientes, amigos y conocidos de miembros del Opus Dei; personas con buena voluntad, pero que, por las razones que sean, no han llegado a entender del todo de qué se trata y recurren a lo más fácil: el esquema mental de la «rareza». Se piensa que, si tienen un nombre, Opus Dei, que además está en latín, los miembros quedarán señalados por él. Si entran dentro de algo distinto —y a la fuerza ha de ser distinto si sólo son siete decenas de miles al lado de los cinco mil millones de humanos—, es lógico hacerse preguntas del tipo de: de qué viven, dónde, qué comen, cómo visten, y cosas semejantes.

Para un miembro del Opus Dei contestar a esas preguntas supone cierto mérito, pues explicar lo obvio resulta siempre costoso. Hay explicaciones del Opus Dei en literatura escrita por miembros de la institución en la que se dice: que viven de su trabajo, como le ocurre a todo el que no está en el paro o se sostenga gracias a las rentas o a una pensión; que viven, la mayoría, en la familia en la que han nacido o en la que han creado; que cada uno, como es comprensible, lleva el nivel de vida que puede, más bien escaso, porque, además del propio sostenimiento, tiene que procurar el de iniciativas apostólicas crónicamente deficitarias, etcétera.

Este asunto no daría para más. Las cuestiones son tan simples como éstas otras: ¿cómo vive, en general, la humanidad?, ¿cómo viven los católicos? Lo mismo podría decirse de cualquier conjunto según criterios religiosos, culturales, raciales, etcétera.

2. Vidas concretas

Entre los que han escrito libros sobre el Opus Dei hay un periodista australiano, William West, que se tomó el trabajo de viajar y de entrevistarse con gente de la Prelatura en Europa, América, África y Asia, además de en su propio país oceánico. El resultado de esa encuesta es el libro *Opus Dei. Exploding a Myth*[1]. Habla West, por ejemplo, con un neoyorquino del Bronx, que trabajó como *broker* en Wall Street y luego se ordenó sacerdote; con varios japoneses, casados, que trabajan en una empresa como otros tantos millones de compatriotas; con un ingeniero civil de Kenia; con un taxista español;

[1] Traducción castellana, *Opus Dei. Ficción y realidad,* Rialp, Madrid, 1989.

con un hotelero dublinés, con un campesino mexicano... El libro es una obra amena, pero está claro que, a la hora de responder a la pregunta «¿qué significa para usted el Opus Dei?» las respuestas son muy parecidas.

La cuestión es ésta: por un lado, la vida de las personas, con independencia del lugar, se ha hecho ya bastante uniforme, si es que no ha ocurrido siempre lo mismo. Lo distinto de cada persona, las circunstancias concretas del modo de hacer el trabajo, las aficiones, las ideas más o menos propias y cosas de ese estilo interesan casi exclusivamente al sujeto en concreto —y, si acaso, según el chiste habitual, a su abuela—, a no ser que se sepa contar todo eso con calidad estética, y entonces es una obra de creación. William West podría haber hablado, en su libro, con otros miembros del Opus Dei que son contables, enfermeras, profesores, soldadores, barrenderos, oficinistas, programadores, trapecistas, pintores, actrices, conductores de camiones, psicólogas, camareros, impresores, carteros, médicos y todo lo que se quiera. No hubiera aparecido algo diferente a lo que hace la mayor parte de los contables, enfermeras, profesores, soldadores... en cualquier sitio del mundo.

En la encuesta de West casi todos los entrevistados intentan glosar lo común: que se trata de intentar santificar el trabajo que hacen. Para unos, esa forma de vivir la vida cristiana supone introducir un buen orden en la existencia; para otros, tener que preocuparse de los demás y no encerrarse en sí mismos; otros destacan que con ese camino surge un sentido más profundo que enlaza las pequeñas acciones de todos los días. Así, una mujer mexicana cuenta: «Cuando me despierto, ofrezco el día a Dios, y a lo largo de la jornada le vuelvo a ofrecer lo que me cuesta, y lo que algunas personas creen que no tiene importancia, como colocar las cosas en su sitio»[2]. Otra mujer, española, juez, dice: «El Opus Dei me ha enseñado a amar a la gente con hechos, a querer y a respetar a todo el mundo. Lo fácil es quitarse de encima a quienes te pueden crear problemas. Lo difícil es tratar de ayudarles a enderezar sus vidas»[3].

No sería difícil, con una encuesta aún más extensa de la que realizó West, catalogar los dichos, sobre sus propias vidas y su relación con el Opus Dei, de decenas de miles de personas. El resultado sería repetitivo, a no ser que se buscaran hechos y anécdotas curiosas, una especie de libro de *Guinness:* pero entonces eso no sería para nada específico de los miembros del Opus Dei.

---

[2] *Opus Dei. Ficción y realidad,* p. 117.
[3] *Opus Dei. Ficción y realidad,* p. 89.

El núcleo de esta cuestión es, ahora, quizá más fácil de explicar: pertenecer al Opus Dei significa no llevar un determinado tipo de vida, sino procurar encarnar un espíritu en las condiciones concretas de la existencia de cada uno. Por eso se entiende que esas condiciones concretas –por interesantes que resulten para los afectados– añaden poco al conocimiento del Opus Dei. Es más: cuanto se intenta contar cómo es, a la vez, la circunstancia concreta y la condición de miembro del Opus Dei, se puede introducir una especie de «factor distorsionador». Esto es tan esencial que no se pierde nada deteniéndose un poco en ello.

3. «Lo raro de no ser raro»

Puede parecer anómalo que, para explicar un poco todo esto, se recurra a un ejemplo de física cuántica. Tómese como se quiera, pero el ejemplo puede ser al menos un cierto factor de entretenimiento.

En física se sabe desde no hace mucho, aunque se sospechaba casi desde siempre, que «la observación modifica el fenómeno». Pues una cosa semejante ocurre con los fenómenos sociales, religiosos, espirituales... Y con el Opus Dei. Hay, en efecto, algo en el hecho de ser del Opus Dei que, por comparación, se podría llamar «cuántico». La comparación implica un cierto conocimiento de las particularidades de los fotones –o impulsos de luz– según la física cuántica.

Se puede decir, en pocas palabras, que, según la física cuántica, el fotón, una partícula sin masa, se presenta a veces como onda y a veces como partícula. Richard Feynman, Nobel de Física en 1985, cuenta en uno de sus libros de divulgación que cuando volvió de estudiar del Massachusetts Institute of Technology, su padre, quien desde pequeño le había enseñado a tener una actitud científica, le dijo: «"Según entiendo, cuando un átomo efectúa una transición de un estado a otro, emite una partícula de luz, llamada fotón." "Así es", le respondí. Me dice entonces: "¿Y está previamente el fotón en el átomo?" "No, el fotón no está de antemano" "Bueno –me dice–, ¿de dónde sale entonces?"»[4]. Según Feynman, los fotones son creados justamente por el movimiento del electrón, pero está claro que por «creado» no puede entenderse ahí hacer algo *ex nihilo,* de la nada. El fotón, aunque no aparezca, preexiste en las virtualidades de la mate-

---

[4] R. FEYNMAN, *¿Qué te importa lo que piensen los demás?,* Alianza, Madrid, 1990, p. 23.

ria. Lo que antes estaba, pero no se advertía, de pronto se advierte, y al ser advertido como onda deja de ser advertido como partícula.

El universo, para la física cuántica, es así cuando se estudia en las escalas microscópicas. Pero dejando a un lado las implicaciones más serias, se puede utilizar ese comportamiento de la materia como comparación para entender otros fenómenos complejos. Por ejemplo, la expresión «la vida concreta de una persona que es miembro del Opus Dei», es como un fotón que si se mira como partícula no se puede ver a la vez como onda. Es decir, que cuando se subraya un aspecto tiende a ocultarse el otro. Si se subrayan los elementos de la vida concreta se ve que es una vida como cualquier otra. Si se señala lo de Opus Dei, para la opinión pública se introduciría algo que parece no estar en la vida concreta de las personas más corrientes.

Esta condición «cuántica» es difícil de entender a primera vista, como lo es la física cuántica, a pesar de que las aplicaciones de esta ciencia han revolucionado, en lo que va de siglo, muchos aspectos de la vida ordinaria. Sólo con metáforas, retruécanos y otras figuras retóricas —es decir, forzando el lenguaje— se puede atisbar algo. Por eso es muy «cuántica» una expresión que utilizaba con frecuencia el Fundador del Opus Dei para explicar la normal condición civil de los miembros de la Prelatura: «lo raro de no ser raros».

La vida corriente, normal, de los miembros del Opus Dei no lleva a costumbres o a actitudes que, según el estereotipo corriente, entran en la manera de ser de las personas «muy religiosas». El estilo del Opus Dei no es nada aparatoso, nada «fundamentalista». En la casa de una persona casada, miembro del Opus Dei, no se encontrarán —si es él o ella quienes pueden decidir— imágenes religiosas por todas partes; a esa casa no irán tampoco con frecuencia sacerdotes, por lo menos no sacerdotes del Opus Dei; las prácticas de vida cristiana como, por ejemplo, el rezo del Rosario, no serán algo impuesto, sino libre.

En los centros del Opus Dei, el estilo, desde el principio, es el de una casa de familia. Como la vinculación al Opus Dei implica una voluntariedad renovada —quien no quiere seguir se va—, el ambiente emocional de un centro es el de una familia bien avenida. Eso es algo «cuántico» también, porque los estereotipos habituales parecen pedir que un centro de una institución espiritual tenga un sello peculiar hecho de uniformidad y de abandono. En efecto, algunos de los que crónicamente se han escandalizado al ver que, por lo general, los centros del Opus Dei están bien puestos —como la media de una familia normal en aquel sitio concreto—, parecen que querrían encontrar lo cristiano confundido con lo cutre.

Al estudiar el Opus Dei aparecen con frecuencia esos fenómenos que aquí son llamados «cuánticos» por introducir un término gráfico. El trabajo, por ejemplo, parecería quitar tiempo a la oración, pero no es así si se sabe que es el trabajo el que se convierte en oración precisamente cuando es trabajo duro y serio. Esto, por otro lado, no quita que se dedique un tiempo concreto a la oración: una oración que puede ser en ocasiones un trabajo costoso.

Cuando más aparece esa cualidad «cuántica» es al tratar de entender la impresión de secreto que, incluso a personas de buena fe, puede dar la forma de proceder de los miembros del Opus Dei. Esa impresión no es más que la imposibilidad práctica –teniendo en cuenta los modos tradicionales de entender los fenómenos espirituales– de aparecer simultáneamente como «vida ordinaria» y como «serio intento de luchar por la santidad», cosa esta última que la mayoría de las personas considera extraordinaria. Pero hay más: incluso aunque los moldes adecuados para entender lo espiritual estuvieran más extendidos, un miembro del Opus Dei no podría ir pregonando su vocación, porque pertenece a la esencia de su vocación el no pregonarla.

La mentalidad acostumbrada hace que las cosas se identifiquen con sus rótulos. Sobre todo, las cosas artificiales. O bien se pone un rótulo a las cosas naturales, como cuando se coloca un letrero en un árbol: «Cedrus atlantica». El cedro lo es sin necesidad de letrero y existía en todo su esplendor antes de que nadie le colocara un nombre. Pero por útil que resulte poner un letrero a los cedros de un jardín botánico, es demasiado querer colocarlos sobre todos los cedros que existen. El árbol, más que por el letrero, se conoce por sus frutos, vieja experiencia de la humanidad que Cristo recogió. Los cristianos son libres, si deciden empeñarse en vivir el Evangelio, para adoptar un hábito o para vivir en lo alto de una columna; y existe también la libertad de no querer llevar letrero: no para que no se vea, sino porque la realidad, como diría Perogrullo, antes de tener letreros no los tenía.

Se entiende que, ante la acusación de secreto, el Opus Dei no pueda hacer gran cosa además de rechazarla. En toda la historia del Opus Dei no se registra ni un solo caso de publicidad comercial de la institución. Ante un problema de imagen como la acusación de secreto, cualquier institución respondería quizá con una campaña publicitaria. Al cabo de un tiempo la opinión pública estaría saturada. Pero el Opus Dei, siendo una realidad de la vida y del derecho público de la Iglesia, no puede hacerse publicidad porque iría en contra de uno de los pilares sobre los que se asienta: el deseo de una humildad colectiva. Paradójicamente, el deseo de humildad colectiva puede ser interpretado a veces como falta de humildad, como jactancia, ya que en la práctica de la humildad todo es tan tenue que viene a cuento aquel conocido poema de Juan Ramón Jiménez sobre, precisamente, el poema: «No lo toques ya más, que así es la rosa». En la medida en que se presume se es conocido, y quien prefiera no alardear ni siquiera del intento de ser virtuoso, puede verse tachado de perseguir ocultos fines.

Este modo de ser, paradójicamente hecho de dos caras de sencillez, se expone de forma continua a ser tergiversado. La cara oculta se hará pasar por deseo de mantenerse en la sombra. La cara brillante por afán de vistosidad. Pero esto es inevitable. Según el antiguo refrán, también bifronte, «la mitad del mundo se dedica a hablar mal de la otra mitad».

Ahora, quizá, se entienda por qué la vida cotidiana en el Opus Dei es la suma de las actividades concretas de sus miembros, en distintos países y culturas, en el desarrollo de profesiones muy diversas o en otras situaciones humanas: estudio, búsqueda de trabajo, ejercicio de la profesión, jubilación. Pero esa operación de adiciones reviste un interés muy relativo, ya que, como se vio, no daría más que lo que da la suma de cualquier «muestra» de ciudadanos, añadiendo si acaso el denominador común de una espiritualidad que se toma en serio.

Algunos medios de información parecen mostrar, sin embargo, cierta tendencia a querer saber detalles de la vida de los miembros del Opus Dei. Y cuando se cae en la cuenta de que, «en casi todo», hacen lo que hacen las personas en cualquier sitio, la curiosidad se desplaza: se quiere saber qué hacen, en cuanto Opus Dei, en cuanto específicamente Opus Dei.

Pese a lo que alguna vez se ha escrito, el Opus Dei no sólo no tiene interés en «cerrarse», sino que procura de forma activa que aumente el número de sus miembros. Las páginas que siguen están elaboradas sumando la experiencia personal del autor a lo que ha aparecido en diferentes medios de información desde los años sesenta hasta hoy.

4. Cómo se entra en el Opus Dei

Para empezar: ¿cómo se llega a formar parte del Opus Dei? En realidad, la pregunta inicial es otra: ¿quiénes pueden ser del Opus Dei? La respuesta es: todos los hombres y mujeres, mayores de 17 años —ya que una primera incorporación temporal no tendrá lugar antes de los 18—; solteros, casados o viudos; civiles o eclesiásticos —pero no religiosos ni quienes hayan realizado algún tipo de noviciado en una orden religiosa—, que reciban de Dios una vocación específica[5].

La exclusión de quienes hayan participado, aunque sea temporalmente, en una vocación de tipo religioso se justifica, entre otros, por un motivo de tipo práctico: no se desea dar ni siquiera la apariencia de que las vocaciones al Opus Dei se nutren en el terreno tratado por otros. En cambio, si, con ocasión del apostolado del Opus Dei, se descubren personas con vocación religiosa, se procura encaminarlas en esa dirección. Que esa exclusión no significa en ningún sentido animadversión se demuestra en el hecho de que los religiosos, e incluso Órdenes enteras, pueden ser Cooperadores del Opus Dei. En esa situación existen numerosos monasterios y conventos.

La incorporación al Opus Dei exige ese requisito de la vocación divina, es decir, de un compromiso serio, de por vida. ¿Y cómo se sabe que se tiene vocación? Lo más sencillo es que las personas, al entrar en contacto con otras que ya pertenecen a la Prelatura, conozcan el espíritu del Opus Dei y, si es el caso, acaben preguntándose si también ellas son llamadas. Quienes juzgan efectivamente que hay indicios de vocación son los directores del Opus Dei; en realidad, el Opus Dei, ya que los directores, como se verá, no lo son en propiedad. Es posible que las personas que así lo desean pidan formar parte del Opus Dei —de hecho no se llega a pertenecer a no ser que se dé expresamente esa petición—, pero es en definitiva la Prelatura la que admite. Como ocurre en cualquier organización voluntaria, el Opus Dei se reserva el derecho de admisión. Libertad por los dos lados: por parte del que quiere y por parte de la Prelatura, al admitirlo o no.

Si se juzga que hay auténtica llamada, vocación divina, no se necesitan condiciones humanas de las que de ordinario se estiman «relevantes» para ser miembro del Opus Dei. Se puede ser del Opus Dei desde los 18 en adelante, sin límite de edad; sano o enfermo; con cultura elemental o con cultura superior; de cualquier oficio o profesión que sea honrado, desde peón hasta Premio Nobel en Astrofísica. Sí se necesita suficiente conocimiento para saber en qué consisten las obligaciones de la vocación. Y, como es lógico, hace falta estar en condiciones de poder administrar la propia libertad.

El modo con el que, en la casi totalidad de los casos, llegan

---

[5] Cfr. *Estatutos,* 20, sobre las condiciones de admisión. (El texto de los *Estatutos* al final de *El itinerario jurídico del Opus Dei,* cfr. Bibliografía).

nuevos miembros al Opus Dei es fácil de explicar: a través del trato de esas personas con otras que son del Opus Dei y con las que están unidos por una relación de amistad o de familia. Esto significa que el Opus Dei no hace promoción colectiva de vocaciones o por grupos. Normalmente, la persona a quien se plantea la posibilidad de ser miembro del Opus Dei tiene bastantes años de conocimiento de la Prelatura y de trato con sus fieles.

La incorporación a la Prelatura se realiza mediante un contrato entre la Prelatura y el fiel laico que libremente lo desea. El compromiso se contrae mediante declaración formal, bilateral, ante dos testigos. (No se habla aquí del sacerdote porque, como se verá, se accede al sacerdocio, en su caso, después de bastantes años como miembro laico del Opus Dei).

La Iglesia, en una declaración de la Congregación de los Obispos, ha precisado que la incorporación no se produce en virtud de votos. Esta ausencia de votos fue un deseo expreso, desde el principio, del Fundador del Opus Dei. La legislación canónica de la Iglesia, así como la falta de claridad sobre el estatuto del laico, hizo que durante años, los miembros del Opus Dei, se vieran precisados a formular votos privados, semejantes, en cualquier caso, a los que se pueden hacer por devoción. La transformación del Opus Dei en Prelatura clarificó finalmente la situación: el vínculo entre la Prelatura y sus miembros laicos es contractual, no es un vínculo sagrado. Al incorporarse a la Prelatura no se cambia pues de estado, canónicamente. Se sigue siendo lo que es cualquier fiel, un ciudadano sin más, un civil.

En la declaración contractual, la persona interesada expresa su intención de dedicarse a la búsqueda de la santidad y a ejercer el apostolado según el espíritu del Opus Dei y se obliga –durante un año, prorrogable, o, en su caso, durante toda la vida– a: *a)* permanecer bajo la jurisdicción del Prelado y de las demás autoridades competentes de la Prelatura para dedicarse al fin peculiar de ésta; *b)* a cumplir los deberes que lleva consigo la condición de numerario, agregado o supernumerario del Opus Dei y a observar las normas por las que se rige la Prelatura, en lo que se refiere a su régimen, espíritu y apostolado.

Se puede observar la insistencia en la claridad de los términos y ámbitos de la obligación. No entra, por tanto, en la declaración contractual nada de lo que no sea el fin específico de la Prelatura.

En el momento de procederse a la incorporación, la Prelatura, representada por un director, declara obligarse a: *a)* proporcionar a esa persona una formación doctrinal, espiritual, ascética y apostólica, así como la peculiar atención pastoral por parte de los sacerdotes de la Prelatura; *b)* a cumplir las demás obligaciones que, respecto a sus fieles, se determinan en las normas por las que se rige la Prelatura[6]. En definitiva se trata de algo sencillo: como la finalidad de la Prelatura es la difusión de la santificación en medio del mundo, en el desarrollo del propio trabajo profesional, la institución se compromete a que no falte nunca esa asistencia de tipo espiritual y formativo, un *training* en vida interior y en apostolado. En nada más: las actividades profesionales, familiares, sociales, etc., de los miembros siguen siendo de su propia y exclusiva competencia.

¿Cuánto duran estos compromisos? La mayoría de los fieles de la Prelatura, que actualmente son miembros supernumerarios, mantienen una incorporación temporal, por un año, renovada en la fiesta de San José. Esto no quiere decir que la vocación, desde el punto de vista de la vida interior, no sea para toda la vida, pero jurídicamente ha parecido preferible este procedimiento de la renovación temporal. Cuando esas personas, miembros supernumerarios, están en disposición interior, y también de tiempo, de emplearse más en trabajos propios de la Prelatura, es corriente que —si lo desean, lo solicitan y se les concede— hagan la incorporación definitiva. También pueden hacer la incorporación definitiva por razones de avanzada edad o en caso de peligro de muerte.

Los miembros numerarios y agregados —véase más adelante— renuevan a lo largo de cinco años consecutivos una incorporación temporal. Al cabo de los cuales, es decir, con al menos 23 años de edad, o hacen la incorporación definitiva o dejan de ser fieles de la Prelatura, pudiendo quedar desde el primer momento como cooperadores.

Los actos de incorporación o de renovación, o la incorporación para toda la vida son individuales, no colectivos, no están dotados de ninguna solemnidad y pueden hacerse en cualquier sitio digno y normal, no necesariamente en lugar sagrado.

Esta normalidad no quiere decir, sin embargo, que no se trate de compromisos serios. Los compromisos son ascéticos, de formación y de apostolado, es decir, corresponden a ámbitos en los que la Iglesia reconoce que los cristianos tienen legítima libertad para orientar su vida de un modo o de otro.

Dos características principales presentan estos compromisos: *a)* se refieren a ámbitos estrictamente espirituales, es decir, que no alcanzan para nada a los ámbitos temporales; *b)* sobre ellos no recae la corriente jurisdicción eclesiástica diocesana, porque corresponde a

---

[6] *Estatutos,* 27.

la libre autonomía de los fieles. Lo cual queda claro con el siguiente ejemplo: si alguien quiere recibir el sacramento de la Confirmación ha de acomodarse a las normas dictadas a tal efecto por las autoridades eclesiásticas del lugar; en cambio, si alguien desea dedicar un tiempo a la oración, aumentar su formación espiritual o hacer más apostolado personal, con su ejemplo y su trato ordinario, no está obligado a solicitar autorización eclesiástica alguna.

Por esa misma razón, los miembros laicos del Opus Dei dependen del obispo de su lugar –del ordinario del lugar, en la terminología canónica– según las normas del Derecho Canónico, exactamente igual que cualquier otro católico. En la sociedad actual, e incluso desde hace tiempo, esa dependencia ha quedado centrada en asuntos exclusivamente religiosos. Así, por ejemplo, no es competencia del sacerdote, sea o no director espiritual, ni del obispo regular la vida profesional, familiar, social, económica, política, artística, etc., de los fieles. Todo esto es terreno de la legítima autonomía personal. En definitiva, un miembro del Opus Dei depende del obispo de su lugar exactamente igual que los demás católicos: ni menos ni más. Los sacerdotes de la Prelatura dependen, como es lógico, del Prelado, que es su ordinario; pero también del obispo del lugar, para las disposiciones territoriales.

Teniendo eso en cuenta, se pueden comprender las dosis de ignorancia que existen en algunas afirmaciones del tipo de que «el Opus Dei quiere independizarse de la Iglesia» o «ser una Iglesia paralela». El Opus Dei, Prelatura personal bajo la dependencia de la Congregación de los Obispos, forma parte integrante de la estructura jurisdiccional de la Iglesia. Actualmente, su Prelado es obispo. Desde el punto de vista de la vitalidad de la Iglesia, el Opus Dei supone una importante contribución, ya que, por un lado, asegura la existencia de muchos cientos de sacerdotes con buena preparación civil y eclesiástica; por otro, fomenta el apostolado que, en su ambiente, familia, sitios de trabajo, hacen miles de personas. Además, los miembros del Opus Dei ponen en marcha numerosas labores de tipo educativo, asistencial, benéfico, etc., y atraen hacia esas tareas y, por tanto, hacia la Iglesia, la oración, la ayuda económica y el trabajo de miles de cooperadores, que en algunos casos no son católicos ni cristianos.

En realidad, en lugar de crear una Iglesia paralela –cosa que no ha tenido sentido nunca, entre otras razones porque estos «paralelismos» terminan en la ineficacia y en la extinción–, el Opus Dei, desde el mismo seno de la Iglesia, orienta hacia ella a muchas personas que, en otras circunstancias, quizá no se hubieran acercado.

A veces se lee que el Opus Dei admite a personas muy jóvenes, de menos de 18 años, y se argumenta que a esas edades no existe la suficiente madurez. Sobre esto se puede, en primer lugar, recordar que a los 16 años –y aun antes– en muchos países se puede obtener la emancipación respecto a los padres, contraer matrimonio, firmar un contrato laboral, y responder penalmente de las propias acciones. En el Opus Dei no se admite, para un año de prueba, a ninguna persona menor de 17 años, admisión que no lleva consigo ningún vínculo jurídico. Por otro lado, quien no tenga la mínima madurez necesaria para responder de la propias acciones no puede ni siquiera aspirar a, con el tiempo, ser miembro del Opus Dei.

La contraprueba de que se requiere vocación divina es el hecho de que hay miles de Cooperadores que conocen durante diez, veinte o más años el Opus Dei y contribuyen con generosidad en el apostolado, y no llegan a ser miembros del Opus Dei. No porque no sean dignos, ni capaces de la santidad, sino porque su camino es otro.

5. Los miembros numerarios

El hecho de que cualquier persona, de cualquier condición y edad –mayor de edad– pueda formar parte del Opus Dei implica que las situaciones individuales resulten ser muy distintas. Por eso, aunque, según el espíritu del Opus Dei hay un solo tipo de vocación –y, por tanto, no hay diversas categorías de miembros–, sí existen situaciones que implican que la misma vocación se viva de un modo o de otro. La unidad teológica de la vocación es vivida en diferentes situaciones, lo que trae consigo diferentes consecuencias jurídicas. Sin embargo, los compromisos espirituales son los mismos para todos[7].

Para designar a los miembros en esas diferentes situaciones se utiliza la terminología de miembros numerarios, agregados y supernumerarios, según un uso corriente en otras instituciones (profesores, académicos, funcionarios, etc.). Los numerarios –las mujeres, numerarias– han recibido la llamada de Dios a vivir el celibato apostólico y a estar en completa disponibilidad de tiempo para las tareas requeridas por la Prelatura, que son, exclusivamente, las de dirección y formación de los demás miembros del Opus Dei. Los numerarios viven, de ordinario, en los centros de la Prelatura, pero pueden

[7] Sobre los numerarios y agregados, *Estatutos,* 7-10.

hacerlo también en otros lugares, dependiendo, por ejemplo, de las condiciones del trabajo profesional.

Los centros del Opus Dei donde suelen vivir los miembros numerarios son casas de familia, no simples residencias. Lo cual sólo se entiende cuando se estudia el modelo de vida de familia que es rasgo importante en la naturaleza del Opus Dei. En efecto, los miembros del Opus Dei se han incorporado a la Prelatura sabiendo que forman una familia de vínculos espirituales, que arranca del Fundador —el Padre— y, después de él, del Prelado, que se llama también el Padre. Pero no es un modo de hablar, sino una realidad. Contribuyó a esta realidad, desde la fundación de la Obra, el que los primeros centros estuvieran atendidos por la madre y la hermana de don Josemaría Escrivá, a pesar de que ninguna de las dos pertenecieron al Opus Dei, jurídicamente hablando. En una multitud de detalles —costumbres de familia, modo de tratarse, horario, decoración—, el primer centro del Opus Dei era una casa de familia normal. Después, los demás centros, a lo largo de los años, siguen la misma pauta, con las lógicas variedades según el estilo, las costumbres del país y otras circunstancias.

No se trata sólo de algo ligado a la materialidad de vivir bajo el mismo techo. Hay espíritu de familia también en los demás miembros de la Obra, los agregados y los supernumerarios. Los numerarios son, sin duda, el esqueleto del Opus Dei, la base, ya que están disponibles para todas las tareas específicas de la Prelatura que en cada momento se requieran. Además, de los numerarios —y, en menor proporción, de los agregados— proceden los sacerdotes de la Prelatura.

No hay, en el miembro numerario o agregado, ningún derecho a ser ordenado sacerdote, pero puede ser invitado por el Prelado a recibir las sagradas órdenes; o bien los miembros pueden manifestar al Prelado su disposición de ser sacerdote. Si se es invitado, no es obligatorio acceder. El Fundador dijo muchas veces de palabra y por escrito que tan bien lo hace el que accede como el que rehúsa, incluso hasta el mismo día antes de la ordenación.

La ordenación sacerdotal no es algo repentino, ya que está precedida por largos años de estudio, en los que se completan todos los requisitos exigidos por la Iglesia. En esa formación se incluye lo que el Fundador llamaba «alma sacerdotal», común a todos los miembros del Opus Dei. Por esa expresión se entiende el deseo y el esfuerzo de facilitar el encuentro de los hombres con Dios. Quien ha procurado vivir así y llega a ordenarse sacerdote a los treinta, cuarenta, cincuenta o más años no es una «vocación tardía». Por otro lado, en el horizonte de la vida interior del miembro numerario o agregado existe esa disposición, ese «alma sacerdotal».

En la práctica, los sacerdotes son minoría, no ya en el conjunto de los miembros, como sucede en cualquier porción de la Iglesia, sino también entre los miembros numerarios y agregados. Los sacerdotes representan menos del tres por ciento del conjunto de fieles de la Prelatura.

El clero de la Prelatura, como puede verse, no está sustraído a nadie. En la práctica, el miembro del Opus Dei que se ordena sacerdote no se habría ordenado si no hubiera formado parte de la Prelatura. Los miembros de la Obra que se ordenan sacerdotes cuentan, antes de la ordenación, con una profesión civil en la que han trabajado, a veces durante muchos años. Por eso es natural que los sacerdotes numerarios y agregados del Opus Dei mantengan, como decía Mons. Escrivá, la «mentalidad laical». No se trata, como se acaba de ver, de «vocaciones tardías», sino de profesionales civiles que, cuando son llamados, acceden a ordenarse para cambiar de trabajo profesional y dedicarse entonces sólo al ministerio sacerdotal.

La ordenación como sacerdote no es una meta a la que tienden los numerarios y agregados. La vocación, como ya se ha dicho, está completa tanto en el caso de los numerarios y agregados como en el de los supernumerarios. Lo que añade el sacerdocio es poder celebrar la Eucaristía. El sacerdote numerario o agregado es persona sagrada por ser sacerdote, no por ser numerario o agregado. Pero es que, además, los sacerdotes del Opus Dei no forman una clase especial y superior y, menos aún, una clase dirigente. Como se verá al tratar de la organización, la inmensa mayoría de los cargos los ocupan seglares.

6. Los miembros agregados

Los agregados son los fieles laicos, hombres y mujeres, que, en celibato apostólico, como consecuencia de circunstancias permanentes de carácter personal, familiar o laboral, viven, de ordinario, con su familia de sangre o bien por cuenta propia.

En general, los agregados, por responsabilidades contraídas de tipo familiar, profesional, etc., tienen menos movilidad que los numerarios, aunque pueden darse casos muy diversos. También a los agregados pueden los directores del Opus Dei invitar al sacerdocio.

No hay, como puede verse, grandes diferencias, entre los numerarios y los agregados. Se trata, con la figura de agregado, de recoger lo que se daba y se da en la vida de algunas personas llamadas al Opus Dei: una manera distinta, por circunstancias permanentes, de vivir la misma vocación, la única vocación. Esas circunstancias son las que implican que los agregados puedan participar menos en las tareas de gobierno, pero se ocupan ampliamente, siempre en la medida de sus disponibilidades, de las tareas de formación de otros miembros.

7. Los miembros supernumerarios

Los supernumerarios son fieles laicos, solteros, casados o viudos, que están llamados a una completa vocación divina –la misma que la de numerarios y agregados–, viviendo esa vocación según la disponibilidad que permiten sus obligaciones de familia. En la práctica, la mayoría de los supernumerarios y supernumerarias son personas casadas que hacen de la vida de familia la ocasión inmediata de su lucha por la santidad[8].

La ordinaria vocación de supernumerario pone en primer término la realidad de que el matrimonio y la vida de familia son un camino real de santificación. Aunque, según la teología, el celibato por el Reino de los Cielos –es decir, el permanecer célibes para estar más disponible en el servicio a Dios y a los hombres– es superior al estado matrimonial, eso no quiere decir que lo primero asegure, por eso mismo, mayor grado de santidad. La santidad depende, en cualquier caso, de la fidelidad a Dios.

Actualmente, la mayoría de los miembros del Opus Dei son supernumerarios, y ésta es, por así decir, la situación normal, ya que es mayor el número de las personas que, dentro de la fidelidad a la vocación cristiana, encuentran su camino en el matrimonio que en el celibato. Pero esas dos realidades no son vistas como opuestas, sino enmarcadas en un mismo diseño de santificación de la vida ordinaria. Por eso es común que entre los hijos de los miembros supernumerarios surjan vocaciones de numerarios, agregados o supernumerarios.

[8] Sobre los supernumerarios, *Estatutos,* 11.

8. Los cooperadores del Opus Dei

Ya se hizo referencia a los cooperadores: no son miembros del Opus Dei, pero ayudan a la Prelatura con la oración –si son creyentes–, con el trabajo o con algún tipo de aportación económica. Los cooperadores forman parte de una asociación propia e inseparable de la Obra, pero una asociación sin espíritu de cuerpo. Pueden ser cooperadores personas no católicas, no cristianos o incluso no creyentes. De hecho, el Opus Dei es la primera institución de la Iglesia que admitió, como cooperadores, a los no católicos o no cristianos.

* * *

La terminología que se acaba de explicar, aunque responde a realidades diversas, tiene sus límites, como todas las taxonomías. En la práctica corriente del Opus Dei se usa cuando resulta imprescindible. En la información habitual, el Opus Dei no suele descender a detalles de nombres diversos de miembros. Más que los nombres cuenta la realidad básica, que es única: la llamada a la santificación en el propio estado y en las peculiares condiciones personales. No hay en el Opus Dei unos con más vocación que otros. La vocación es siempre completa y plena. De cada uno depende luego la correspondencia. Pero no es más fácil la correspondencia en el caso de un numerario que en el de un supernumerario o el de un agregado. En la realidad lo que existe es un conjunto de personas, en diversas circunstancias, llamadas a intentar hacer de su vida ordinaria una tarea de santidad.

Importa insistir en esto porque, visto desde una perspectiva simplista, podría parecer que los nombres de numerario, agregado o supernumerario significasen clases diversas, o que indujeran a no se sabe qué misterios. Es un modo de designar como otro cualquiera. Simplemente, el Fundador del Opus Dei cuidó que la nomenclatura fuera civil.

9. Los sacerdotes

Los sacerdotes –salvo los casos, mencionados en el capítulo V, sobre la organización– se ocupan en el Opus Dei de colaborar en la formación espíritual de los miembros, mediante la predicación, la dirección espiritual y la administración de los sacramentos, especialmente el de la Penitencia.

Sobre este último punto es preciso recordar la doctrina que enseñó el Fundador: cada miembro es libre, como lo es cualquier católico, para confesarse con cualquier sacerdote que pueda oír confesiones. Un miembro del Opus Dei utilizaría esa libertad de forma lícita si acudiera a sacerdotes que no son de la Prelatura o de la Sociedad Sacerdotal de la Santa Cruz, pero es fácil entender que esto no será lo ordinario: si los miembros de la Obra se comprometen a perseguir un fin concreto dentro de la Iglesia, es lógico que quieran usar siempre los medios específicos que la Prelatura les proporciona. Es claro también que los sacerdotes de la Prelatura o de la Sociedad Sacerdotal de la Santa Cruz, por su conocimiento del espíritu de la Obra y de las obligaciones específicas de sus miembros, pueden ayudarles con sus consejos y orientaciones a vivir de modo más eficaz el Sacramento de la penitencia, que también es medio de dirección espiritual.

Este punto ha sido, a veces, criticado, pero es algo razonable, si se tiene en cuenta la voluntariedad «actual» en que consiste la vocación al Opus Dei. Gracias a esa voluntariedad tiene poco sentido desear «contrastar» el espíritu del Opus Dei con personas que no lo conocen. En el Opus Dei *no se está;* más propiamente del Opus Dei *se es.* Quien no desee seguir siendo tiene abierto el camino de la salida.

Los sacerdotes del Opus Dei y los de la Sociedad Sacerdotal de la Santa Cruz realizan, en otras circunstancias, el mismo apostolado que los laicos: el de difundir entre todo tipo de personas la llamada universal a la santidad. Con todo, es preciso distinguir aquí entre: *a)* el clero de la Prelatura; *b)* los miembros de la Sociedad Sacerdotal de la Santa Cruz.

El clero de la Prelatura está constituido, como ya se vio, por aquellos miembros numerarios o agregados que son llamados al sacerdocio y contestan positivamente. Los sacerdotes del Opus Dei se forman en centros erigidos por la Prelatura, con la aprobación de la Santa Sede. Es el Prelado por sí mismo o por medio de sus vicarios el que concede a los sacerdotes la llamada «misión canónica», para ocuparse de los fieles de la Prelatura. Al estar radicados o incardinados en el Opus Dei, corresponde a la Prelatura la sustentación de su clero, así como la atención en la enfermedad y en la vejez.

Los sacerdotes del Opus Dei constituyen un fenómeno que, por acostumbrado, ha conseguido no llamar la atención: desde 1944 a la actualidad, se han ordenado sacerdotes unos 1.500 profesionales de muy diversas especialidades (arquitectos, médicos, ingenieros, economistas, empresarios, profesores, periodistas, biólogos, militares, marinos, constructores, etc.). En la vida del Fundador del Opus Dei esa tarea de preparar y formar sacerdotes fue una de las pruebas más claras de servicio a la Iglesia.

Desde otro punto de vista, las ordenaciones de miembros del Opus Dei han sido y son hechos destacados, por la relevancia de los que han conferido las órdenes. En sucesivas ocasiones, Juan Pablo II. Y cardenales como Hoeffner, Suquía, Casariego, Koenig, Jubany, Oddi, Etchegaray. En 1991 tuvo lugar la primera ordenación sacerdotal conferida por el Obispo-Prelado del Opus Dei, Mons. del Portillo[9].

La Sociedad Sacerdotal de la Santa Cruz[10] es una asociación de clérigos compuesta: *a)* por los sacerdotes del Opus Dei, es decir, por el clero de la Prelatura; *b)* por los diáconos y presbíteros que, incardinados en una diócesis, quieran formar parte de la Sociedad, correspondiendo a una vocación divina que les lleva —ésa es la finalidad de la asociación— a santificar su trabajo profesional, es decir, su ministerio sacerdotal. Para cumplir esa finalidad dependen de la Sociedad Sacerdotal de la Santa Cruz sólo en lo que se refiere a la asistencia espiritual —un ámbito que corresponde a la autonomía personal—, lo cual quiere decir que cada uno de los sacerdotes continúa bajo la completa y exclusiva dependencia del propio obispo.

Esta Sociedad, creada —como ya se vio— en 1943 por Mons. Escrivá, se adecua a la mente del Concilio Vaticano II, en el decreto sobre los presbíteros, cuando se refiere a la mejora de la formación sacerdotal también mediante la pertenencia a algún tipo de asociación. Esto es por otra parte una posibilidad derivada del derecho de asociación, que es un derecho natural, antes que eclesiástico.

La Sociedad Sacerdotal de la Santa Cruz es, pues, una asociación de clérigos, pero precisamente con un espíritu que lleva a la unidad, ya que fomenta, por un lado, la unión de cada sacerdote con el propio obispo y, de otro, la fraternidad sacerdotal. Los socios de la Sociedad Sacerdotal de la Santa Cruz no son, por tanto, clero de la Prelatura Opus Dei, sino clero propio del obispo del que dependan. Por tanto, esos sacerdotes no están bajo la jurisdicción de los directores del Opus Dei. El director espiritual de la Prelatura, que no es un

---

[9] Sobre la ordenación sacerdotal de miembros del Opus Dei, *Estatutos,* 44-56.
[10] Cfr. *Estatutos,* título II.

cargo de gobierno, es quien coordina las actividades para la formación de los sacerdotes de la Sociedad.

La Sociedad Sacerdotal de la Santa Cruz es, por tanto, algo distinto jurídicamente de la Prelatura, pero existe entre las dos una completa unidad de espíritu, alrededor de lo que es el meollo del Opus Dei: la búsqueda de la santidad a través de la santificación del trabajo ordinario.

10. Vida en el Opus Dei

No tiene apenas sentido destacar algo de la vida de los miembros del Opus Dei, ya que es la que correspondería a cualquier muestra aleatoria de ciudadanos. Son más de 75.000, de unas ochenta nacionalidades; más de las tres cuartas partes son personas casadas que viven naturalmente en sus casas. También en esos supuestos la vocación es algo personal y, tanto si es del Opus Dei uno sólo de los cónyuges como si lo son los dos, la santificación de su vida de hogar tiene en cuenta las circunstancias concretas de la familia, y respeta siempre la libertad de los demás.

Tampoco tendría mucho sentido desglosar a los miembros del Opus Dei por profesiones y oficios. La curva profesional de los miembros responde a lo normal: una mayoría de personas con profesiones u oficios de los que se suele obtener una mediana renta; unos pocos de renta alta y algo más que unos pocos con menores rentas. Pero esa generalización, con ser muy amplia, no serviría, por ejemplo, para algunos países americanos, africanos o asiáticos, en peores condiciones de vida. Quizá se puede decir que existe una ligera inflación de profesiones intelectuales –profesores, sobre todo–, lo que es explicable, ya que se parte de la comprobación tantas veces hecha de que a través de los intelectuales llega al resto de la sociedad la mayoría de las ideas y de los modos de comportamiento.

La influencia de los intelectuales no es un fenómeno reciente, sino que se encuentra, con diversas formas, a lo largo de la historia y en los más diversos tipos de sociedades. No corresponde tampoco a una época pasada o por pasar; al contrario, el siglo XXI será –ya lo es el XX– la «sociedad de la comunicación», lo que implica un mayor auge de «los profesionales del conocimiento», como han sido llamados por muchos autores, entre ellos Peter Drucker.

Respecto a la profesión, la idea central que basta para entender el resto, es que ninguna profesión honrada es obstáculo para pertenecer al Opus Dei. Por eso en el Opus Dei existen médicos, secretarias, pescadores, dentistas, abogados, enfermeras, programadores, comerciantes, controladores aéreos, representantes, actrices, ingenieros, campesinos, obreros de la industria, azafatas, amas de casa, pilotos, publicistas, intérpretes, filósofos, taxistas, deportistas, políticos...; lo que se quiera.

El hecho de estar situado socialmente más alto no confiere ningún tipo de privilegio a los miembros del Opus Dei en el seno de la institución. Para lo que se unen en la Prelatura –la vida interior y el apostolado– todos son radicalmente iguales: una misma vocación y unos mismos medios de formación. Pero tampoco se trata de combinar o mezclar lo que en la sociedad civil no está mezclado. No se saca a nadie de su sitio. La posible y deseable promoción social de las persona es algo que corresponde a los individuos, sin que el Opus Dei intervenga ni en el sentido de favorecerlas ni en el de limitarlas.

Sobre esto puede comentarse el caso de gente de buen nivel de renta que comentan que en la Obra sólo hay ricos, como ellos; sucede que los pobres no suelen ir a los mismos sitios que los ricos. Si esas personas desean ver pobres han de ir a donde viven los pobres. Allí verán también centros de la Obra. En general, es corriente que cada persona vea las cosas desde su punto de vista, sus costumbres, sus ideas habituales y, si acaso, también sus prejuicios. Resulta explicable que la propia experiencia inmediata sirva como criterio, pero habría que calcular también con la existencia de los demás.

La vida en el Opus Dei es la vida de cada miembro en su medio habitual de trabajo y de familia. Esto es evidente en los miembros agregados y supernumerarios, pero no lo es menos en el caso de los numerarios. Un pequeño grupo se dedica a tiempo completo –pero no crónicamente– a las tareas de dirección. Los demás miembros son profesionales en distintos tipos de trabajo, de ordinario con un cierto nivel, pues todos son universitarios. Como, además de eventuales estudios por cuenta propia, han realizado otros de naturaleza filosófica y teológica, pueden destacar. Esto último depende del nivel de la sociedad en que viven, de las modificaciones de la coyuntura y, en general, de los factores que suelen influir en las realizaciones profesionales.

11. Familia y centros

«Sí, pero ¿qué hacen?» En algunos, la curiosidad sobre el Opus Dei parece insaciable. Es como si se quisiera: *a)* «construir» con todos los miembros una especie de «miembro tipo»; *b)* saber, hasta el último detalle, qué hace esa persona todos los días del año y todas las horas del día.

Vista desde la condición de miembro del Opus Dei esa curiosidad ajena es algo que puede asombrar. La vida de una persona que es miembro del Opus Dei no ofrece, por lo general, nada de especial relevancia o, si lo ofrece, no es tanto por formar parte de la Prelatura, sino por alguna circunstancia idiosincrásica.

Por lo demás, no hay dificultad alguna en contar lo que suele hacer un miembro numerario. (Los miembros agregados y supernumerarios suelen suscitar menos curiosidad, ya que, según se lee, «viven en sus casas», curiosa expresión impropia, porque también los numerarios, a todos lo efectos, viven en sus casas.) Contar lo que hace, por lo general, un miembro numerario medio a lo largo de un día medio no resulta difícil: sólo que se puede dudar de su interés. Y, aunque es honrado anticipar que no va a aparecer nada escalofriante, quizá quede así satisfecha la curiosidad de gente de buena voluntad y de no tan buena voluntad.

Lo que viene a continuación, hasta nuevo aviso, corresponde sólo a los miembros numerarios, hombres o mujeres, cambiando lo que haya que cambiar.

En primer lugar, el domicilio. Lo más corriente es una vivienda como las de cualquier familia un poco numerosa, porque suelen vivir en ellas entre diez y doce personas (aunque también pueden ser más, o menos). Se puede vivir asimismo en una residencia aneja a un centro educativo u obra semejante, de las que promueven miembros del Opus Dei. O en un piso de alquiler o en un hotel, si así lo exige el desarrollo del propio trabajo o cualquier otra circunstancia especial. Lo normal, sin embargo, como le ocurre a todo el mundo, es vivir en casa.

La vivienda, en la medida de lo posible, cuenta, como les suele ocurrir a las casas, con una sala de estar, cocina, cuarto de baño y habitaciones. Como se trata de una familia grande, hay también comedor y alguna salita de recibir. En fin, desde el principio, con conocimiento y venia del obispo del lugar, y así se sigue haciendo en los centros, hay un oratorio. El Fundador prefería esa palabra a la de «capilla», porque, decía, se trata de un sitio para rezar, para orar. En los centros en los que hay algún tipo de actividad formativa para personas que no son del Opus Dei, puede existir un local para sala de estudio o bien la sala de estar se utiliza como pequeño salón de actos. Esto, en general, porque las particularidades dependen de las diferentes formas de vivir, según la cultura de los diversos países.

12. Labores domésticas

Como en cualquier lugar donde vivan varias personas, desde una familia hasta un hotel, alguien ha de atender la limpieza de la casa, la preparación de las comidas y el lavado de la ropa. Siempre que es posible, en los centros se encarga de todo eso una administradora, también del Opus Dei, con la ayuda de otras mujeres, que pueden ser del Opus Dei o no. En cualquier caso, estas personas, como tales trabajadoras, perciben el sueldo correspondiente y están acogidas al régimen de la Seguridad Social.

Las personas que se dedican a la atención de los centros en esta faceta de las labores domésticas desarrollan un trabajo profesional, que tratan de santificar, como cualquier otro miembro del Opus Dei. Se puede decir –aunque difícilmente logra ser entendido por algunas mentalidades– que esas personas del Opus Dei realizan su trabajo con tal calidad y sentido positivo que son retribuidas con el agradecimiento y con notables dosis de cooperación indirecta y sencilla.

No hay, en efecto, trato alguno entre, por ejemplo, los hombres que viven en un centro y las mujeres que trabajan en el cuidado y atención de la casa. Pero tampoco es que unos se limiten a vivir y otras pongan el trabajo. Los que viven en la casa, ya que es su casa, se encargan de las instalaciones, los posibles desperfectos, etc. En general, en los centros en los que viven hombres hay un buen nivel de cooperación en los trabajos de la casa.

Existe, por ejemplo, un horario de comidas, que se respeta siempre. Y un horario de limpieza de la casa, en la que queda totalmente libre para que no haya ni interferencias ni molestias. Las personas que trabajan en la atención doméstica cuentan también con tiempo libre para el descanso, tanto diario como semanal, anual, etc.

Hay que aclarar que estos trabajos son sólo una de las facetas de las actividades a las que pueden dedicarse las numerarias del Opus Dei. Es corriente que se empleen, como otras muchas mujeres, en distintos sectores de la sociedad: como médicas, periodistas, profesoras, abogadas, farmacéuticas, etcétera. No hay nada especial, en este sentido, que distinga las condiciones de vida de una numeraria de las de un numerario. Si no se ha hecho aquí un apartado especial sobre las mujeres, no es por un manido antifeminismo, sino por reconocimiento de la igualdad de condición.

Por satisfacer toda la curiosidad, se puede contestar también a la pregunta «¿cómo se come?» Depende, entre otras cosas, de lo que se pueda gastar y de las habilidades de quien cocina. Lo normal es que se trate de una comida sana y suficiente, bien cuidada desde el punto de vista dietético, pero sin aventuras gastronómicas. Alguna cosa especial los días de fiesta. Todo depende, además, de las costumbres culinarias del lugar. No es lo mismo un sitio en el que se ha extendido el *fast food* y el uso del microndas que en otro en el que se conserva el gusto del guiso.

Los detalles podrían ser casi infinitos, pero no añadirían nada a lo que ocurre en cualquier familia. Quizá hay más orden de lo corriente en una familia media. Por ejemplo, en el asunto del lavado de ropa. Por lo general, las mujeres que llevan una casa suelen quejarse de tener que estar todo el día cargando la lavadora. En los centros del Opus Dei, cuando es posible, hay un día fijo para entregar la ropa a lavar y un día para recibirla limpia. Lo que sí puede aclararse a las mujeres interesadas en estos temas es que quienes trabajan en la atención doméstica de un centro del Opus Dei pueden calcular su tiempo y su trabajo con más orden que lo habitual en muchas familias.

Resuelta la cuestión de la vivienda, lo que viene a continuación es aplicable igualmente a agregados y supernumerarios, hombres o mujeres.

13. Plan de vida

Se trata aquí de ver qué tiene de particular, si lo tiene, la vida de un miembro del Opus Dei.

Los miembros del Opus Dei trabajan al estilo de quienes suelen trabajar más en la sociedad, o al menos lo intentan. Con el trabajo profesional están ocupadas ocho horas del día, al menos. Otras ocho se van, como suele ser habitual entre mucha gente, en el descanso nocturno, nada de siesta. Quedan, según la inevitable tripartición, las otras ocho, entre las que hay que incluir, dependiendo de dónde se viva, las dedicadas al transporte.

Como el fin específico de la vocación al Opus Dei es santificar la vida ordinaria sin salirse de esa vida, se emplea tiempo en acciones que aseguran el trato con Dios. En primer lugar, la Santa Misa, centro y raíz de la vida cristiana, diariamente; y también a diario un tiempo fijo para la oración personal, la lectura del Evangelio, el rezo del Rosario, etc., todo personalmente, según las propias circunstancias de vida y trabajo[11]. La normalidad y cotidianidad de una intensa vida interior, sin gestos raros y sin aparatosidad, es uno de los rasgos claves del Opus Dei. No hay ostentación alguna o reduplicación de lo piadoso. Se reza como se estudia, como se trabaja, como se tiene amigos, como se vive. Es difícil de explicar y, para algunas personas, de entender, especialmente si se parte del prejuicio de que intentar un trato intenso con Dios es cosa para muy pocos.

De lo más importante de todo esto, lo concreto de la vida interior, de la relación con Dios, no se puede hablar genéricamente, porque pertenece a la experiencia de cada persona. Las prácticas de vida cristiana no son simples requisitos, ni algo objeto de un rutinario cumplimiento. El Fundador del Opus Dei enseñó y dejó bien enraizado un sentido profundo de la presencia de Dios y de la filiación divina que es como el hilo conductor de todo. Sin esa dimensión íntima de la oración no es posible ni entender el Opus Dei ni perseverar en él.

14. Medios de formación

En el tiempo normal hay que incluir también algunos medios de formación. Medio es lo mismo que instrumento. Estos medios de formación son prácticas en uso desde hace tiempo en la vida de la Iglesia; algunas desde el principio. Su objetivo es un mejor conocimiento de la doctrina cristiana y un recordatorio de las exigencias de las virtudes teologales, especialmente de la caridad, como virtud fundamental y esencial.

Unos medios son personales y otros comunes. Hay, por ejemplo, una reunión semanal –llamada círculo, con un nombre tradicional en la Iglesia–; un día de retiro espiritual al mes; un curso de retiro

[11] Sobre el plan de vida ascético, *Estatutos,* 82.

espiritual al año, etc.[12] Esos medios de formación comunes alcanzan el sentido de su enfoque hacia la vida interior y el apostolado y tienen, a la vez, un estilo secular, civil. Cómo son, en concreto, estos medios es algo que cualquiera puede conocer con extrema facilidad porque, aunque con duración o periodicidad menor, los hay para los cooperadores y para cualquier persona que lo desee. Estos círculos, retiros, etcétera son actos sin publicidad, pero públicos. Donde es posible, por ejemplo, los retiros espirituales tienen lugar en iglesias públicas a las que puede acudir cualquiera.

La atención personal entronca, a su vez, con la antigua práctica de la Iglesia de la dirección espíritual, que tiene la finalidad de sostener, ayudar e infundir sentido sobrenatural en la lucha diaria por la santidad en medio del mundo, de forma que no decaiga una vida de constante oración y sacrificio[13].

Parte de esta atención espiritual personal es el sacramento de la confesión, con una frecuencia semanal[14]. Además de cumplir su finalidad de sacramento –perdón de los pecados y aumento de la gracia–, la confesión es un medio de orientación espiritual.

La corrección fraterna[15] es la puesta en práctica de una enseñanza del Evangelio: «Si pecare contra ti tu hermano, ve y corrígele entre tú y él solo» *(Mateo* 18, 15). Se trata de corregir un hábito o una acción aislada –si ésta es importante– que desdiga de la condición cristiana, de la vocación o incluso del tono humano que cabe esperar. La corrección fraterna es, como indica el término, una cuestión de delicadeza, para ayudar, nunca para molestar.

También forma parte de la dirección espiritual, una conversación semanal –quincenal, por lo común, en el caso de los supernumerarios– con un director del Opus Dei o con alguna otra persona designada por los directores. El Fundador del Opus Dei contó muchas veces, y lo dejó también por escrito, que al principio de la Obra, cuando había pocos miembros y un sólo sacerdote –él–, los primeros miembros adquirieron espontáneamente la costumbre de contarle todo lo que había en sus conciencias, fuera de confesión. Después, eso mismo tuvo lugar, ya no con el Fundador –no era físicamente posible–, sino con el director o con la persona designada por éste.

El espíritu de esta costumbre es el de una charla normal, en cualquier sitio, sin ninguna solemnidad, con alguien con quien, al ser

[12] *Estatutos,* 82.
[13] *Estatutos,* 83, párrafo 1.
[14] *Estatutos,* 83, párrafo 2.
[15] *Estatutos,* 91.

también del Opus Dei, se tiene plena confianza. El contenido de esa charla, de ordinario breve, no más de diez o quince minutos, es la vida interior y el apostolado, es decir, la finalidad del Opus Dei. No son temas de charla el modo concreto del trabajo de los miembros, ni sus actitudes o posiciones en cuestiones opinables, ni la situación social o política, ni la vida de otras personas, ni la simple especulación sobre diversos asuntos.

La dirección espiritual no es algo con el sello de esta o aquella persona, sino con los rasgos del espíritu del Opus Dei. No hay directores que sean personas con un grupo suyo, ni, por tanto, dirigidos en el sentido de «propiedad de...» De lo que se trata en la charla es de aplicar en los casos concretos, y en las circunstancias de cada uno, el espíritu del Opus Dei, que es algo conocido por todos, tal como puede leerse en los *Estatutos* y en los escritos del Fundador. Al tener todos los miembros la misma posibilidad de formación espiritual, la charla es, en cierto modo, algo en lo que se verifica el acuerdo de la conducta personal a la objetividad de las normas y de las costumbres.

No es, por eso, terminología precisa hablar de la charla como de una «cuenta de conciencia». Esa expresión podría entenderse con connotaciones de control, de algo que «no hay más remedio que hacer», de vigilancia estrecha. Tampoco es una «rendición de cuentas» ni una «autocrítica». En el Opus Dei, la charla es algo querido por quienes la hacen. La voluntariedad de la charla es simétrica de la voluntariedad de la vocación. Es, en cambio, lo más parecido a una charla entre amigos, en la que es posible el desahogo, la comunicación de lo que importa o preocupa. Pero una charla entre amigos con una vocación común y el deseo de no perder la visión cristiana, sobrenatural de la vida. Si no se mantuviera ese enfoque, la charla carecería de justificación. Esto es algo muy claro en la formación que se da a los miembros del Opus Dei desde el primer momento.

Los medios de formación que se han visto tienen sentido si dirigen al fin. Los medios no son, por definición, un fin en sí mismos. Por eso sería poco lógico sacar de contexto estos detalles de la vida concreta del Opus Dei. Referirse a ellos fuera del ámbito sobrenatural puede ser desinformativo en lugar de dar a conocer la Prelatura. Lo que acaso parezca un cúmulo de cosas –lo mismo que es un cúmulo de cosas cualquier anatomía– se revela, en la vida, como una unidad que tiene el juego flexible de la libertad.

Existen en el Opus Dei, además, como ocurre en muchas familias, costumbres que tienen sentido en el propio contexto. Destacarlas fuera del ámbito propio –el de la sencillez y la normalidad– es estropearlas. Así, por ejemplo, en los centros del Opus Dei y, dentro de una decoración normal y civil, hay cuadros de la Virgen. Se vive la costumbre de saludar a María con una simple mirada. Algo tan natural como entrar en casa y dar un beso a la madre, al padre, al marido, a la mujer o al hijo o la hija. Y, sin embargo, al contarlo, el efecto de subrayar lo que es sencillo parece como si lo desvirtuara.

15. Santificación del matrimonio

La descripción «tipo» o la explicación de lo habitual en la vida cotidiana de un miembro del Opus Dei, hombre o mujer, no hace justicia a lo que es la realidad, en parte porque real quiere decir individual, personal y, por eso, en cierto modo, único. Las categorías sirven para explicar, pero lo particular se escapa siempre de las categorías.

Lo que se ha descrito en las páginas anteriores es, más o menos, el denominador común, pero es imposible hacer referencia al numerador, que es tan variado como permiten la libertad, los gustos, el carácter, la cultura, las condiciones históricas, la coyuntura, la edad y todas las demás circunstancias.

La mayoría de los miembros del Opus Dei son personas casadas, y, aunque en este tipo de asuntos la mayoría no representa nada más que un dato –para Dios una sola persona puede ser más valiosa que millones–, tampoco hay que despreciar los datos. El hecho de que la mayoría de los miembros del Opus Dei sean personas casadas quiere decir que miles de hombres y mujeres, en muchos países, están intentando hacer de las circunstancias de la vida de familia un camino concreto de santificación. Por eso es interesante conocer esa realidad un poco de cerca. (Para ser supernumerario no es condición necesaria estar casado, pero lo corriente es que una persona, si no tiene un compromiso particular, procure formar su propio hogar.)

En el caso de los supernumerarios y supernumerarias, como en los demás, ser miembro del Opus Dei sólo afecta a la vida interior y al apostolado. Esto quiere decir que el hecho de que uno de los cónyuges sea del Opus Dei no tiene por qué modificar en nada la concreta situación de la familia. Para que se entienda: es como si el padre o la madre hubiesen adoptado, por su cuenta, el serio compromiso de vivir a fondo las virtudes cristianas.

Puede ser que los dos cónyuges sean del Opus Dei, pero aun en este caso, según el espíritu de la Prelatura, no se trata en modo alguno de convertir la familia en una especie de centro o sucursal; aquello sigue siendo lo que ha sido hasta entonces, una familia más. Si se vive en serio el espíritu del Opus Dei, la familia mejorará desde dentro, en sus propias maneras de funcionar: entre otras razones porque cualquier institución mejora si sus miembros intentan, con el esfuerzo que sea necesario, vivir virtudes como la comprensión, el amor a la libertad, la justicia, la amabilidad, etc. Intentar no es conseguir: el hecho de que uno o los dos cónyuges sea del Opus Dei no asegura la ausencia de problemas y de conflictos. No se trata de una fórmula para «ser feliz en el matrimonio». La felicidad, como bien se sabe, se encuentra cuando no se busca o, mejor aún, cuando se procura realizar la felicidad de los demás. Pero la felicidad, para una visión cristiana de la vida, no excluye, sino que incluye la Cruz. Esto último no es una consoladora reflexión a la antigua (aunque también puede serlo, si se desea). El esquema básico, el dato de fondo, es que, en la vida humana, aparece tarde o temprano el dolor, a veces a grandes dosis. Es una realidad que no se puede escamotear. Lo que el cristianismo aclara es que eso, lo que no puede ser eludido, tiene sentido, porque es Cruz.

Exteriormente no hay diferencia alguna entre una familia bien avenida cuyos cónyuges no sean del Opus Dei y una familia en la que el marido, la mujer o los dos sean fieles de la Prelatura. Por lo demás, para todo lo que se refiere a la habitual práctica religiosa –bautismo, confirmación, matrimonio, cumplimiento del precepto dominical, eucaristía, unción de los enfermos, etcétera–, los miembros supernumerarios dependen de la parroquia a la que pertenezcan, como cualquier otro feligrés; si así lo desean, participan activamente en la vida de la parroquia. La vocación al Opus Dei les asegura unos medios de formación que llevan a una intensa vida espiritual, a la práctica del apostolado y, sin separación de todo eso, a mejorar la familia desde el interior de la familia.

Quiere esto decir que los hogares de los supernumerarios o supernumerarias no son hogares *católicos* en el sentido reduplicativo y como especial que a veces se da a la expresión. El estilo del Opus Dei es que la vida real de trato con Dios no sea una ostentación de religiosidad, con despliegue de imágenes y demás acompañamiento. Sin embargo, en esto, como en todo, las costumbres de cada país, las tradiciones culturales y las preferencias personales tienen también mucho que decir. Así, lo que en algunos países se podría considerar signo de beatería, en otros corresponde a lo frecuente, normal, y por eso no llama la atención.

En cualquier caso, nada exterior se introduce en la familia por el hecho de que marido o mujer, o los dos, sean miembros del Opus Dei. A partir de esto, todas las variaciones son posibles, sobre todo si se tiene en cuenta que familia es un término general para cubrir una variedad casi indefinida de supuestos: matrimonio joven, de mediana edad o mayor; con hijos o sin hijos; con pocos hijos o con muchos; con parientes a cargo o no; con sólo el marido trabajando o también la mujer... Es imposible ni siquiera describir por encima la variedad posible.

Sí se puede decir que la vocación al Opus Dei supone la lucha real, por parte del supernumerario o de la supernumeraria, por vivir las virtudes cristianas en las circunstancias concretas de su existencia. Es decir, lo mismo que para cualquier otro fiel de la Prelatura, sólo que aquí las circunstancias concretas incluyen el matrimonio. En esta circunstancia de la vida matrimonial se han de vivir las virtudes cristianas, de la caridad a la obediencia, de la justicia a la sobriedad, de la sinceridad a la lealtad, de la prudencia a la castidad.

Por razones evidentes, cuando se habla de moral matrimonial o de espiritualidad en el matrimonio, se hace hincapié en la virtud de la castidad. Hay, respecto a esto, como se sabe, una casuística, más o menos detallada, sobre todo en lo que se refiere a la licitud de la utilización de algún método para retrasar o limitar el número de hijos. O bien se intenta dilucidar qué y cuáles aspectos de las relaciones íntimas entre marido y mujer están permitidos por la ley de Dios. La Prelatura del Opus Dei no tiene en esto doctrina propia alguna, sino que enseña la general de la Iglesia.

Como es conocido, la ilicitud moral de recurrir a métodos artificiales para retrasar o limitar el número de hijos fue recordada de modo especial, recogiendo la constante enseñanza de la Iglesia, por la encíclica de Pablo VI, *Humanae vitae,* a cuyo espíritu, reiterado y confirmado por Juan Pablo II, se ha de acudir. Una excelente exposición de la doctrina católica sobre el matrimonio y la familia se encuentra en *Familiaris consortio,* del 22 de noviembre de 1981[16].

Algo semejante sucede con las características esenciales del matrimonio, según la doctrina cristiana: la unidad y la indisolubilidad, lo que incluye la ilicitud del divorcio. También es doctrina general de la

---

[16] *Familiaris consortio,* Ediciones Paulinas, 4.ª edición, Madrid, 1981. El documento, de 150 páginas, es un pequeño tratado sobre la familia. Es la indicación más clara sobre la doctrina de la Iglesia en esta materia.

Iglesia católica que los fieles que no se casan por la Iglesia no pueden acercarse a los sacramentos. Todo lo anterior da lugar, en la práctica, a situaciones difíciles y con frecuencia muy dolorosas, pero es enseñanza de la Iglesia que la doctrina establecida por Cristo no puede alterarse para adaptarla a las circunstancias o a las tendencias dominantes en cada época. En la citada *Familiaris consortio* puede leerse: «La Iglesia, fundándose en la Sagrada Escritura, reafirma su praxis de no admitir a la comunión eucarística a los divorciados que se casan otra vez. Son ellos los que no pueden ser admitidos, dado que su estado y situación de vida contradicen objetivamente la unión de amor entre Cristo y la Iglesia, significada y actualizada en la Eucaristía. Hay además otro motivo pastoral: si estas personas fueran admitidas a la Eucaristía, los fieles serían inducidos a error y confusión acerca de la doctrina de la Iglesia sobre la indisolubilidad del matrimonio»[17].

En algunos países, la situación, más o menos extendida, de incumplimiento de la doctrina moral cristiana sobre el matrimonio y la familia ha hecho que, a veces, los miembros supernumerarios del Opus Dei parezcan ser los únicos que se toman en serio, en estos puntos, la enseñanza de la Iglesia. No es así, ciertamente. En cualquier país con una evangelización católica hay cientos de miles de personas casadas que, individualmente o asociadas en algún tipo de institución, intentan vivir de acuerdo con su fe cristiana. Y hay países no católicos y con vigencia de valores morales donde también se da mucha generosidad en el tener hijos. De todos modos, el estilo del Opus Dei no es el de enseñar una moral en situaciones límites, sino ofrecer con naturalidad la dimensión más alta.

16. Dimensiones cristianas de la familia

Entre las enseñanzas públicas del Fundador del Opus Dei sobre estos temas se encuentra, entre otros textos, una entrevista concedida a la revista *Telva* en 1968 y una homilía de 1970 que forma parte del libro *Es Cristo que pasa.* A esos escritos pertenecen las siguientes citas:

Sobre el trabajo de la mujer en el hogar: «Habrá siempre muchas mujeres que no tengan otra ocupación que llevar adelante su hogar.

[17] *Familiaris consortio,* 84.

Yo os digo que ésta es una gran ocupación, que vale la pena. A través de esa profesión –porque lo es, verdadera y noble– influyen positivamente no sólo en la familia, sino en multitud de amigos y de conocidos, en personas con las que de un modo u otro se relacionan, cumpliendo una tarea mucho más extensa a veces que la de otros profesionales»[18].

Sobre el trabajo de la mujer fuera del hogar: (el trabajo en el hogar) «no se opone a la participación en otros aspectos de la vida social y aun de la política, por ejemplo. También en esos sectores puede dar la mujer una valiosa contribución, como persona, y siempre con las peculiaridades de su condición femenina; y lo hará así en la medida en que esté humana y espiritualmente preparada. Es claro que, tanto la familia como la sociedad, necesitan esa aportación especial, que no es de ningún modo secundaria». (...) «Una sociedad moderna, democrática, ha de reconocer a la mujer su derecho a tomar parte activa en la vida política, y ha de crear las condiciones favorables para que ejerciten ese derecho todas las que lo deseen»[19].

Sobre el amor matrimonial: «La mayor parte de los miembros del Opus Dei viven en el estado matrimonial y, para ellos, el amor humano y los deberes conyugales son parte de la vocación divina. El Opus Dei ha hecho del matrimonio un camino divino, una vocación. (...) A mí no me asusta el amor humano, el amor santo de mis padres, del que se valió Dios para darme la vida. Ese amor lo bendigo yo con las dos manos. Los cónyuges son los ministros y la materia misma del sacramento del Matrimonio, como el pan y el vino son la materia de la Eucaristía»[20]. En *Es Cristo que pasa* insiste en la misma idea: «El matrimonio no es, para un cristiano, una simple institución social, ni mucho menos un remedio para las debilidades humanas: es una auténtica vocación sobrenatural (...) El Señor santifica y bendice el amor del marido hacia la mujer y el de la mujer hacia el marido: ha dispuesto no sólo la fusión de sus almas, sino la de sus cuerpos (...) El sexo no es una realidad vergonzosa, sino una dádiva divina que se ordena limpiamente a la vida, al amor, a la fecundidad (...) Con respecto a la castidad conyugal, aseguro a los esposos que no han de tener miedo a expresar el cariño: al contrario, porque esa inclinación es la base de su vida familiar (...) Cuando la castidad conyugal está presente en el amor, la vida matrimonial es expresión de una conducta auténtica, marido y mujer se comprenden y se sienten unidos;

---

[18] *Conversaciones...*, 88.
[19] *Conversaciones...*, 87-90.
[20] *Conversaciones...*, 91.

cuando el bien divino de la sexualidad se pervierte, la intimidad se destroza, y el marido y la mujer no pueden ya mirarse noblemente a la cara»[21].

Sobre el cuarto mandamiento: «Seamos sinceros: la familia unida es lo normal. Hay roces, diferencias... Pero esto son cosas corrientes, que hasta cierto punto contribuyen incluso a dar su sal a nuestros días. Son insignificancias, que el tiempo supera siempre: luego queda sólo lo estable, que es el amor, un amor verdadero —hecho de sacrificio— y nunca fingido, que lleva a preocuparse unos de otros, a adivinar un pequeño problema y su solución más delicada. Y porque todo esto es lo normal, la inmensa mayoría de la gente me ha entendido muy bien cuando me ha oído llamar —ya desde los años veinte lo vengo repitiendo— dulcísimo precepto al cuarto mandamiento del Decálogo»[22].

Sobre la educación de los hijos: «Los padres son los principales educadores de sus hijos, tanto en lo humano como en lo sobrenatural, y han de sentir la responsabilidad de esa misión, que exige de ellos comprensión, prudencia, saber enseñar y, sobre todo, saber querer; y poner empeño en dar buen ejemplo. No es camino acertado, para la educación, la imposición autoritaria y violenta. El ideal de los padres se concreta más bien en llegar a ser amigos de sus hijos: amigos a los que se confían las inquietudes, con quienes se consultan los problemas, de los que se espera una ayuda eficaz y amable»[23].

Con estos precedentes se entiende mejor la inconsistencia de algunas críticas al Opus Dei «por no organizar actividades para matrimonios». Es cierto que los círculos, retiros, cursos de retiros, etcétera, se dan separadamente. Eso es, por así decir, una oferta al lado de otras. Quien desee actividades conjuntas para marido y mujer tiene donde escoger en parroquias, instituciones religiosas y diversos movimientos de apostolado. Como se trata de actividades voluntarias, el Opus Dei a nadie ofende limitándose a hacer libremente lo que estima más oportuno.

Pero si, además de manifestar su preferencia por otros sistemas, los críticos afirmasen que al no organizar actividades para matrimonios el Opus Dei contribuye a dividirlos, se estaría en el terreno de la calumnia, o quizá sólo de la simpleza. Aparte de que resulta impensable que una institución de la Iglesia se dedicase a eso, toda la formación que marido y mujer reciben en el Opus Dei va dirigida a

---

[21] *Es Cristo que pasa,* 23, 24, 25.
[22] *Conversaciones...,* 101.
[23] *Es Cristo que pasa,* 28.

unir la familia, al sacrificio mutuo, a la entrega a los hijos. Por eso, es hasta cómico que el Opus Dei, según algunos, sea culpable, a la vez, de defender una idea «tradicional» de la familia –refuerzo de la unidad, evitar del divorcio, generosidad en el número de los hijos, etc., y de dividir los matrimonios. Sí, porque según algunos críticos, los matrimonios en los que alguno de los cónyuges, o los dos, son del Opus Dei, suelen tener más hijos que la media. No parece razonable pensar que falta unión donde nacen, con la metáfora antigua, tantos frutos de la unión.

17. La vocación de los hijos

No es raro que algunos hijos o hijas de familias en las que uno o los dos cónyuges son del Opus Dei elijan también esa vocación. Como es de prever, se dan casos en los que los hijos no desean tener nada que ver con el Opus Dei o están en contra. El criterio del Opus Dei en este tema es respetar de forma completa la libertad de todos, tanto la de los padres como la de los hijos. Los padres, de acuerdo con esa norma, no influyen para nada –a no ser mediante el ejemplo y la oración– en la posible vocación de los hijos. Como ya se ha visto en otros apartados, la Prelatura es la primera interesada en que no haya nadie en el Opus Dei con una vocación a medias o inmadura. «La experiencia que tengo en el Opus Dei es muy positiva», comentó su Fundador. «Suelo decir, a los socios de la Obra, que deben el noventa por ciento de su vocación a sus padres: porque les han sabido educar y les han enseñado a ser generosos. Puedo asegurar que en la inmensa mayoría de los casos –prácticamente en la totalidad– los padres no sólo respetan sino que aman esa decisión de sus hijos, y que ven en enseguida la Obra como una ampliación de la propia familia. Es una de mis grandes alegrías, y una comprobación más de que, para ser muy divinos, hay que ser también muy humanos»[24].

Mons. Escrivá se refería, en esa ocasión, a padres que no eran a su vez miembros del Opus Dei. En años posteriores a esas declaraciones se han suscitado unos casos en los que algunos padres se oponían a la vocación de los hijos hasta el punto –en contra de la voluntad de éstos– de difundir públicamente la falsedad de que habían sido engañados y privados de libertad. La acusación más grave,

[24] *Conversaciones...*, 104.

en ese sentido, lleva a comparar al Opus Dei a las sectas que «captan» a gente con diversas formas de engaños. Sobre estos casos, el comentario que surge enseguida es la gravedad del sentido de posesión de algunos padres respecto a sus hijos o hijas mayores de edad, de buena inteligencia y de reconocida madurez. En principio, parece lógico que la persona decida por sí misma. Un compromiso es una decisión y un vínculo, pero esto se da continuamente en la vida.

La mayoría absoluta de los miembros del Opus Dei se incorporan a la Prelatura cuando son personas con la vida resuelta, maduras, casi siempre casadas. Y nadie, ni siquiera entre los jóvenes, se incorpora antes de la mayoría de edad.

El Fundador del Opus Dei escribió que «cuando unos padres católicos no comprenden esa vocación (y se refería no sólo a la vocación al Opus Dei, sino a cualquier otra institución de la Iglesia), pienso que han fracasado en su misión de formar una familia cristiana»[25].

Se trata de un asunto del que existe en la Iglesia una amplia y antigua experiencia. Hay casos célebres de oposición de la familia a la vocación de los hijos, como el de Santo Tomás de Aquino, encerrado a la fuerza en un castillo. De forma habitual en la Iglesia se ha considerado un motivo de honor, para los padres, el tener hijos que respondan a una vocación de Dios. Juan Pablo II, en esta tradición, decía en Irlanda, en 1979: «Dirijo un llamamiento a los padres irlandeses para que continúen fomentando en sus hogares vocaciones al sacerdocio y a la vida religiosa. A lo largo de muchas generaciones, el mayor deseo de un padre irlandés era el de tener un hijo sacerdote o una hija consagrada a Dios. Que continúen siendo éste vuestro deseo y ésa vuestra plegaria»[26].

Por otro lado, no hay que extrañarse demasiado de los casos en los que los padres se oponen a la decisión de sus hijos con distintos medios de presión. Desde el punto civil, tanto como desde el de la Iglesia, esa oposición no es legal. El criterio definitivo, para las personas que han alcanzado la mayoría de edad, es la propia libertad[27].

---

[25] *Conversaciones...*, 104.

[26] *L'Osservatore Romano,* 2 octubre, 1979.

[27] En cuanto a la acusación de secta, hay que dudar si se trata de una calumnia o de una involuntaria necedad. La Prelatura del Opus Dei forma parte integrante de la estructura jurisdiccional de la Iglesia; si fuera secta lo sería también la Iglesia católica; pero si lo es la Iglesia católica, lo es cualquier otra institución: la ONU, la Iglesia anglicana, la OTAN y todo lo que se quiera. No hay obligación alguna de demostrar lo que no se es. La carga de la prueba corresponde a quien afirma. Por otro lado, la ligereza en la atribución a cualquier grupo del carácter de secta es un atentado a la libertad de asociación y de reunión. No hay en ningún

Es comprensible, como comentaba con frecuencia el Fundador del Opus Dei, que los padres vean las cosas «de tejas para abajo». Lo que sucede es que, para un cristiano, las cosas definitivas están de tejas para arriba. Como escribía en el siglo XII San Bernardo: «Si a vuestro hijo Dios se lo hace suyo, ¿qué perdéis vosotros en ello y qué pierde él mismo? Si le amáis, habéis de alegraros de que vaya al Padre y a un tal Padre»[28]. En fin, la enseñanza de los doctores cristianos, siguiendo el Evangelio, es unánime. San Agustín escribe: «Ha de honrarse al padre, pero ha de obedecerse a Dios; ha de amarse al progenitor, pero se ha de anteponer el Creador»[29]. Porque, en definitiva, para el creyente, lo que va a quedar es la reunión de todos en la casa del Padre.

18. El sentido de la fidelidad

Camino termina con el punto 999, que dice: «¿Que cuál es el secreto de la perseverancia? El Amor. –Enamórate, y no "le" dejarás»[30]. Forma parte esencial de la formación que la Prelatura se compromete a suministrar a todos los miembros la insistencia en el carácter sobrenatural, divino, de la vocación. Se trata de una llamada a la santidad: «Comenzar es de todos: perseverar, de santos»[31].

El Fundador del Opus Dei enseñó y transmitió la convicción de que, si hay lucha y esfuerzo por parte del hombre, Dios da la gracia para perseverar hasta el final: «¡estoy seguro de que, si luchas, serás

Estado de Derecho el delito de secta. Los delitos han de estar tipificados de antemano como tales. Si los pertenecientes a alguna secta incurren en ellos, la ley los tratará según esos delitos, no por el hecho de ser, por ejemplo, un grupo de personas que se dedican a consultar horóscopos, hacer una dieta vegetariana y clamar por el fin del mundo. Por fortuna para todos, la mayoría de las actividades, pintorescas o no, a las que pueden dedicarse las personas no son constitutivas de delito.

[28] Citado en J. M. CEJAS, *La vocación de los hijos,* Madrid, 1988, donde puede encontrarse un tratamiento extenso del tema.

[29] SAN AGUSTÍN, *Sermo 100,* 2, en *Obras completas,* BAC, Madrid, 1983, tomo X, p. 679. El texto latino es aún más neto. «Honorandus est pater, sed oboediendum est Deo. Amandus est generator, sed praeponendus est Creator».

[30] *Camino,* 999. Sobre el hecho de que el famoso libro tenga 999 números se hicieron, en su día, numerosas cábalas. A eso se refiere el autor en el punto 1000 de *Surco,* publicado póstumamente: «Escribo este número para que tú y yo acabemos el libro sonriendo, y se queden tranquilos los benditos lectores que, por simplicidad o por malicia, buscaron la cábala en los 999 puntos de *Camino*».

[31] *Camino,* 983.

santo!»[32]. Enseñó también a confiar en la vocación por encima de cualquier otra cosa, con «una tozudez que es santa y que se llama, en lo espiritual, perseverancia»[33].

La vocación es lo firme, el anclaje definitivo de la esperanza. «Tú, que has visto clara tu condición de hijo de Dios, aunque ya no la volvieras a ver —¡no sucederá!—, debes continuar adelante en tu camino, para siempre, por sentido de fidelidad, sin volver la cara atrás»[34]. No se trata de confiar en las solas fuerzas humanas; ni de no prever que se presentarán dificultades, empezando por los propios errores y equivocaciones. «Vuelvo a afirmar que todos tenemos miserias. Pero las miserias nuestras no nos deberán mover nunca a desentendernos del Amor de Dios, sino a acogernos a ese Amor, a meternos dentro de esa bondad divina, como los guerreros antiguos se metían dentro de su armadura: aquel *ecce ego, quia vocasti me* (1 Reg III, 6, 8) —cuenta conmigo, porque me has llamado— es nuestra defensa. No hemos de alejarnos de Dios, porque descubramos nuestras fragilidades; hemos de atacar las miserias, precisamente porque Dios confía en nosotros»[35].

Lo anterior puede servir para explicar, aunque de forma muy breve e incompleta —porque lo esencial es el favor de Dios—, el alto índice de perseverancia que se da entre los fieles de la Prelatura. Como la vocación es para toda la vida, lo normal y corriente es que la fidelidad sea una realidad plena.

Puede ocurrir a veces, sin embargo, que personas que se incorporaron al Opus Dei con plena libertad —como se ha visto ya, un vínculo definitivo no se establece hasta, al menos, los 23 años de edad— se den cuenta de que una modificación permanente y grave en su situación o carácter les impide cumplir los compromisos que adquirieron con la Prelatura. En ocasiones esa modificación puede estar causada por una enfermedad. (Con todo, ha de tenerse en cuenta que, también con enfermedades físicas o psíquicas —las que de un modo o de otro se presentan casi siempre en la vida— se persevera en la vocación.) O quizá es un venir a menos en la vida de oración y de sacrificio, lo que, si no se corrige, hace muy difícil la perseverancia.

En una institución basada en la libertad, lo lógico es que quien no pueda o no quiera cumplir los compromisos adquiridos solicite la salida, que adquiere la forma de una dispensa si se ha hecho ya la

---

32 *Forja,* 355.
33 *Forja,* 220.
34 *Forja,* 420.
35 *Amigos de Dios,* 187.

incorporación definitiva o no ha transcurrido el plazo para el que se realizó la incorporación temporal. Si no se ha realizado la incorporación definitiva, se puede abandonar el Opus Dei transcurrido el plazo para el que se había realizado el compromiso: como se sabe, por un año, renovable[36].

Los Estatutos aclaran que quienes dejan de ser del Opus Dei, por salida o por dimisión, no tienen derecho a reclamar compensación económica por los servicios prestados o la devolución de limosnas o donaciones. La razón es que los servicios o las eventuales limosnas o donaciones fueron hechos con plena libertad, sin condiciones. En el caso de los miembros numerarios y agregados, su completa disponibilidad de tiempo y de rendimientos económicos —aunque los bienes patrimoniales quedan siempre a su libre disposición— estaba compensada, por parte de la Prelatura, con el compromiso de atenderlos en la enfermedad y en la vejez por una obligación de familia, pues se trata de eso: de una familia de vínculos sobrenaturales[37].

La salida del Opus Dei es el último recurso; no es como un «desapuntarse», porque la vocación no es un «apuntarse». Antes de que se produzca un abandono, el Opus Dei, en cuanto tal, a través de los directores, hace todo lo posible por salvar la vocación con los medios adecuados, de carácter sobrenatural: la oración y el sacrificio. Se procura vivir el máximo respeto hacia las personas que —a veces por culpa propia, a veces por circunstancias independientes de su voluntad— han de dejar un camino que iniciaron con ilusión y generosidad.

No se retiene a nadie en contra de su voluntad. Si para ingresar en el Opus Dei las puertas están, como solía decir el Fundador, «entreabiertas», para salir están «abiertas de par en par». No se desea —todo lo contrario— la salida de nadie, pero se respeta la libre autonomía personal. Por lo demás, el espíritu del Opus Dei en este punto es el de no romper con nadie. Quien deja el Opus Dei puede quedar desde el primer momento como cooperador o cooperadora.

Los casos de abandono, si se tiene en cuenta el número de fieles de la Prelatura, son excepcionales, gracias a que se confía, antes que nada, en la vida de oración. «No podemos —escribía el Fundador del Opus Dei— abandonar nunca la confianza de llegar a ser santos, de aceptar las invitaciones de Dios, de ser perseverantes hasta el final.

---

[36] Sobre estos temas, Estatutos, 28-35. La dimisión, como algo muy excepcional, está prevista de tal modo que se salvaguarden los derechos de la Prelatura y los de las personas afectadas. Antes de la dimisión se presenta a la persona interesada la posibilidad de abandonar voluntariamente la Prelatura.

[37] Cfr. *Estatutos,* 34.

Dios, que ha empezado en nosotros la obra de la santificación, la llevará a cabo (cfr. Phil I, 6)»[38].

Lealtad, fidelidad, perseverancia son realidades ascéticas con raíces en el espíritu del Opus Dei. «Hemos de ser fieles, leales, hacer frente a nuestras obligaciones, encontrando en Jesús el amor y el estímulo para comprender las equivocaciones de los demás y superar nuestros propios errores. Así todos esos decaimientos –los tuyos, los míos, los de todos los hombres–, serán también soporte para el reino de Cristo»[39]. En el Opus Dei, el sentido de la fidelidad no aparece en primer término como un mérito de la organización, de los directores o de los miembros, sino como una gracia conseguida a través de la oración.

---

[38] *Es Cristo que pasa,* 176.
[39] *Es Cristo que pasa,* 160.

CAPÍTULO V

ORGANIZACIÓN Y MEDIOS

1. La dimensión organizativa

Una de las realidades más sorprendentes del Opus Dei es que, cuando apenas está formado por varias decenas de personas, ya existen planes para extenderse. Como se ha visto, en una fecha tan temprana como 1946, apenas terminada la segunda guerra mundial, el Fundador del Opus Dei se traslada a Roma, donde establecerá poco después la sede central de la organización y donde él mismo fijará su domicilio.

Se insiste en estos datos porque el Opus Dei no se entiende sin un enfoque de universalidad o, si se quiere, de internacionalidad. Teológicamente se diría de catolicidad porque el término católico quiere decir universal. No abdicando de esa universalidad natural, la Iglesia no deja nunca de llamarse católica. En la Iglesia, aunque existen instituciones locales, regionales y nacionales, hay también otras que, por su propio diseño, son universales. El Opus Dei es una de ellas.

La universalidad no es sinónimo de centralización. Más bien al contrario: si se desea realizar la universalidad ha de ser dando a cada ámbito menos extenso toda la autonomía que necesite. A la vez, la dimensión «local» ha de pensar en universal para que no pierda el sentido de la propia autonomía. Es decir, la razón de la autonomía consiste en realizar, en el nivel propio, la finalidad propia de la institución y su sentido universal[1].

Ámbito general o central

Cualquier tipo de organización recurre al espacio, porque es una condición de inteligibilidad de los fenómenos: las cosas están en el espacio. Por eso, en muchas organizaciones universales puede hablarse de tres ámbitos: el del centro, el nacional y el local.

En el Opus Dei, el ámbito central, con sede en Roma, es el del Prelado. El Prelado es elegido por un Congreso electivo convocado expresamente con ese fin. La elección ha de ser confirmada por el Papa. El cargo es vitalicio. El Prelado ha de ser sacerdote desde por lo menos cinco años antes de su elección.

Aunque la Prelatura es una unidad pastoral orgánica e indivisible, realiza sus apostolados –empezando por el primero: la atención pastoral y la formación de sus miembros– sin que se mezclen las actividades para los hombres y las actividades para las mujeres. El Prelado, que es el ordinario de la Prelatura, es decir, la autoridad competente, gobierna a los fieles –hombres y mujeres– con ayuda de dos respectivos consejos. La unidad de gobierno, que asegura el Prelado, garantiza la unidad fundamental de espíritu.

El Consejo general para la actividades de los hombres está formado por un número variable de miembros, ya que, además de los cargos fijos –Vicario Auxiliar, si existe; Vicario Secretario General; Sacerdote Secretario Central; tres Vicesecretarios, Prefecto de Estudios, Administrador General–, el número de Delegados, miembros del Consejo en los distintos países, es lógicamente cambiante. Teniendo en cuenta la extensión del Opus Dei, hoy los Delegados son más numerosos que el resto de los miembros del Consejo. Por otro lado, no es corriente que todos o una parte de los Delegados estén en la sede central: por la naturaleza de sus funciones residen precisamente fuera de esa sede la mayor parte del tiempo.

En el Consejo General hay una mayoría de miembros laicos. No tienen por qué ser sacerdotes, estatutariamente, ni los tres vicesecretarios, ni el Prefecto de Estudios ni el Administrador General ni los Delegados. Así, aun en el caso de que exista un Vicario Auxiliar, habría tres sacerdotes y cinco laicos. (En este cálculo no se incluyen

---

[1] Se siguen en este apartado las normas de los *Estatutos*, del número 125 al 170, tal como se reproducen en *El itinerario...*, p. 646-654.

a los delegados, que pueden ser todos seglares. El Procurador y el Director Espiritual son sacerdotes, aunque no forman parte del Consejo General.)

En el gobierno de las mujeres del Opus Dei el Prelado cuenta con el Vicario Auxiliar, si existe, el Vicario Secretario General, el Sacerdote Secretario Central y un Asesoría Central de mujeres, órgano análogo al Consejo general de los hombres.

Los cargos, tanto los del Consejo general como los de la Asesoría Central se desempeñan durante ocho años, que pueden renovarse.

Ámbito regional

En la terminología utilizada por el Opus Dei —aunque se trata de algo relativamente común— *región* es una parte de territorio que puede o no coincidir con el de un Estado. Es destacable cómo, gracias al espíritu de universalidad reflejado en esa terminología, los miembros del Opus Dei no se dividen, para el derecho de la Prelatura, en «naciones». Como consecuencia de esa pequeña modificación semántica, no es corriente, por ejemplo, que un miembro del Opus Dei de un país piense en los de los otros países como «extranjeros». Es una realidad más difícil de explicar que de vivir, pero no puede pasarse por alto. El Opus Dei no es una institución española que, después, se haya extendido por los demás países. Es cierto que ésa puede ser la apariencia y que son abundantes las vocaciones que se han dado y dan en la que el Fundador y el Prelado llaman «la región primogénita». Pero a la vez los españoles del Opus Dei han entendido, sin excepción, que se trata de un servicio universal y de ningún modo nacionalista.

Las regiones —según el desarrollo de las tareas apostólicas, el número de centros, etcétera— son erigidas por el Prelado, de acuerdo con su Consejo, y están gobernadas por un Vicario o Consiliario regional asistido por una Comisión Regional para los hombres y un organismo análogo para las mujeres. La composición de estos consejos regionales es muy similar a la de los Consejos centrales. El Vicario Regional y el Sacerdote Secretario han de ser sacerdotes. El resto de los miembros del Consejo Regional masculino pueden ser laicos. Las que integran el consejo femenino lo son por definición.

Ámbito local

Dentro de cada región —que, a su vez, puede dividirse en delegaciones, de ámbito también espacial, circunscripciones territoriales— hay, según el desarrollo de las tareas apostólicas, un número variable de centros erigidos canónicamente con la venia del Ordinario del lugar. Las delegaciones están gobernadas por un Vicario delegado, que ha de ser sacerdote, ayudado por sus Consejos.

Un centro no ha de tener necesariamente una sede, ya que, en lo esencial, es un grupo de personas dirigidas por un consejo local (y aquí local, más que algo espacial, quiere decir *determinado, concreto).* En la sede material de un centro puede haber varios consejos locales en ese sentido más general.

En la sede material de algunos centros viven, como ya se ha visto, miembros numerarios que, además de su ordinario trabajo profesional, se encargan de la atención y formación de otros miembros de la Prelatura. Las cuestiones ordinarias de gobierno de cada centro son competencia del consejo local, compuesto de director, subdirector o subdirectores y secretario, a los que se puede añadir un sacerdote. En los Centros de mujeres la composición del consejo local es análoga, pero no hay sacerdote.

Características del gobierno

Tres notas caracterizan el gobierno de la Prelatura: claridad de competencia, descentralización y colegialidad.

Por *claridad de competencia* se entiende que el gobierno de la Prelatura se extiende, respecto al clero incardinado en ella, a todo lo que necesiten para su vida espiritual y material. Los sacerdotes continúan con las más completa libertad en materias opinables, también en cuestiones teólogicas, aunque, siguiendo el espíritu del Opus Dei, no se ocupan de política —ni para opinar— ni, en general, de cuestiones que puedan originar divisiones. Según el espíritu del Opus Dei, los sacerdotes han de ser, dentro y fuera de la Prelatura, instrumentos de unidad.

Respecto a los seglares, el gobierno de la Prelatura se refiere a la materia de los compromisos con ella: a lo que mira a la formación ascética, doctrinal y apostólica. Los miembros del Opus Dei son, como ya se vio, completamente libres en cuestiones profesionales, así como en sus opiniones en cualquier materia, dentro de la doctrina de la Iglesia. Por tanto, la Prelatura se detiene explícitamente ante lo que es materia de libertad, y esto explica el pluralismo de opiniones que se puede advertir entre los miembros de la Obra.

La Prelatura se cuida también, como ya se indicó, de la asistencia, en la enfermedad y en la vejez, de los miembros numerarios y agregados, con independencia de los seguros sociales, pensiones u otros tipos de subsidios que esas personas, como normales ciudadanos, puedan tener.

Por *descentralización* se entiende que las cuestiones de ordinaria administración e incluso las de cierta entidad se resuelven en el nivel local correspondiente. Por esa misma razón, al ámbito central llegan sólo determinado tipo de asuntos. Así, por ejemplo, en la casi totalidad de los asuntos referentes a las personas, el órgano de gobierno que decide es el consejo local.

En virtud de la *colegialidad,* las decisiones se adoptan, en todos los grados del gobierno, de forma colegial. El Prelado tiene reservados para sí algunos pocos temas, pero en la práctica no hace nada sin la asistencia de su Consejo. La colegialidad implica –cuando existe, como es el caso, unidad de espíritu– la unanimidad en muchas cuestiones, pero si es preciso se recurre a la votación, tanto en el ámbito central como en el local, adoptándose la solución que decida la mayoría.

Se puede hablar también, si se entiende de forma adecuada, de *secularidad* en el Gobierno. Esto quiere decir no sólo que el espíritu es secular –la Prelatura está compuesta de sacerdotes seculares y de seglares–, sino que la mayor parte de los cargos recae sobre seglares. Es cierto que los cargos claves –desde, naturalmente, el Prelado, hasta el Secretario General o los Vicarios Regionales o los directores de las Delegaciones– corresponden a sacerdotes. Esto es así, entre otras razones, porque, en la Iglesia, la jurisdicción va unida al sacerdocio. Sin embargo, hay mayoría de seglares tanto en los consejos centrales como en los regionales. Y, como se vio ya, los consejos locales están compuestos íntegramente por laicos.

En realidad, la diferencia entre sacerdotes y seglares, aunque muy clara desde el punto de vista del sacramento, no lo es en otro sentido: la vocación es la misma y, por el hecho de ser sacerdotes, no se es más en el Opus Dei. Por otro lado, los sacerdotes de la Prelatura salen de los seglares, de los miembros numerarios y agregados. El Fundador del Opus Dei solía decir que todos en la Obra, solteros y casados, hombres o mujeres, han de tener alma sacerdotal y mentalidad laical. Por lo primero entendía un espíritu de unión entre Dios y los hombres, consecuencia de la finalidad de la Prelatura y, por tanto, de sus miembros: difundir el deseo de santidad en todos los ambientes, lo que es un modo de establecer esa relación entre los hombres y Dios. Por lo segundo, la mentalidad laical, se entiende la no separación, sino la plena inserción en los modos habituales, civiles, de entender las cosas.

Otro rasgo en cierto modo imprescindible para entender el gobierno de la Prelatura es lo que podría llamarse la *interiorización de los objetivos* del Opus Dei por parte de sus miembros. Es inevitable, si se habla de gobierno, referirse a la distinción entre gobernantes y gobernados, pero en la realidad del Opus Dei esa distinción cobra muchos matices. Así, los cargos no son vitalicios, salvo el del Prelado. Después, los cargos se consideran no ventajas, sino cargas; suponen una responsabilidad, un servicio directo y comprometido; no se aspira a ellos, tanto porque no es ése el estilo nativo del Opus Dei como porque el cargo es siempre trabajoso. Además, quienes han desempeñado un cargo, incluso durante muchos años, no adquieren ningún tipo de ventaja ni, menos aún, de privilegio: vuelven a la situación «normal», que es la que se desea. Un cargo en el Opus Dei no tiene, por decirlo así, ninguna «compensación» ni en el tratamiento, ni en el modo de vida, ni en una hipotética «carrera» dentro de la institución. No hay, en ese sentido, alguien superior a los demás. El espíritu es que todos sirven. Un cargo es un servicio directo e inmediato.

La interiorización de los objetivos implica que, en cierto modo, toda la Prelatura está, de algún modo, llevada por todos. Lo cual, a su vez, es posible porque esos objetivos no dividen, sino que unen: la difusión de una vida de santidad.

Esa interiorización de los objetivos puede explicarse con otro nombre, quizá más claro: el de unidad. El Fundador del Opus Dei enseñó a los miembros que la unidad debería ser una «pasión dominante». Recogía así la antigua experiencia, recordada por muchos pensadores, de que cada cosa, en la medida en que preserva su unidad, preserva su ser. Es la misma experiencia que fue elevada a alturas teológicas por Jesucristo al decir: «Que todos sean uno, como tú, Padre, en mí y yo en ti; que sean uno, como tú yo yo somos uno» *(Juan* 17, 20). Este texto es rezado diariamente por los miembros del Opus Dei en la única oración propia que tiene la Prelatura: unas *Preces* que están inspiradas en oraciones que existen en la liturgia de la Iglesia desde hace siglos[2].

[2] Cfr. las rúbricas *De precibus,* en el texto del Oficio divino que estuvo vigente hasta 1969. Allí se encuentran las peticiones por el Papa, por el obispo de la diócesis, por los benefactores, por los miembros de la Obra, vivos y difuntos que constituyen aproximadamente la mitad de las Preces de la Obra. La otra mitad está compuesta de breves invocaciones a la Santísima

La pasión por la unidad es muy clara en el Opus Dei y explica la agilidad y la facilidad del gobierno de la institución. Ésa es la razón secundaria –la primera no puede ser otra que la gracia de Dios– de que en el Opus Dei no se hayan conocido divisiones, tendencias o corrientes. Desde el punto de vista de la experiencia general de la instituciones, en el Opus Dei existe la ventaja de que los temas que más fácilmente se prestan a divisiones –los teológicos opinables, los políticos, los económicos, etc.– no entran para nada en el contenido del espíritu: es más, como se ha visto, la diversidad en esos asuntos es considerada una señal de buen espíritu.

La unidad hace ágil el gobierno, ya que, según una experiencia también general, sólo manda el que es obedecido o, en otras palabras, sólo la obediencia real, interior, hace posible una dirección profunda y eficaz de los asuntos. La antigua corruptela «se obedece pero no se cumple» no se da donde, gracias a la unidad, no se trata de que los de abajo tengan que hacer lo que disponen los de arriba, sino de que todos hagan, cada uno en su sitio, lo que todos quieren y han interiorizado como algo propio. En palabras del Fundador, que se hacen eco de una profunda experiencia general del funcionamiento humano, «siendo tú mismo Opus Dei»[3].

Lo que está en el fondo del gobierno de la Prelatura del Opus Dei es el poder de la convicción. En realidad, en cualquier organización, sólo la convicción permite una actuación libre, responsable y leal. El Opus Dei, al insistir en la voluntariedad actual de sus miembros en seguir la vocación, está basado en una suma de convicciones. Así se explica, entre otros, un hecho histórico que una parte de la opinión pública no supo explicarse: la elección por unanimidad y a la primera votación del sucesor del Fundador, en la persona de Mons. Álvaro del Portillo, actual Prelado. Alguna prensa se refirió, en septiembre de 1975, a «la existencia por lo menos de dos corrientes». Era un intento, sin datos, de incluir una división donde nunca la había habido.

Tanto el gobierno del Fundador como el de su sucesor se han dis-

---

Trinidad, a Jesucristo, a Santa María, a San José y a los Ángeles Custodios. En conjunto es una breve oración que puede recitarse en unos tres minutos.

[3] La acentuación de la unidad aparece ya en *Camino,* por ejemplo, en el n.º 940: «No olvides que la unidad es síntoma de vida: desunirse es putrefacción, señal cierta de ser un cadáver». La misma idea en *Surco,* 868: «La táctica del tirano es conseguir que riñan entre sí los que, unidos, podrían hacerle caer. Vieja artimaña usada por el enemigo –por el diablo y por sus corifeos–, para desbaratar muchos planes apostólicos». En realidad es una de las enseñanzas constantes del Fundador del Opus Dei, después reiterada por el Prelado. Según el espíritu del Opus Dei, la diversidad en todo lo que no pertenece a la finalidad de la Prelatura es simétrica de la unidad en lo esencial.

tinguido por la insistencia en esas notas que confieren agilidad a la institución: claridad de objetivos, colegialidad, descentralización, corresponsabilidad. En definitiva: sacar entre todos el Opus Dei adelante. No como una simple cuestión de los directores y, si acaso, de un grupo especialmente animoso, sino como asunto de todos. El Opus Dei no sabe prescindir de nadie.

2. Los bienes económicos

Bienes y cristianismo

Sólo una sociedad no humana —menos que hombres: los animales; más que hombres: los ángeles— puede permitirse el lujo de prescindir de los bienes económicos. Se sabe desde hace tiempo que también los pueblos más primitivos —o entendidos como tales— necesitan arbitrar algun tipo de economía, es decir, el uso alternativo de los recursos escasos, según la ya antigua definición.

Esa realidad es tan evidente como esta otra: que los bienes económicos —o su medida de valor, el dinero— pueden hasta tal punto dominar al hombre que le cierren el camino para una realidad superior. «No podéis servir a Dios y a las riquezas» *(Mateo* 6, 24). Esa enseñanza de Cristo —así como la más famosa «¡cuán difícilmente los ricos entrarán en el reino de los cielos!» *(Mateo* 19, 23)— no significa una condena de los bienes, ni de la riqueza. Entre otras razones para hacer ver esto están los argumentos tomados del mismo Evangelio y de la práctica de los primeros cristianos[4].

En primer lugar, como ya se vio, en el Evangelio se habla de una serie de mujeres que asistían a Cristo con sus bienes; antes, naturalmente, debían poseer esos bienes[5]. También José de Arimatea, que cede la sepultura para Jesús, era un hombre rico. Otra figura, Zaqueo, es, antes del encuentro con Cristo, un rico injusto; después, sin dejar de ser rico —aunque lo sea un poco menos, porque devuelve lo defraudado—, es ya un seguidor de Cristo (cfr. *Lucas* 19, 5-8).

A la vez, es indudable que Cristo demuestra su predilección por

---

[4] Cfr. A. FUENTES, *El sentido cristiano de las riquezas,* Rialp, Madrid, 1988.

[5] «Y con él iban los doce y algunas mujeres que habían sido curadas de espíritus malos y enfermedades: María Magdalena, de la cual habían salido siete demonios, y Juana, la mujer de Cuza, procurador de Herodes, y otras muchas, las cuales les servían de sus bienes» *(Lucas* 8, 2-3).

los sencillos, por los pobres, por los pequeños. Uno de los signos que anuncian que el Mesías ha llegado, tal como respondió Jesús a los enviados por Juan el Bautista, es: «se anuncia el Evangelio a los pobres» *(Lucas* 7, 22).

Hay ricos y pobres en el Evangelio. Ricos que no tienen entrañas de caridad y ricos que se hacen seguidores de Cristo sin dejar la riqueza, aunque no siendo ricos ya para sí mismos, sino para los demás. Por eso es una simplificación enseñar como lo más cristiano la desaparición de las riquezas —cosa, por otro lado, problemática— o poner como ejemplo único y estelar la conducta de los primeros cristianos de la comunidad de Jerusalén.

Esos primeros cristianos, según se lee en los Hechos de los Apóstoles, ponían en común sus bienes (2, 44-45). Pero no existía una obligación, ni jurídica ni moral, de propiedad colectiva, como lo aclara el mismo Pedro en el episodio de Ananías y Zafira. Este matrimonio de recién convertidos al cristianismo tenía un campo, que vendió probablemente para hacer como otros: entregarlo para el fondo común. Pero pensaron en quedarse con algo. Las palabras de Pedro, al condenar esa conducta, son diáfanas: «¿Es que de no venderse (el campo) dejaba de ser tuyo y, una vez vendido, no quedaba el precio en tu poder?» *(Hechos* 5, 4).

La comunidad de bienes de Jerusalén no lleva, por otro lado, una vida próspera. Pocos años después Pablo de Tarso tenía que ir por las iglesias recién establecidas organizando una colecta en favor de los pobres de aquella primera cristiandad. «Acerca de la colecta para los santos, como lo ordené a las iglesias de Galacia, así también hacedlo vosotros. Cada primer día de la semana, cada uno de vosotros reserve en su poder y vaya atesorando lo que lograre ahorrar, no sea que cuando llegue yo se hayan de hacer entonces las colectas. Y cuando yo llegare, lo que vosotros tuviereis por bien a ésos enviaré yo con cartas para que lleven vuestra generosidad a Jerusalén» *(1 Corintios* 16, 1). Es lógico pensar que podían dar más los que tenían más. O más sintéticamente, sin beneficio no hay beneficencia.

En cambio, para la antigua y nunca extinguida mentalidad maniquea, los bienes económicos y el dinero corrompen siempre. De ahí que se dibuje como ideal una existencia en la que apenas se necesite nada. Por circunstancias de otro tipo, esa existencia parece corresponderse con la vida de algunos hombres retirados del mundo, cristianos o no.

Sin embargo, las formas de vida religiosa tuvieron que recurrir muy pronto, o bien al trabajo de los eremitas o bien a la beneficencia privada o pública. (Y es claro que las dos fuentes de recursos podían darse juntas.) No es ironía recordar que en la Edad Media, sobre todo a partir del siglo XI, algunos grandes monasterios se habían convertido en las mayores concentraciones de riqueza disponible con fluidez. Negar a la materia su parte es siempre peligroso, tanto como concederle demasiado. Aunque parezca curioso, el «espiritualismo integral», como también tiene necesidad de bienes, acaba engendrando una cierta forma de hipocresía.

Bienes y Opus Dei

A pesar de su joven edad, 26 años, cuando vio por primera vez el Opus Dei, don Josemaría Escrivá conocía bien la historia de la Iglesia y cómo los bienes pueden estropear las instituciones. Por otro lado, él era hijo huérfano de un padre a quien una desgraciada coyuntura había arruinado. El Fundador del Opus Dei carecía de bienes de riqueza. A la vez, desde el principio resulta claro que el Opus Dei, al estar integrado por personas corrientes que viven de su trabajo, se sostendría gracias a lo que aportaran sus miembros.

Con más o menos apuros, como es corriente en quienes no son ricos, el Opus Dei ha seguido siendo así. Sus miembros no viven de limosnas, sino de su trabajo: la casi totalidad, del normal trabajo civil. No se va al Opus Dei para asegurarse una, aunque sea modesta, situación económica. Se va a vivir una vocación divina que incluye, entre otras cosas, el desarrrollo de un trabajo con el que se puede ganar dinero –poco o mucho– y, a la vez, el desprendimiento de los bienes humanos, un desprendimiento que esté de acuerdo con el carácter secular de la vocación.

Los miembros del Opus Dei, junto con otras personas, han puesto en marcha, en muchos países, actividades educativas, asistenciales, benéficas, todas sin fines de lucro, para cuyo sostenimiento no alcanza lo que pueden ellos aportar con su trabajo. Por eso recurren también a aportaciones de cooperadores o solicitan subvenciones de instituciones públicas o privadas.

Cuando se ha escrito sobre el Opus Dei, a veces ha llamado la atención, de un modo especial, como es comprensible, la cuestión económica. En concreto, se pregunta qué hacen los miembros con su dinero. ¿Pueden gastarlo en lo que quieran? ¿Han de entregar todo a la organización? ¿Pueden quedarse con una parte?

Hay que decir, en primer lugar, que no existen cuotas. En segundo lugar, que los miembros no se distinguen entre sí porque aporten más o menos; no hay miembros de honor. Existe una misma vocación, como ya se vio, que se vive en diferentes circunstancias. Esas circunstancias influirán también en lo que los miembros pueden aportar económicamente al Opus Dei.

Los numerarios —célibes, con plena disponibilidad de tiempo, siempre una persona mayor de edad cuando se incorpora a la Prelatura— tienen como auténtica familia el Opus Dei. Lo que ganan es para el propio sostenimiento y el de las actividades apostólicas. Como es lógico, en cada centro está dispuesto que los que viven en él dispongan de lo suficiente para unos módicos gastos ordinarios. En los gastos extraordinarios —que no superfluos—, como ocurre normalmente en una familia, nadie decide por sí solo. El espíritu de este uso de los bienes no es el de un socio que aporta a una empresa común, sino, en cada caso singular, con palabras del Fundador, el de «un padre de familia numerosa y pobre».

Los miembros agregados que, por las circunstancias de su vocación, viven en la familia en la que han nacido o con algún pariente o solos, cooperan, si es el caso, al sostenimiento de la casa. Pero, a la vez, aportan los bienes que pueden para las labores apostólicas promovidas por miembros del Opus Dei y otras personas.

Con los bienes aportados por los numerarios y los agregados se atiende a los miembros necesitados, enfermos o se ayuda, cuando es necesario, a las familias de esos miembros de la Obra. Es decir, no hay peligro alguno de que los miembros numerarios y agregados desatiendan económica o de cualquier otra forma a sus padres enfermos o ancianos. En colaboración con los demás hermanos, sean o no del Opus Dei, se procura con generosidad, inteligencia y elegancia que no falte lo conveniente a quienes tuvieron la generosidad de aceptar la vocación de sus hijos. Este punto suele ser muy desconocido y apenas aparece en lo que se ha escrito sobre el Opus Dei. En realidad, en el Opus Dei parece prevalecer la idea de que la generosidad se desvirtúa con su divulgación.

Los miembros supernumerarios, como ya se dijo, viven en su propia casa, de su trabajo. Aportan una cantidad de dinero, en la medida de sus posibilidades y de su generosidad, para sostener las citadas actividades apostólicas. En cualquier caso, no hay cuota fija. La cuantía de la aportación de los supernumerarios la decide en cada caso el interesado teniendo en cuenta las diversas circunstancias de su vida y sin que cause ningún perjuicio a la propia familia, porque esa aportación procede del sacrificio personal.

Desprendimiento

Lo anterior no se entendería sin hacer referencia a una actitud ascética: el espíritu de desprendimiento, de desasimiento de los bienes, de sobriedad y templanza en su uso. Como es conocido, los intentos de luchar por la santidad —en cualquier época han tenido como uno de los principales obstáculos el apego a los bienes económicos. Se trata de algo incluso más antiguo y general que la espiritualidad cristiana: el camino del espíritu, en cualquier tiempo y en cualquier cultura, no se puede compaginar con las adherencias que trae consigo poner el corazón en los bienes.

En el Opus Dei, el espíritu de desprendimiento está basado en varias razones: en primer lugar, en el deseo de imitar a Jesucristo, que amó y practicó la pobreza; en segundo lugar, para que pueda ser más fácil el trato con Dios; en tercer lugar, por la templanza en el uso de los bienes es ya un testimonio, en medio de los comunes trabajos humanos, de que hay cosas más importantes que esos bienes; y en cuarto lugar, porque es preciso ahorrar para sostener las labores apostólicas puestas en marcha por miembros del Opus Dei y cooperadores, instituciones que, como suele ocurrir con las tareas de interés social, son deficitarias.

El espíritu de desprendimiento, de sobriedad y de templanza no implica, en el Opus Dei, aparatosidad alguna. Es comprensible que, en la historia de la Iglesia, algunas instituciones hayan puesto de forma gráfica el énfasis en la ausencia de bienes para llamar la atención sobre lo más importante: el espíritu. Pero rechazar la retribución del propio trabajo y vivir sólo de la limosna no tendría sentido para los cristianos corrientes —eso son los miembros del Opus Dei—, que deben mantenerse y mantener a su familia con lo que obtienen del propio trabajo.

En el Opus Dei lo importante es, por un lado, el espíritu real de pobreza y de desprendimiento, que se manifiesta de diversas maneras, según las circunstancias de vida; por otro, una serie de medidas prácticas, dadas por el gobierno de la Prelatura e interiorizadas como tales por los miembros, para que no puedan darse faltas de ese espíritu real.

No hay, sin embargo, un régimen uniforme para todos los miembros, como tampoco para un conjunto de ciudadanos tomados al azar. El nivel de vida de cada uno varía según el tipo de familia, de trabajo, de modo semejante a como varía según los países. En cualquier caso, no se usan bienes lujosos ni en la vida personal ni en las actividades apostólicas. Sucede, una vez más, que la virtud no debe pregonarse y la pobreza que se vive en el Opus Dei, según una gráfica expresión del Fundador, «no tiene voz para decir soy pobre».

Lo anterior explica por qué, con intención crítica, hay gente que hable de «la riqueza del Opus Dei». Un miembro del Opus Dei que, por familia, por mérito de su trabajo o por cualquier otra circunstancia ocupa, por ejemplo, un cargo de alta dirección en una empresa, vivirá, en lo que respecta a su trabajo, de forma sobria, pero no como un eremita, porque no es un eremita. Si, por ejemplo, la empresa acostumbra a invitar a comer a huéspedes distinguidos en un restaurante de calidad, ese ejecutivo, miembro del Opus Dei, no impondrá la sobriedad a los demás. Es probable que no sólo se comporte él sobriamente, sino que acabe influyendo, con el ejemplo, en los demás. Pero, por otro lado, tampoco puede pregonar la virtud, que ya no sería virtud.

Por un fenómeno de observación social muy conocido, las personas de modesta condición económica no llaman la atención. La opinión pública no se ha detenido sobre la pobreza o los apuros económicos de miles de miembros del Opus Dei. En cambio, basta con que exista una persona que destaque socialmente para que, si además es miembro del Opus Dei, se unan las dos cosas de forma indisoluble, como si una fuera la condición necesaria de la otra.

En cuanto a la presentación material de algunas sedes de actividades apostólicas de la Prelatura, el estilo del Opus Dei es el de decidirse, como ideal, por las cosas bien hechas, de materiales fiables y duraderos –aunque no lujosos–, que a la larga resultan más económicos. Eso, sumado a la limpieza, ha hecho pensar a veces que se empleaban materiales ricos. Es histórico, por ejemplo, que en un edificio que, en un determinado momento, fue confiado al Opus Dei, una de las primeras cosas que se hicieron fue rascar, pulir y limpiar a fondo el suelo. Al visitar poco después el edificio uno de los antiguos usuarios comentó que había sido una buena idea cambiar por completo la solería. Le costó trabajo admitir que era el mismo pavimento, pero limpio. La limpieza suple en muchos casos la falta de medios. Como ocurre en muchas familias, la casa no se pone de una vez, sino que se va instalando poco a poco, muchas veces con cosas de segunda mano.

«El desprendimiento que predico –enseñó el Fundador del Opus Dei–, después de mirar a nuestro Modelo (Jesucristo), es señorío; no clamorosa y llamativa pobretería, careta de la pereza y del abandono. Debes ir vestido de acuerdo con el tono de tu condición, de tu ambiente, de tu familia, de tu trabajo..., como tus compañeros, pero por Dios, con el afán de dar una imagen auténtica y atractiva de la verdadera vida cristiana (...). Para mí, una manifestación de que nos sentimos señores del mundo, administradores fieles de Dios, es cuidar lo que usamos, con interés en que se conserve, en que dure, en que luzca, en que sirva el mayor tiempo posible para su finalidad, de manera que no se eche a perder. En los centros del Opus Dei encontraréis una decoración sencilla, acogedera y, sobre todo, limpia, porque no hay que confundir una casa pobre con el mal gusto ni con la suciedad»[6].

Propiedad y uso

La relación con los bienen económicos, en el Opus Dei, fue pensada por el Fundador de tal modo que la Obra, en cuanto tal, en cuanto personalidad moral en el ordenamiento canónico y civil, tuviera el menor número posible de bienes. Así, por ejemplo, no pertenecen al Opus Dei los bienes patrimoniales de los miembros numerarios y agregados –con mayor razón, por obvias razones, los de los supernumerarios–, quienes conservan la propiedad de su patrimonio y disponen de él como quieran. Tampoco son del Opus Dei, en la casi totalidad de los casos, los bienes, inmuebles o muebles, que se utilizan en las actividades apostólicas: ni las sedes de los centros, ni las de las actividades dirigidas al público en general.

Esos bienes pueden ser de personas físicas, sociedades, asociaciones, fundaciones, etc., que los ceden por negocio –a precios comerciales– o por deseo de ayudar. Puede ser que haya miembros del Opus Dei en esas instituciones civiles, ya que, como los demás ciudadanos, tienen libertad para colocar sus fondos donde lo deseen, pero no es en modo alguno un requisito ni un modo necesario de funcionamiento.

En los *Estatutos* del Opus Dei puede leerse que la Prelatura no asume los aspectos técnicos y económicos de los instrumentos de los que se sirve para extender el apostolado[7]. Esos aspectos técnicos y económicos corresponden a sus propietarios y gestores, que usan los medios según las normales leyes civiles. «Ordinariamente, se añade, la Prelatura no es propietaria de los instrumentos de aquellas iniciativas de las que acepta el cuidado espiritual»[8].

En resumen, dos aspectos predominan en la actitud del Opus Dei

---

[6] *Amigos de Dios,* n. 122.

[7] *Estatutos,* 122. Cfr. *El itinerario...,* p. 646.

[8] *Estatutos,* 122.

ante los bienes temporales: en primer lugar, y sobre todo, la libertad, puesto que, al no existir controles sobre la vida de los miembros, el conjunto funciona gracias a una voluntariedad continuamente renovada; así, en alguna literatura sobre el Opus Dei se pueden encontrar grandes perplejidades ante la posibilidad de que un miembro numerario «no entregue al Opus Dei todo lo que gane». La respuesta es sencilla: una actitud de ese tipo, si no se corrige, no puede durar, ya que significaría una falsedad incompatible con la vocación, no tanto en el aspecto de «quedarse con dinero» como en el de «quedarse con algo», es decir, una entrega que no es total. En segundo lugar, desde el punto de vista de la dirección del Opus Dei, están tomadas medidas elementales para que se viva, de hecho, el desprendimiento de los bienes. No se estilan lujos, ni personales ni de la institución. El Opus Dei, por ejemplo, no ha organizado nunca un banquete, ni ninguna actividad suntuosa. Los centros del Opus Dei, aunque por lo general bien puestos, no se cambian sin más para seguir las modas, ni están a la última en bienes de consumo, como pueden estarlo ya, en muchos países, los hogares de familias de renta media. Los centros tienen el tono que corresponde a la condición social de los que viven en él.

Finalmente, los miembros del Opus Dei son, a todos los efectos, también económicos, normales ciudadanos: responden personalmente de sus deudas, si las contraen; piden créditos cuando les parece conveniente; están sujetos a las leyes fiscales, etc.[9]

---

[9] Carece de fundamento la literatura, de estilo sensacionalista, que ha vinculado al Opus Dei con supuestos escándalos financieros en torno al Vaticano. Por ejemplo, todos los intentos que se han hecho para vincular el Opus Dei con la carrera, las desgracias y la muerte de Roberto Calvi, miembro de la logia masónica P-2, han fracasado. Se puede comprender que el tema sea presentado cada cierto tiempo, como alimento de un tipo de prensa sensacionalista, pero los años no pasan en vano y resulta cansado, además de injusto, repetir tópicas falsedades haciéndolas pasar por historia. El tema sensacionalista del Opus Dei como «grupo económico» surge, en algunos autores, de la necesidad de no confesar el fracaso del estereotipo anterior, el de «grupo político».

A veces, otro lugar común sobre el Opus Dei, es calcular los millones que «mueve» la institución. Quizá no es difícil de entender que cualquier institución dedicada a hacer algo «mueve» millones, cientos o miles. Por ejemplo, una universidad de tipo medio, por poco que «mueva» se coloca en presupuestos de varios miles de millones de pesetas. Lo mismo ocurre con los asilos, los hospicios, los hospitales. «Mover» dinero es una necesidad elemental. La pregunta importante no versa sobre si el dinero se mueve o no, sino sobre la finalidad de las actividades. Se comprende también que, si la finalidad es de asistencia social o de creación de oportunidades de mayor formación, cuanto más dinero se «mueva» mejor.

CAPÍTULO VI

INICIATIVAS APOSTÓLICAS

Entre los varios centenares de iniciativas de carácter educativo, asistencial o benéfico impulsadas por miembros del Opus Dei, se tratan a continuación, de forma breve, algunos aspectos de ocho de ellas: tres en España, la Universidad de Navarra, el Santuario de Torreciudad y el centro educativo Tajamar; una en los Estados Unidos, Midtown; otra en México, Montefalco; dos en Kenya, Strathmore College y Kianda College; y una en Japón, Seido Language Institute. Que las iniciativas en España sean más numerosas responde, de forma aproximada, a que, como ya se ha dicho, es la «región primogénita», la más antigua en el tiempo.

Se intenta dar, además, una muestra de la internacionalidad de la Prelatura, ya que, por ejemplo, tanto los centros de España, como los de Japón, México, Kenya o Estados Unidos reflejan el medio y al ambiente en los que han nacido. Por otro lado, casi todas estas iniciativas son de fecha relativamente reciente. Así, la más madura, la Universidad de Navarra, se inició, con escasos medios y un número exiguo de estudiantes, en 1952.

1. Universidad de Navarra

Con unos 16.000 estudiantes y 1.500 profesores (datos de 1991), la Universidad de Navarra (Pamplona, España) es, según los moldes europeos, un centro de tamaño medio, precisamente el que se señala como ideal, una vez que se han visto los inconvenientes de la masificación. Fundada en 1952 por Mons. Escrivá de Balaguer, la Santa Sede la erigió en 1960 y el Estado español la reconoció en 1962.

El crecimiento de la Universidad de Navarra ha estado de forma habitual contenido, tanto por falta de recursos económicos como por trabas administrativas oficiales. Pero, además, el criterio mantenido parece ser el de no sacrificar la calidad a la cantidad. Así se explica que, en particular algunas Facultades y centros —de un total de cuarenta— hayan adquirido nombre y prestigio internacional. Es lo que ocurre, por ejemplo, con la Facultad de Medicina y la Clínica Universitaria. Esta última, con más de mil profesionales entre médicos, enfermeras y otros empleados, presenta una media anual, en los últimos años, de más de 80.000 consultas en régimen ambulatorio; 12.000 enfermos en régimen de hospitalización y más de 7.000 intervenciones quirúrgicas.

La mayoría de los estudiantes —un 66 por ciento— proceden de Navarra y del País Vasco; el resto proviene de otras regiones españolas y de otros países. Algunos centros, como el IESE (Instituto de Estudios Superiores de la Empresa), con sede en Barcelona, líder de los estudios de dirección de empresas, atrae a estudiantes de varios países de Europa, América y Asia.

El grupo más numeroso de estudiantes —alrededor de un 44 por ciento— son hijos de familias de rentas bajas o medio-bajas; un 40 por ciento son de rentas medias y el resto de rentas altas. La Universidad se financia con las matrículas de los alumnos —en un 85 por ciento—, con las ayudas que recoge la Asociación de amigos de la Universidad —un 11 por ciento— y con subvenciones de corporaciones locales, públicas o privadas, en un 2 por ciento. El Estado español ayuda en un 0,2 por ciento. La Universidad, por su parte, destina en un año tipo unos 350 millones de pesetas a becas, exenciones de matrículas y otros tipos de ayudas.

Es tradicional en la Universidad de Navarra un esfuerzo económico suplementario para contar con las instalaciones, instrumentos, técnicas de trabajo, etc., que permitan el cultivo de las humanidades, las ciencias o las técnicas en su estadio más avanzado. La biblioteca cuenta con medio millón de volúmenes y con suscripciones a unas cuatro mil publicaciones periódicas. La Universidad dispone también de una editorial, que publica nueve revistas en los campos de la medicina, el derecho, la filosofía, el periodismo, la arquitectura y la teología.

Lo más llamativo de la Universidad de Navarra, a primera vista, es el cuidado en los edificios e instalaciones. En su aspecto externo, el campus de Pamplona está mucho más cerca de la tradicional universidad anglosajona –Oxford, Cambridge o cualquiera de las de la *Ivy League* norteamericana– que de la universidad de tipo latino. Después, es notable la variedad de centros, de iniciativas dentro de ellos y, en general, la variedad de vida universitaria. Si en medicina está en la vanguardia de técnicas de trasplante, en filosofía desarrolla un interesante programa de conexión de las humanidades con el mundo de la empresa. La misma variedad puede observarse en los estudios de ciencias de la información, de derecho, de filosofía, de ciencias de la educación, de geografía, etcétera.

La Universidad de Navarra, al parecer demasiado ocupada como para dedicarse a presentar y difundir su propia filosofía[1], es, sin embargo, una demostración de la posible armonía entre la fe cristiana y el cultivo y el desarrollo del mejor nivel posible en artes, ciencias o técnicas humanas.

Alrededor de treinta mil profesionales de unos cincuenta países son ex alumnos de la Universidad de Navarra. Algunos de esos ex alumnos han contribuido a poner en marcha en otros países iniciativas semejantes. El modelo universitario de Navarra se presenta así como algo avanzado en el ámbito de la enseñanza superior.

2. Santuario de Torreciudad

El Santuario de Nuestra Señora de Torreciudad, en la provincia de Huesca (España), junto al embalse de El Grado, en el río Cinca, es una de las iniciativas más sorprendentes del Opus Dei. La idea y el impulso continuo fueron de Mons. Escrivá, pero, a la vez, la iniciativa recibió el apoyo de miles de personas de todo el mundo –que contribuyeron económicamente– y el esfuerzo de un grupo de arquitectos, ingenieros, artistas, artesanos y obreros, que pusieron en pie un gran templo mariano en una época en la que se decía que ese tipo de construcciones había pasado a la historia.

La imagen de la Virgen y la primitiva ermita son del siglo XI, pero no existe mayor documentación sobre el paraje hasta el final del XVII. El lugar se mantuvo durante siglos como uno más de los numerosos

[1] No existe por ahora ninguna publicación monográfica que explique, por extenso, un proyecto tan interesante como el de la Universidad de Navarra.

lugares de culto mariano, atrayendo peregrinaciones de los pueblos vecinos. En 1904, la madre de Josemaría Escrivá, quien entonces contaba dos años, lo llevó a la ermita para agradecer a la Virgen la curación de su hijo de una grave enfermedad.

Durante este siglo, el lugar perdió importancia. Hasta 1970, año del inicio de las obras del nuevo santuario, la ermita, por lo general, permanecía cerrada desde el otoño hasta la primavera. Había que ir allí adrede, de paso para ninguna parte, por caminos largos y difíciles.

Desde los años cincuenta, el Fundador del Opus Dei habla de hacer algo en aquel lugar para mejorar el culto a la Virgen. Se piensa primero en un refuerzo de la ermita primitiva, con algunas dependencias en las que se realizaran labores de promoción social. Pero el proyecto de santuario fue tomando cuerpo, y hacia 1970, cuando se inician las obras, es ya, en la idea, lo que será realidad a partir dc 1975.

El proyecto es la historia de una hazaña. En la obra de Torreciudad[2] se recogen algunas de las orientaciones que el Fundador del Opus Dei dio sobre cómo habría de ser el santuario: «Espero frutos espirituales, de conversión y de acercamiento a Dios». No piensa en un sitio en el que se vendan objetos de tipo religioso –«No me gusta que la casa de Dios se convierta en bazar»–, que se podrán adquirir en cambio en los pueblos de los alrededores. Tampoco es partidario de dar, por ejemplo, al agua de Torreciudad una calificación «milagrosa». Dispone que en las fuentes haya un cartel en el que pueda leerse: «Agua natural potable». Pero sugiere que se pongan cuantos más confesonarios mejor.

Al final, son cuarenta[3]. Las obras duraron cinco años, de 1970 a 1975. El Fundador del Opus Dei falleció menos de un mes antes de la apertura del santuario al culto, que fue el 7 de julio de 1975. En los años transcurridos hasta hoy, varios millones de personas de todo el mundo han pasado por Torreciudad. En un año tipo de los recientes se calculan 500.000.

El conjunto de edificios, con notable valor arquitectónico, de estilo postmoderno, es obra de Heliodoro Dols. La antigua ermita ha sido conservada y mejorada. El entorno ha cobrado vida y vegetación apropiada al medio ambiente. El santuario, con la imagen restaurada y devuelta al primitivo estilo románico, cuenta con un retablo de más de catorce metros de altura y doce toneladas de alabastro, obra del escultor catalán Joan Maynè.

---

[2] Varios Autores, *Torreciudad,* Rialp, Madrid, 1988.

[3] *Torreciudad,* pp. 103, 123.

Abierto todo el año, Torreciudad se han convertido también en un centro de actividad y de empleo para muchos habitantes de la zona. Las dependencias cercanas son sede de numerosos congresos, jornadas, reuniones nacionales e internacionales. Una ruta mariana enlaza El Pilar y Lourdes con Torreciudad.

Es notable en Torreciudad, además del intento, logrado, de erigir una gran santuario en un tiempo en el que no se estilan estas obras no rentables, la acumulación del trabajo de miles de personas, antes de las obras, durante ellas y después, en la limpieza, mantenimiento y la gestión del complejo de edificios. El arquitecto Dols escribía más de diez años después de terminadas las obras: «A mí me ha gustado colaborar en hacer un Santuario a la Virgen sin necesidad de que haya tenido que aparecerse ni pedirlo. En un mundo que se quiere organizar completamente de espaldas a su Creador, ha habido unos hombres que han construido un santuario a su Madre por amor»[4].

Torreciudad es un lugar para encontrar a Dios o para reconciliarse con Dios. Un monumento a la fe. Merece el calificativo de indescriptible. La única manera de hacerse una idea del santuario es visitándolo.

3. Tajamar

En Madrid, en los años cincuenta, Vallecas era una barriada con más de 200.000 habitantes. La mayoría de las casas no reunían condiciones mínimas de habitabilidad y era también notable –hasta el punto de que el tema se hizo tópico– el número de chabolas. Se trataba, sobre todo, de inmigrantes, que fueron aumentando en los años sesenta. Por esa época, más de 18.000 niños y adolescentes no podían disponer de un puesto escolar.

En 1958, unos pocos miembros del Opus Dei inician en Vallecas, en un lugar llamado Cerro de Pío Felipe, una modesta actividad educativa y deportiva. En 1959 se utiliza como local una antigua vaquería. En 1961 se inicia la construcción de los edificios definitivos. El colegio, de excelente diseño –obra del arquitecto César Ortiz de Echagüe–, comienza a perfilarse con un rasgo que luego será característico: ofrecer la mejor enseñanza posible en un barrio de gente de modestos recursos, que carecía de centros escolares o tenían que contentarse con los de peor calidad.

[4] *Torreciudad*, p. 100.

Tajamar comenzó en 1958 con 92 alumnos. En el curso 1991-1992 eran más de 2.500. El barrio ha cambiado mientras tanto, para mejor en algunos aspectos. Ha sido urbanizado, han desaparecido las chabolas, ha aumentado la oferta escolar. En general, el nivel de vida de las familias ha subido incluso de modo notable, respecto a los años cincuenta.

Sin embargo, la gran mayoría de los padres de los alumnos de Tajamar siguen siendo albañiles, comerciantes minoristas, empleados subalternos y de otras profesiones de parecido nivel. Sólo un pequeño porcentaje de los padres han realizado estudios superiores. Lo normal es que sólo tengan los primarios. Por el contrario, un 13 por ciento de los antiguos alumnos de Tajamar han conseguido un título universitario. El deseo, tantas veces expresado, de que «mis hijos puedan tener lo que yo no pude» se cumple aquí con frecuencia, dependiendo también de la voluntad de estudio y de trabajo de los alumnos.

Después del período de escolarización obligatoria, un tercio de los alumnos de Tajamar se matricula en el bachillerato que da acceso a la Universidad. El resto escoge algún tipo de formación profesional.

Algunas de las especialidades de la formación profesional en Tajamar han dado al centro un notable prestigio. El Instituto de Artes Gráficas es uno de los más innovadores del país y el que mejor se relaciona con instituciones semejantes de otros países de Europa. Presenta, además, la envidiable condición, sobre todo en una época de desempleo endémico, de poder ofrecer trabajo a los alumnos apenas terminan los estudios.

También en el estudio del bachillerato Tajamar se ha esforzado de manera especial en proporcionar una enseñanza no simplemente repetitiva. Así, en el ámbito de la literatura, algunos alumnos han puesto en marcha una revista literaria de calidad. El deporte ha ocupado también un papel especial desde el principio. Es conocido que Tajamar es un centro que conquista numerosos trofeos en las competiciones infantiles y juveniles de ámbito estatal.

Tajamar es el prototipo, por así decir, de las iniciativas de miembros del Opus Dei con un sentido acusadamente social, de redistribución de la renta. Sin embargo, la motivación principal no ha sido ésa. La inspiración que lleva a ofrecer la mejor enseñanza y educación a personas de escasos recursos económicos se apoya en el respeto a la dignidad de la persona, que tiene su último fundamento en Dios. Aunque muchas personas se han sumado y se suman a la labor social que se hace en Tajamar y en centros similares de otros países por motivos de solidaridad, el impulso que lleva a los miembros del Opus Dei a trabajar en estas iniciativas nace en una dimensión más alta. Por eso no se trata de labores en las que se marque, a efectos de opinión pública, el «pauperismo». Lo que se destaca es, por fundamentos espirituales, cristianos, la igualdad de todas las personas y el derecho a recibir, como es el caso, una educación de categoría.

Todo esto ha facilitado que Tajamar, subvencionado en parte por el Estado según la normativa general, obtenga, además, aunque todavía de forma insuficiente, de la iniciativa privada de particulares y de empresas otros fondos que permiten aumentar la calidad de la enseñanza.

4. Seido Language Institute (Ashiya, Japón)

Japón —el país que en pocos decenios se han convertido en la segunda o tercera potencia económica mundial— tuvo en el siglo XVI la posibilidad de ser cristiano. Después de unos inicios evangelizadores muy claros, al final de ese mismo siglo fue decretada una persecución religiosa que, a lo largo del siguiente, redujo el catolicismo a pequeños núcleos que habían de vivir en la clandestinidad. Como se sabe, el país se cerró también a cualquier influencia extranjera hasta el final del siglo XIX.

El Fundador del Opus Dei, como si hubiera previsto la importancia que habría de adquirir Japón, demostró predilección por ese país y quiso que en él se iniciara la labor apostólica en un año relativamente temprano, a finales de los cincuenta. Los primeros miembros del Opus Dei que llegaron al Japón estudiaron los tipos de tareas que podrían acometerse y se decidieron por una escuela de idiomas, principalmente de inglés. Nace así, en 1960, Seido Language Institute. A la vez surgen las primeras vocaciones nativas. En poco más de un decenio el Opus Dei se hace japonés en Japón.

Durante mucho tiempo, y aun hoy, en la mayoría de la opinión pública japonesa lo cristiano es tenido como algo occidental y, en cualquier caso, no perteneciente a la tradición del país. En realidad, el japonés, como ha sucedido con otros muchos pueblos, puede ser cristiano sin dejar de ser a la vez él mismo. El fenómeno ha ocurrido en miles de etnias durante veinte siglos, empezando por la judía. Lo que sucede —además de la traumática interrupción de la evangelización en Japón— es que los tiempos actuales son, también en Japón, los de la influencia de un materialismo que tiende a eliminar, ya sin persecución, por el simple atender a otras cosas, cualquier creencia religiosa, no sólo la cristiana.

El Japón se ha distinguido, en su historia como en la actualidad, por la estima hacia el trabajo minucioso, acabado, bien hecho. En ese sentido, Seido Language Institute es una credencial de prestigio, reconocida oficialmente por las autoridades educativas. Estudian en el centro, situado en Ashiya –a mitad de camino de Kobe y Osaka–, unos 1.400 alumnos. Seido ofrece cursos completos en inglés, francés, alemán, castellano, italiano y ruso, pero el idioma más seguido es el inglés. El texto *Modern English, an oral approach,* un método para 530 horas de inglés, es utilizado también en una docena de universidades y en numerosos centros de bachillerato e institutos de enseñanza de idiomas. Entre otras actividades de Seido en el ámbito de la enseñanza de las lenguas, destacan los cursos de perfeccionamiento para profesores japoneses de lenguas extranjeras.

Seido Language Institute complementa las actividades del aprendizaje de idiomas con otras del tipo de club de debates, concursos fotográficos, ciclos de conferencias, club de periodismo. El ambiente del instituto no es el de una simple academia, sino el de un lugar de convivencia. Para quienes lo deseen, existen charlas de presentación de la doctrina católica.

Por Seido han pasado, desde su fundación hasta la fecha, más de quince mil alumnos. Sólo el dos por ciento de esos alumnos eran cristianos. Existe una experiencia continuada de personas que, por expreso deseo, solicitan conocer la doctrina católica, en algunos casos como paso previo al bautismo.

El instituto, con el transcurso de los años, ha ampliado sus actividades con los centros afiliados de Shukugawa School, en Nishinomkya; Okuashiya Study Center, en Ashiya; Yoshida Student Center y Shimogamo Academy, los dos en Kyoto. De Seido Language Institute han salido también los profesores de Seido School, un colegio de enseñanza primaria, secundaria y bachillerato, situado en Nagasaki, cuna del cristianismo en Japón y, como se sabe, una de las ciudades que, al ser trágicamente aplastada por una de las bombas atómicas, se ha convertido en un símbolo de la historia del país.

5. Montefalco (México)

En América Latina, donde –aunque con variaciones según los muy diversos países– una parte importante de la población activa se dedica a la agricultura, miembros del Opus Dei han puesto en marcha diferentes tipos de iniciativas para la formación y la promoción de los campesinos. Así, por ejemplo, el Instituto rural Valle Grande, en

Perú, o la Escuela agrícola Las Garzas, en Chile. Pero el centro más antiguo es la Escuela agropecuaria El Peñón, en Morelos (México), enclavada a su vez en los remozados edificios de una antigua hacienda, Montefalco.

La hacienda fue destruida durante los tiempos de las revoluciones, en 1910. Cincuenta años más tarde sólo quedaban ruinas. Un primer núcleo de miembros del Opus Dei y de otras personas se hizo cargo de los edificos destruidos con la idea de levantar, entre otras iniciativas benéficas, un centro de promoción rural.

Un lugar abandonado durante decenios, donde malvivían algunas familias de campesinos: eso eran los alrededores de Montefalco a principios de los años sesenta. Alguien intentó crear entonces una escuela agrícola, con objeto de mejorar un poco los cultivos y hacer algo más rentable el trabajo. Los campesinos recelaron de cualquier novedad. La escuela empezó de todos modos, aunque con sólo cinco alumnos. Así pasó algún tiempo: un comienzo muy modesto, casi sin futuro.

Avanzando poco a poco, los pioneros se ganaron la confianza de un grupo de campesinos. Éstos aprendieron que, donde sólo se cultivaban maíz y frijoles, se podría ampliar la oferta a, además, tomates, cebollas, zanahorias, etc. Se promovió también la ganadería. Se montó una cooperativa. W. J. West cuenta en *Opus Dei. Ficción y realidad* el caso de un campesino de la zona, Juan García, que pasó de su tradicional escasa cosecha, a iniciar una granja de 3.000 pollos en 1969; al final de los años ochenta, eran ya medio millón. El cambio se debió a la iniciativa de uno de sus hijos, que estudió en El Peñón y fue animado a salir de la rutina del maíz y los frijoles[5].

Montefalco, además de la Escuela El Peñón, alberga dos casas de retiro, la vieja iglesia, una posada o albergue, una escuela secundaria y una escuela femenina de economía doméstica. Poco a poco, pero a ritmo muy sostenido si se compara con el abandono que se daba desde hacía siglos, Montefalco se ha convertido en un importante centro educativo y, por tanto, de promoción, de una amplia zona del Estado de Morelos. Ha recibido alguna ayuda gubernativa.

Bastantes miembros del Opus Dei desarrollan en México, como en toda Latinoamérica, una profesionalmente bien estudiada actividad de promoción entre sectores de población de escasa renta, pero quizá sea Montefalco, en su conjunto, un modelo de lo que, en no muchos decenios, puede hacerse para recuperar un ambiente y un patrimonio histórico y cultural y ponerlos de nuevo al servicio de la población de la zona.

---

[5] W. J. WEST, *Opus Dei. Ficción y realidad,* Rialp, Madrid, 1989, p. 114.

6. Strathmore College, Kianda College (Kenia)

En África hay erigidos centros del Opus Dei en Kenia, Nigeria, Zaire, Costa de Marfil y Camerún. La extensión a los diversos países está en función de varios factores, pero siempre es importante una razonable previsión de que surjan pronto vocaciones autóctonas. En esto, a su vez, influyen, aunque no sean determinantes –ya que nada puede serlo cuando depende de la voluntad de Dios– las condiciones sociales del país, así como las costumbres. En África, para una parte importante de la población, resulta todavía difícil una independencia personal en el sentido en el que se entiende en muchos otros lugares del mundo. A falta de seguridad social, las obligaciones de cada individuo para la familia extensa han funcionado y funcionan como forma de solidaridad.

Strathmore College y Kianda College son dos instituciones educativas en Kenia, país pionero en el desarrollo del Opus Dei en el continente africano.

El problema educativo keniano que algunos miembros del Opus Dei afrontaron a principios de los sesenta era la ausencia de centros que cubrieran el puente entre la enseñanza secundaria y la universitaria. Ante esa situación, los estudiantes, o renunciaban a la universidad o tenían que trasladarse a otro país. Además, en el proyecto inicial de una residencia *(college)* de ese estilo los miembros del Opus Dei pusieron una condición imprescindible: la educación sería interracial. Después de superar los inconvenientes de la falta de medios económicos y de la oposición de algunos barrios de blancos, Strathmore College se inició en 1961 como primer centro interracial del East-África. Hay, en ese sentido, una multitud de testimonios. Por ejemplo, Strathmore fue también el primer equipo de rugby interracial. El primer partido, jugado el 8 de junio de 1961, fue reseñado en el *The East African Standard* con el siguiente titular: «Presentación del primer equipo de rugby interracial».

Los profesores vivían al lado de los estudiantes. En las habitaciones, para varios alumnos, se cuidó de que no se hicieran grupos nacionales ni tribales. El espíritu de Strathmore, tal como quedó en el lema del escudo del college, está tomado del Evangelio: «Ut omnes unum sint», que todos sean uno.

Gracias a este espíritu y al esfuerzo de muchas personas, también los miles que ayudaron económicamente, Strathmore se fue desarrollando, y cuenta en la actualidad con una escuela primaria, una escuela secundaria y una Escuela de Contabilidad, de nivel universitario.

En una publicación, *Strathmore Remembered,* de 1986, se pueden leer testimonios de profesores y de alumnos de las primeras promociones. Uno de estos alumnos escribe: «Otra tradición que recuerdo es el respeto a la libertad individual. No teníamos normas escritas, ni vigilantes, monitores o supervisores. Se dejaba a cada cual la responsabilidad de ejercer su libertad personal, de distribuir su tiempo de estudio y de organizar su propia vida. Creo que ésta es una de las cosas que distingue claramente a Strathmore College de otras instituciones similares. Fue en los dos años que pasé allí cuando empecé a hacer las cosas no porque me las impusieran, sino porque era lo que se esperaba de mí. Si no lo hacía, el unico culpable era yo»[6].

Un año después del inicio de Strathmore, empezó Kianda Secretarial College, una escuela para la formación de secretarias, el primer centro interracial femenino de Kenia. Kianda empezó con diecisiete alumnas de raza blanca. Cuando al poco tiempo admitió también a estudiantes de otras razas, hubo necesidad de trasladarse a otro lugar, debido a la oposición de la población de la zona.

Existía además una grave dificultad interior: en Kenia, como en otros países no sólo africanos, las mujeres sólo tenían acceso a los empleos peores. Era casi imposible que se pagase una matrícula para los estudios de secretariado. De hecho las primeras alumnas realizaron los cursos gracias a las ayudas de importantes firmas comerciales.

Cuando se empezó a ver la calidad de las graduadas en el *college,* Kianda comenzó a crecer. El *college* fue poco a poco ampliando su gama de formación hasta el punto de proporcionar a las alumnas capacidades de organización, que se podía ejercer no sólo en el trabajo de secretaria, sino también otras muchas actividades.

El desarrollo de Kianda ha sido, en cierto modo, paralelo al de Strathmore. En 1966 se inició una residencia para las alumnas de fuera de Nairobi; en 1977, un colegio de segunda enseñanza que se cuenta entre los diez mejores del país.

7. Midtown (Chicago) y Rosedale Club (Nueva York)

El proceso de urbanización hace que ya casi todo se encuentre en las ciudades: también los mayores dramas y a veces las mayores miserias. El West Side de Chicago es uno de esos sectores en los que

[6] Citado en *Opus Dei. Ficción y realidad,* pp. 61-62.

la policía tiene más trabajo. Como es frecuente, los problemas vienen de la falta de empleo, de la dificultad de adaptación por parte de la población negra o hispana a un tipo de vida que cambia de forma casi continua. Aproximadamente las dos terceras partes de los jóvenes del West Side son hijos de divorciados, la mitad no llegan a terminar sus estudios, uno de cada veinticinco tiene una muerte violenta.

Midtown Center fue pensado por un grupo de miembros del Opus Dei para contribuir a que los adolescentes y jóvenes del barrio no entren en esa espiral del «ya no tiene remedio». De forma inmediata, con una intensa y coordinada actividad deportiva. Después, con la ayuda de un tutor, de forma que alguien ayude de forma personal y concreta. Finalmente, con un complemento de las actividades escolares, con objeto de facilitar la obtención de un título.

W. J. West, en el libro citado, trata con una cierta extensión de Midtown, presentando algunos testimonios de los alumnos. Por ejemplo: «Crecí en la calle 18, que ahora es un gueto hispano. Si no hubiese frecuentado Midtown todavía estaría allí, pues no creo que hubiese sido capaz de hacer nada solo». O bien: «Si no hubiese conocido Midtown, seguramente hubiese dejado la escuela mucho antes. Mis amigos de entonces no hacen ahora nada. Dos de ellos han muerto en luchas callejeras»[7].

El problema sigue siendo el escolar. Sólo un treinta por ciento de los adolescentes del West Side asiste regularmente al colegio. Entre los que frecuentan Midtown el porcentaje sube al sesenta.

A pesar de sus no muchos años de funcionamiento Midtown es muy conocido. Recibe una subvención del ayuntamiento de Chicago y en ocasiones alguna ayuda federal. Entre los visitantes del centro se encuentra el ex presidente Carter.

Como es corriente en las iniciativas llevadas a cabo por miembros del Opus Dei, en Midtown la base de la actuación es la ayuda continua del preceptor o tutor. Sólo con la dedicación completa de un buen equipo de personas es posible, a la vez, exigir una respuesta valiosa por parte de los alumnos y ofrecer un ambiente en el que eso no sólo es posible, sino atractivo. «Gran parte de nuestra ayuda –ha dicho uno de esos preceptores– consiste en hacerlos más comunicativos. A veces los padres se encuentran muy desorientados: qué podemos hacer, dicen. Y yo les pregunto si hablan con sus hijos, y a los chicos si hablan con sus padres de sus amigos y amigas. Lo que los muchachos necesitan es que se les escuche, que haya alguien que se interesa

[7] *Opus Dei. Ficción y realidad,* p. 127.

por sus asuntos, que los padres les pregunten qué tal van las cosas, y se sienten a charlar un rato con ellos»[8].

El espíritu de Midtown consiste, en gran parte, en hacer entender a los muchachos que hay algo más que ese mundo de sordidez, localismo y violencia que, por otro lado, ven todos los días. No todos, ni siquiera la mayoría de muchachos del West Side, como ocurre en muchas barrios de grandes ciudades, consiguen escapar de una especie de presión que lleva a quedarse sin hacer nada y a arrepentirse de no haber estudiado cuando ya no se tienen fuerzas para intentarlo. Pero es posible ofrecer ayuda a todos y contribuir a que algunos salgan adelante.

Rosedale es un sencillo club para muchachas, situado en dos pisos de una pequeña casa en pleno corazón del Bronx neoyorquino. Es la misma idea de Midtown, pero para chicas y en una zona que es mundialmente conocida casi como lo emblemático del deterioro urbano. El problema central sigue siendo la casi inexistencia de la familia, no ya como realidad educadora, ni siquiera como algo neutro. En muchos casos se trata nada más, pero también nada menos, que de ofrecer a las muchachas unas horas de compañerismo, de trabajo en común, de tranquilidad, porque nada de eso encuentran en lo que sólo por eufemismo se sigue llamando «hogar».

El club no es grande, y sólo ha podido atender hasta ahora a medio millar de muchachas. El ideal de la multiplicación de este tipo de iniciativas implica, por parte del Opus Dei, un mayor crecimiento del número de miembros y, por otro lado, la organización que provea al mantenimiento económico de actividades que, casi por definición, son deficitarias.

---

[8] *Opus Dei. Ficción y realidad,* p. 128.

CAPÍTULO VII
EL OPUS DEI EN LA OPINIÓN PÚBLICA

Un fenómeno que no puede dejarse de lado al tratar del Opus Dei es el interés que despierta en la opinión pública, entendiendo opinión pública en un sentido amplio: desde el ámbito inmediato de una ciudad hasta el eco que encuentra un programa televisivo, un libro o un artículo de periódico. Fue así ya a los pocos años de la fundación. Los principales temas del Opus Dei en relación con la opinión pública son, en gran parte, históricos; al tratarlos, habrá que mencionar, aunque con distinto enfoque, cuestiones que ya han aparecido en el capítulo segundo. Y asuntos que allí fueron mencionados de paso se tratan a continuación de forma más extensa.

1. Los primeros años

En una fecha tan temprana como 1934, a menos de seis años de la fundación, el trabajo pastoral de don Josemaría Escrivá era tan conocido en Madrid que los pocos que, por entonces, podían considerarse miembros del Opus Dei «fueron inquietados por diversos sacerdotes y por otras personas, que les vinieron a decir que su decisión carecía de todo valor»[1].

---

[1] *El itinerario...*, p. 77.

Sorprende que algo de tan poca entidad, sociológicamente hablando, un pequeñísimo grupo de personas en torno a un sacerdote, suscitara oposición. Con respecto a don Josemaría, «algunos lo calificaron de iluso o, incluso, de hereje, por sostener que podía buscarse la plena santidad no sólo en las Órdenes y Congregaciones religiosas, sino también en el mundo; y otros lo acusaron de querer crear un estado nuevo, y más aún, de destruir el estado religioso, sin tener en cuenta que su intento y su misión se situaban en un nivel diverso»[2].

La guerra civil española (1936-1939) interrumpió esta mezcla de curiosidad, sospechas e imaginación desbordante. En medio de la tragedia que vino sobre España, no había tiempo ni ocasión para preocuparse de un grupo que apenas había nacido. Pero cuando termina la contienda «las calumnias se hacen clamorosas, y degeneran en una campaña organizada y sistemática, tanto más dolorosa cuanto que proviene de quienes menos podía esperarse: de otros católicos, más aún, de algunos religiosos y personas relacionados con ellos»[3]. En la biografía de Mons. Escrivá escrita por Andrés Vázquez de Prada[4] hay más detalles sobre este ambiente.

Era, al menos en un aspecto, un fenómeno de opinión pública, aunque en el ámbito eclesiástico.

El tratamiento que el Fundador dio a esa cuestión fue, también en la lógica de la opinión pública, correcto: en febrero de 1941, por sugerencia del obispo de Madrid, solicita que «una labor de apostolado, con la denominación Opus Dei» sea aprobada canónicamente como Pía Unión. El obispo, Mons. Eijo, se apresura a dar la aprobación el 19 de marzo de 1941.

Si el núcleo de la acusación era «rebeldía, novedad y herejía», tendría que venirse abajo cuando la autoridad legítima reconoce que se trata de algo obediente, tan antiguo como el Evangelio y ortodoxo. Pero el apoyo oficial y público de la jerarquía no calmó a los que estaban en contra. En Barcelona, en concreto, donde los miembros de la Obra no llegaban a media docena, las familias de esos jóvenes fueron advertidas por algunos religiosos de que los hijos habían entrado en un movimiento herético.

En una situación que no fuera la de la censura estricta de prensa que existía en España durante el franquismo, esa oposición, aunque limitada a unos cuantos religiosos, hubiera saltado a los medios de información. Allí —salvo algún artículo esporádico— quedó soterrada.

---

[2] *El itinerario...*, pp. 87-88.

[3] *El itinerario...*, p. 90.

[4] A. VÁZQUEZ DE PRADA, *El Fundador del Opus Dei*, p. 22 y ss.

De todos modos, el hecho fue conocido por las autoridades, hasta el punto de que el Gobernador civil de Barcelona tenía órdenes de arrestar a don Josemaría Escrivá si se presentaba en la ciudad. El siempre influyente Abad coadjutor de Monserrat, que era entonces Dom Aurelio Escarré –famoso más tarde por su oposición al franquismo– pidió información al obispo de Madrid sobre el Opus Dei. Hay un interesante cruce de cartas para conocer la historia de aquella época.

El siguiente párrafo de una de las contestaciones de Mons. Eijo es significativo, porque demuestra, documentalmente, que ya en 1941 habían aparecido casi todos los ataques que luego se harán: «Dígame si no es persecución, y cruelísima, llamar a esa Obra, que V. R. conoce y estima, y por la que tan justamente se interesa, masonería, secta herética, hijuela de lo de Bañolas, antro tenebroso que pierde las almas sin remedio; y a sus miembros iconoclastas e hipnotizados, perseguidores de la Iglesia y del estado religioso, y tantas otras lindezas por el estilo; y mover contra ellos a las autoridades civiles y procurar la clausura de sus centros y el encarcelamiento de su fundador y la condenación de Roma; y lo más trágico y doloroso, encizañar por todos los medios desde el confesonario hasta las visitas a domicilio a las familias de los que quieren bien al Opus Dei. Si esto no es persecución y durísima, ¿qué podrá ser?»[5].

El estereotipo de base se ha formado ya: algo que se presenta como católico es, en realidad, otra cosa. Lo aparentemente ortodoxo, es herético. ¡Dentro de la Iglesia se está incubando un monstruo!

2. En años de expansión

Dos años después de la aprobación de 1941, el número de miembros del Opus Dei llegaba al centenar. Teniendo en cuenta que eran, en su totalidad, universitarios que se comprometían a vivir en celibato para dedicarse con más disponibilidad a una vida de oración y de apostolado en medio del desarrollo de su trabajo profesional, el crecimiento se debía considerar notable.

En 1943 se pronuncia la Santa Sede –después de un detallado estudio–, afirmando que no hay obstáculo para que el obispo de Madrid erija al Opus Dei –hasta entonces, y por las razones indica-

[5] *El itinerario...*, p. 93.

das, Pía Unión– en Sociedad de vida en común sin votos; una figura jurídica todavía inapropiada, pero la única posible entonces. Se trataba en efecto de encontrar un marco jurídico para que algunos seglares del Opus Dei se pudieran ordenar sacerdotes.

A la vez, desde el punto de vista de la opinión pública, el *nihil obstat* de la Santa Sede era, de nuevo, una respuesta adecuada. Se podía, quizá, equivocar algún obispo de España juzgando al Opus Dei, pero ahora Roma había dicho que no había inconveniente alguno.

En 1944 son ordenados sacerdotes tres miembros del Opus Dei. En 1946, otros seis y, desde entonces, las ordenaciones se suceden años tras año. El Fundador vio que, fueran cuales fueran las calumnias, nada grave ocurriría si los miembros del Opus Dei compartían el mismo espíritu, con los sacerdotes como «instrumentos de unidad».

Otra medida de esos años, exigida por la naturaleza de la institución, era a la vez una buena respuesta desde el punto de vista de la opinión pública: el Opus Dei sale de España apenas puede, cuando termina, en 1945, la segunda guerra mundial. Desde 1946 comienza la expansión: Gran Bretaña, Francia, Portugal, Italia, Irlanda. Estaba claro que una institución con aprobación sólo diocesana se movía con dificultad cuando se daba este crecimiento. Era preciso, como había ocurrido en la Iglesia en casos semejantes, un estatuto pontificio. Desde el mismo día de la erección del Opus Dei como Sociedad de vida común sin votos se veía que la solución era provisional. Una posterior aprobación pontificia, en 1946, y, más tarde, la erección como primer Instituto Secular de derecho pontificio, en 1947, a lo que siguió, en 1950, lo que en terminología canónica se llama aprobación definitiva, hicieron del Opus Dei algo muy conocido en los ambientes eclesiásticos.

3. Ser noticia

Entre esos años de 1947 a 1950 aparecen las primeras informaciones de prensa de cierta importancia y periodicidad. Sucedía, sin embargo, que, por entonces, las noticias sobre religión no parecían interesar demasiado a la mayor parte de los medios de información, al menos en Europa: en los países de mayoría protestante por la tradicional indiferencia, como mínimo, hacia lo católico; en los países católicos porque la casi totalidad de la prensa estaba controlada por grupos de personas con una mentalidad genéricamente laicista. Ocurría esto incluso en Italia, a pesar del dominio político –mayoría absoluta– de la democracia cristiana.

Sin embargo, el Opus Dei comenzó a «ser noticia». Su tarea encontraba raíces propias, autóctonas, en los países donde trabajaba. Por otro lado, se comprende que el Fundador del Opus Dei no desease publicidad ostentosa para la institución: contaba con una aprobación pontificia, pero la figura de Instituto Secular no acababa –paradójicamente– de reflejar el carácter secular de la organización[6]. Este punto, casi nunca señalado, parece, sin embargo, esencial.

Se comprende, en efecto, que no importe mucho la trascendencia pública de algo que, en lo jurídico, ha encontrado la forma que responde a su verdadera naturaleza. Pero lo contrario es también cierto: una organización con un estatuto jurídico precario ha de actuar con cuidado, porque cada vez que habla de sí misma, diciendo lo que es jurídicamente, está diciendo lo que no quiere ser. Algo así, en ciertos aspectos, ocurrió con el Opus Dei durante largos años. Coincidió que, cuando empieza a ser conocido por tener cierta entidad en cuanto a número de miembros, el ropaje jurídico –Instituto Secular– resultaba cada vez más inadecuado.

De ahí las líneas de actuación: antes que nada, procurar preparar las cosas para llegar a un estatuto jurídico definitivo y de acuerdo con la verdadera naturaleza de la institución; después, una presencia sencilla, nada llamativa, en la opinión pública.

Por otro lado, pensaba el Fundador del Opus Dei que la aprobación de la organización como instituto de derecho pontificio acallaría los ataques que determinadas personas –no muchas, pero muy constantes– dirigían hacia la Obra. «Consideraba, en efecto, que una vez obtenida la aprobación definitiva y dependiendo directamente del Romano Pontífice, aquellos que atacaban nos dejarían en paz. Pero me he equivocado»[7].

Estos hechos no trascendieron a la prensa, pero fueron muy graves. «Durante el verano de 1951, Mons. Escrivá de Balaguer se sentía inquieto: aunque no tenía datos o informaciones concretas, intuía que algo estaba ocurriendo, que implicaba una amenaza grave

---

[6] Los detalles sobre el itinerario jurídico son extremamente técnicos, en una materia, el derecho canónico, que no es conocida ni siquiera por muchos de los expertos en derecho. Como ya se vio, por diversas razones, pero en especial porque no salvaba del todo la naturaleza laical y secular de los miembros, la categoría de Instituto Secular resultó primero inconveniente y luego perjudicial: desde entonces hay un larguísimo camino que no se concluiría hasta 1982, con la erección en Prelatura personal.

[7] *Carta,* 24-XII-1951, citada en *El itinerario...,* p. 303.

para la vida del Opus Dei. (...) En los meses siguientes, le llegaron algunas informaciones que confirmaron que sus temores no eran infundados; entre ellos diversos comentarios del cardenal Schuster, Arzobispo de Milán, a dos miembros del Opus Dei, con la indicación de que los transmitiesen a Mons. Escrivá. En una conversación posterior, el Arzobispo de Milán fue más explícito: "Decidle –fueron sus palabras– que se acuerde de su paisano San José de Calasanz y también de San Alfonso María de Ligorio y que se mueva". Para cualquier buen conocedor de la historia de la Iglesia, la indicación resultaba clara: ambos fundadores fueron, de una o de otra manera, apartados de las instituciones que habían fundado, y tuvieron que contemplar cómo éstas sufrían crisis y escisiones. Eso era, en efecto, lo que algunas personas, ajenas a la Obra, estaban intentando promover: que el Opus Dei quedara desgajado, en dos instituciones diferentes –una de hombres; y otra, de mujeres–, y que su fundador fuera alejado tanto de la una como de la otra. El conocimiento de esos planes supuso un fuerte golpe para Mons. Escrivá de Balaguer: el intento en sí mismo, las acusaciones falsas de que venía acompañado, el hecho –en fin– de que no se le hubiera concedido la oportunidad de aclarar las cosas y, en su caso, defenderse, todo esto le causó un profundo dolor»[8]. Como ya se vio, después de una carta dirigida al Papa por el Fundador del Opus Dei, el asunto fue zanjado por la intervención directa de Pío XII.

Los acontecimientos de 1951 representaron serios intentos de crear, en el mundo de las relaciones eclesiásticas, una opinión pública contraria al Opus Dei. A partir de mediados de esos años cincuenta los intentos fueron a menudo acompañados de intervenciones en la prensa, inspirando o favoreciendo artículos vejatorios o calumniosos o, simplemente, sembrando sospechas temerarias. Había una ocasión para hacerlo: lo que podría llamarse «una cuestión política española».

4. Una cuestión política española

La opinión pública española que se expresa en la prensa o en la radio –no había entonces, en uso generalizado, televisión– se hace eco, con cierta entidad, de la realidad del Opus Dei hacia mediados de los años cincuenta. Esos años son también los del inicio de una

[8] *El itinerario...*, pp. 303-304.

cierta animación política que alteró algo el monolitismo del régimen español. Se movió antes que nada la universidad, que contaba con más facilidad de maniobra que, por ejemplo, los grupos obreros.

Solamente estaba permitida una organización universitaria, el Sindicato Español Universitario (SEU). No es extraño, por eso, que fuese el SEU el lugar de la lucha política. La mayoría de los estudiantes eran apolíticos, pero existían algunos grupos ideológicos activos. Los principales eran: el de falangistas autodenominados «auténticos»; el de falangistas que eran denominados «liberales»; el de falangistas del aparato del poder; el de filocomunistas; el genérica y larvadamente socialista; el demócrata-cristiano, también de escasa entidad, y, finalmente, el de monárquicos, unos partidarios de don Juan de Borbón y otros «tradicionalistas». Los falangistas más radicales eran, casi por definición, antimonárquicos.

En algunas universidades, como la de Sevilla, la lucha política entre estos grupos adquirió cierto relieve en torno al curso 1953-1954, sin salir del ámbito de las aulas. Entre los no muchos estudiantes sevillanos que pertenecían por entonces al Opus Dei había un grupo de monárquicos, al lado de otros apolíticos y de otros liberales. Sin mayor importancia. Es probable que fuese allí donde se diese por primera vez, con trascendencia en la opinión pública, la simplificación de atribuir al Opus Dei las opiniones políticas de algunos de sus miembros. Esa catalogación entró, probablemente a través del SEU, en los ambientes del Movimiento Nacional, que tenía la mayor parte del poder en España. Por ahí pasó a los ámbitos de la información y de la opinión, tanto de España como de fuera del país.

En 1957, en el nuevo Gobierno del general Franco el ministro de Comercio, Alberto Ullastres, es miembro numerario del Opus Dei. El de Hacienda, Mariano Navarro Rubio, miembro supernumerario. Un ministro es alguien importante, cuenta. Entre los millones de habitantes de un país medio, a lo largo de un siglo sólo dos o tres centenares llegan a un ministerio. Ser ministro es alcanzar la notoriedad, tener un ámbito de poder, influir, modificar de algún modo la realidad jurídica, económica y social.

El contexto de toda aquella historia española —que duró desde 1957 hasta 1973— lo estudié en un libro publicado en 1976, *Política y religión en el régimen de Franco*[9]. Con independencia de esas circuns-

[9] Cfr. R. GOMEZ PÉREZ, *Política y religión en el régimen de de Franco,* Dopesa, Barcelona, 1976. Nueva edición reelaborada y ampliada, con el título de *El franquismo y la Iglesia,* Rialp, Madrid, 1986. Entre la documentación aparecida después, lo más importante son las *Memorias* de Laureano López Rodó, Plaza y Janés/Cambio 16, Barcelona, 1990 y 1991, que fue, en

tancias, la cuestión de opinión pública ante el hecho de que un cargo público importante estuviera desempeñado por un miembro del Opus Dei tenía que plantearse tarde o temprano. Pero las condiciones de aquella época hicieron que el tema adquiriera resonancias desproporcionadas.

Se trataba, en síntesis, de una mezcla, casi explosiva, de los siguientes fenómenos: oposición generalizada al franquismo a la vez en el mundo libre y en el comunista (en aquella época); interés casi morboso que seguía teniendo un régimen que, en los primeros años de su historia, fue cauto amigo del fascismo y del nazismo; necesidad de contar con España en una futura Europa unida, como el régimen hizo al pedir, en 1962, la asociación al Mercado Común; conveniencia económica de un mercado que se acercaría pronto a los 40 millones de personas; interés estratégico de España para la OTAN.

Por otro lado y, por mérito, en gran parte, de una serie de ministros como Navarro Rubio —de Hacienda—, Ullastres, y López Rodó —miembros los tres del Opus Dei—, España inició su despegue económico, lo que la colocaría, en poco más de diez años, entre los quince o veinte países más desarrollados del mundo[10]. (Los Planes de desarrollo fueron iniciativa de López Rodó, que reunió un equipo numeroso, muchos de cuyos integrantes seguirían contando en la vida social y económica del país también en los años setenta, ochenta y noventa, en distintas corrientes políticas). Por lógica de las cosas, el desarrollo económico tenía que acabar haciendo estallar la anacrónica estructura política del régimen, como pudo comprobarse después de la muerte de Franco, en 1975.

Los ensayos de esas transformaciones políticas se realizaron ya con Franco: fueron las luchas internas en el seno del Gobierno, entre dos grupos de poder, a partir de 1957: uno, que encabezaba el almirante Carrero, secundado por López Rodó, y otro que tuvo contornos menos claros, pero que se identificaba con lo que había sido el falangismo, la Secretaría General del Movimiento. En la época de mayor

---

muchos aspectos, un personaje clave entre las dos fechas señaladas antes. Era, en efecto, el hombre de confianza de Carrero, a su vez hombre de confianza de Franco.

[10] Un autor poco sospechoso de simpatías hacia el Opus Dei, R. TAMAMES, en su libro *La República. La era de Franco,* edición tras edición, se empeña en calificar como OD (Opus Dei) al grupo de Carrero-López Rodó. En la edición de 1986, refiriéndose a una notable figura de la oposición al franquismo, el profesor Calvo Serer, escribe: «Calvo Serer incluso llegó a expatriarse a finales de 1971, poniendo de manifiesto con toda claridad la crisis interna del Opus Dei como grupo político» (Alianza, Madrid, 1986, p. 194). Verdaderas filigranas con tal de no reconocer que no existía ningún grupo Opus Dei. Sí existía un grupo Carrero-López Rodó, pero no representaba para nada al Opus Dei, aunque sólo fuese porque en la postura antifranquista existían, con el mismo derecho, otros miembros del Opus Dei.

virulencia de ese enfrentamiento –en torno a los últimos años de los sesenta– el Secretario general del Movimiento era José Solís[11].

En la lucha por el poder, como suele ocurrir, se utilizaron a veces armas injustas como la calumnia. Así, no pocos hombres del Movimiento difundieron, por todos los medios posibles, también influyendo en los corresponsales de prensa extranjera, la idea de que los miembros del Opus Dei formaban, por eso mismo, un grupo político, secreto, en la sombra. Era la versión política de la campaña eclesiástica de los años cuarenta y cincuenta. A partir de ahora se potenciarán mutuamente, lo cual, si bien se mira, ponía en una delicada situación a los corresponsales liberales o de izquierda, porque coincidían con las apreciaciones de los políticos más autoritarios.

Esta situación dio, en la opinión pública internacional, un gran interés, aunque impropio, al tema Opus Dei. Desde entonces, el asunto sale del ámbito de opinión pública eclesiástica para hacerse general. En ese sentido, el primer artículo importante en un medio de prestigio universal fue la entrevista concedida en Londres por Mons. Escrivá al *Times*. Allí podía leerse: «El logro notable de Mons. Escrivá es haber formado una entidad corporativa de hombres maduros de muchas naciones, inspirada en principios a la vez nuevos y elementales»[12].

5. Los tiempos de la contestación

Poco después de la fecha de la citada entrevista, se iniciaban en el mundo occidental dos transformaciones culturales que dieron el característico tono «contestatario» a los sesenta y a la primera parte de los setenta.

La primera transformación, en la sociedad civil, era una consecuencia de la abundancia económica: el período comprendido entre 1945 y 1973 fue el más largo de crecimiento económico sostenido que registra hasta ahora la historia. Es la época de los «milagros económicos»: de Alemania, de Japón, de Italia y, más modestamente, de

[11] Hasta qué punto la historia es singular lo demuestra el hecho, contado por López Rodó en sus *Memorias*, de que la designación de Solís como ministro, en 1957, se debe a él, a López Rodó: fue él quien lo recomendó a Carrero, quien a su vez lo recomendó a Franco: cfr. *Memorias*, p. 94. Terminadas las luchas políticas, Solís fue excelente amigo de López Rodó. Falleció en 1990.

[12] «Spanish Founder of Opus Dei», en *The Times*, Londres, 20 agosto 1959.

España. Frente a esa abundancia, frente a la sociedad de consumo, se alzaba la crítica genéricamente socialista, marxista todavía; pero a la vez el comunismo empezaba, incluso en el ámbito de los intelectuales «progresistas», a infundir serias sospechas. En realidad, había información suficiente sobre los crímenes de Stalin —en una larga época que va desde 1924 a 1953—, como fueron denunciados, en parte, por Kruschev. Pero es Kruschev quien ordena, en 1956, la represión de la revolución húngara, como será Breznev el que decida la represión de la primavera de Praga, de 1968[13].

La moda era la contestación, la crítica; pero la crítica al capitalismo la había hecho, por antonomasia, el marxismo, es decir, «la filosofía insuperable de la historia», como escribió el entonces célebre Jean-Paul Sartre. Con todo, ya se empezaba a poder ser anticomunista; por eso, quizá, se echó mano, en algunos sectores intelectuales de la universidad, el periodismo, el cine, la literatura y la televisión de un genérico socialismo más o menos marxista, que, en la práctica, como también la historia acabaría haciendo ver, era compatible con el consumismo, el individualismo y el pragmatismo. La contestación adquirió pronto un pliegue de *vive como quieras*, y al final las revoluciones se remansaron en el conformismo.

Esa transformación general coincide con una segunda, en la Iglesia católica. En la Iglesia, la crisis fue despertada —no causada— por la convocatoria del Concilio Vaticano II. Aun antes de que se celebrara la primera sesión, se puso de moda en algunos sectores de la Iglesia, hasta el punto de acabar siendo lo dominante, la contestación de la autoridad, el intento de supresión de antiguas normas canónicas —como la del celibato del clero—, la reformulación de muchas órdenes y congregaciones religiosas, la puesta en duda o «cuestionamiento» de puntos esenciales de la doctrina de la fe o de la moral cristiana. Signo de esa crisis fue la espectacular caída de las vocaciones sacerdotales y religiosas. Muchas órdenes y congregaciones vieron diezmados sus efectivos. En todo el mundo se cerraron seminarios. Las misiones acusaron la falta de personal.

Al lado, o quizá *dentro,* de muchos de esos fenómenos, había otro que, en parte, ha continuado hasta la fecha: en el ambiente eclesiástico la desobediencia se hace, si no predominante, sí corriente. Como la mentalidad general está por *no reprimir,* quienes están decididos a no obedecer consideran —y así lo publican, o lo hacen publicar— que

[13] Tendrían que transcurrir aún muchos años para que en la URSS se diera un proceso social y político a favor de las libertades y para que en algunos países de la Europa central y del este se votara con libertad: y en esos casos el comunismo tradicional era rechazado.

es represivo cualquier ejercicio, incluso mínimo, de la autoridad[14].

Estas dos transformaciones generales, que, como ya se ve con claridad, marcaron la historia de los años sesenta, coinciden en España con el alejamiento de la jerarquía de la Iglesia respecto al régimen del general Franco. Hasta los finales de los cincuenta y aun en los primeros años de los sesenta, el régimen había contado con el respaldo de la Jerarquía eclesiástica y de la mayoría de los sacerdotes y de los religiosos[15].

Una vez expuesta, aunque en síntesis, la situación, es más fácil comprender la complejidad que adquirían en España, en esa época, los fenómenos de opinión pública. Allí «había tema».

6. La prueba de la libertad

Fue precisamente en esa situación, y en España, donde el Opus Dei tuvo que poner a prueba de opinión pública, algunas de sus características esenciales: en primer lugar, la libertad de sus miembros en los asuntos opinables; en segundo lugar, la secularidad de sus miembros: como no eran ni religiosos ni –salvo un pequeño porcentaje– sacerdotes, no sólo no quedaba mal que interviniesen en política, si ése era su deseo, sino que obstaculizarlo con el buen fin de no «complicar» al Opus Dei hubiera sido un ataque a la naturaleza y al espíritu de la institución; en tercer lugar, la fidelidad a la doctrina de la Iglesia, tal como es enseñada por el Papa y por los obispos en comunión con él.

¿Podía ni siquiera leer las líneas anteriores un intelectual *progresista* de la época? El perfil del intelectual progresista, en los años sesenta, era: partidario de un socialismo con genérico método marxista (fuera eso lo que fuera); antifranquista; laxista en temas morales y, especialmente, sexuales. Esas notas podían darse separadas, pero el progresista típico las cumplía íntegramente, como en un bloque, y tendía a pensar que quien no las reuniera era, indefectiblemente, reaccionario o, en el mejor de los casos, conservador o tradicional.

---

[14] Lo cual no obsta para reconocer que algunas determinadas formas de ejercicio de la autoridad, tanto en la Iglesia como en la sociedad civil, también en regímenes democráticos, fueran abusivas y poco respetuosas de la dignidad de la persona. La «contestación» de los sesenta y primeros setenta sirvió, a pesar de todo, para eliminar antiguas formas de autoritarismo. No se vacunaba, por eso, sin embargo, de otras nuevas.

[15] Cfr. *El franquismo y la Iglesia,* pp. 50-70 y 102-113.

Un cierto porcentaje de hombres de Iglesia, que en algunos casos quizá rebasaría el treinta por cien de los efectivos, «se apuntó» a ese esquema; algunos lo hicieron de buena fe; otros, intuyendo que era el modo de conservar el poder que el clero había tenido tradicionalmente, de una forma o de otra.

En el Opus Dei, a consecuencia de la libertad reconocida a sus miembros en todo lo opinable, era observable –en la España de entonces como en los demás países– un efectivo pluralismo político. Se ha citado con frecuencia, por su carácter emblemático, el caso del catedrático de filosofía Rafael Calvo Serer, que ya en los años cincuenta se había exiliado de España. En los setenta tuvo aún que ver cómo el periódico que presidía, *Madrid,* generalmente considerado como el más aperturista de la época, era clausurado, después cerrado definitivamente y su edificio simbólica y realmente hecho explosionar[16]. Sin embargo, parecía como si no conviniera, ni a antifranquistas ni a franquistas del Movimiento, reconocer esa realidad.

Por otro lado, un miembro del Opus Dei, si deseaba seguir las enseñanzas de la Iglesia, no podía ser partidario de un socialismo marxista, aunque se tratara sólo del «método». En realidad, lo del «método marxista» era inconsistente, pues en el marxismo –honrando a Marx– no es posible separar el método de la sustancia; el método dialéctico es el del materialismo dialéctico; o el marxismo es materialismo histórico y dialéctico o no es nada[17].

En el Opus Dei se siguió lo prescrito por la Santa Sede como puesta en práctica de lo decretado en el Concilio Vaticano II. Lo que no se hizo fue sumarse a un *aggiornamento* primario. En una entrevista publicada en 1967, Mons. Escrivá decía: «Sería por lo menos superficial pensar que el *aggiornamento* consista primariamente en cambiar, o que todo cambio *aggiorna.* Basta pensar que no faltan quienes, al margen y en contra de la doctrina conciliar, también desearían cambios que harían retroceder en muchos siglos de historia

---

[16] Años después, la conocida periodista Covadonga O'Shea escribió recordando aquella época: «En la fogosidad de los pocos años me enfurecía que, por el hecho de que tres personas que, por profesión y por sus convicciones, trabajaran en un Gobierno determinado, nos implicaran a todos y nos metieran en el mismo saco a blancos y negros, a mayores y jóvenes, conservadores y liberales y a gente absolutamente ajena al régimen». Cuenta que preguntó a un director del Opus Dei si no sería mejor que esas personas «dejaran de una vez la política». La respuesta fue que eso deseaban los que difundían las calumnias: «lo único que pretenden es que dejemos de respetar algo que es esencial en el Opus Dei: la libertad de sus miembros» *(El País,* Madrid, 12 febrero 1990).

[17] También el tiempo traería la solución a este tema; en los mismos países comunistas, el marxismo sería dejado a un lado; y partidos como el comunista italiano –el más importante en Occidente– caminaría hacia una forma de izquierdismo postmarxista, radical, casi burgués.

—por lo menos a la época feudal— el camino progresivo del Pueblo de Dios»[18].

Para un sector de la opinión pública, el Opus Dei, al no sumarse al progresismo militante, pero, a la vez, reconocer la libertad de los miembros en todo lo opinable y defender la naturaleza secular de sus miembros, se colocaba o quedaba situado en contra de las corrientes, de casi todas las corrientes. Porque tampoco podía ser instrumentalizado por esa otra mentalidad que identifica religión con la derecha, o sea, en definitiva, con la defensa a ultranza y sin matiz alguno de la propiedad privada o, mejor, con el poder del dinero. Es decir, con quienes parecían sostener que, para ser cristiano, era preciso ser también conservador y autoritario.

7. Estereotipos

Entre los estereotipos que en aquella época se forjaron sobre el Opus Dei, los más graves eran dos: 1) grupo político; 2) corriente conservadora dentro de la Iglesia. Se trataba de adjudicaciones exteriores, que podían no tener nada que ver —y no lo tenían— con el espíritu de la institución. Pocos ponían en duda el hecho de que, en teoría, el Opus Dei defendía que sus miembros gozaban de libertad en todo lo opinable. Habían sido tan constantes, desde los años cincuenta, las protestas ante las opiniones que sostenían lo contrario, que en el mundo de la prensa se sabía que el Opus Dei reaccionaba enseguida. Esta machaconería se ha convertido, al cabo de los años, en una inestimable prueba documental, ya que existen muchos centenares de rectificaciones publicadas en periódicos de los países con una prensa más importante.

Si los estereotipos se referían a una situación de hecho, sólo podían ser combatidos, al menos según la estimación general, con hechos. Pero el primer hecho era rechazar la adjudicación. En 1966, respondiendo a una pregunta de Tad Szulc, del *New York Times* (si el Opus Dei es una organización monolítica con posiciones muy definidas en asuntos temporales), decía el Fundador del Opus Dei: «No me parece que esa opinión esté realmente muy extendida. Bastantes de los órganos más cualificados de la prensa internacional han reconocido el pluralismo de los socios de la Obra. Ha habido, ciertamente,

[18] *Conversaciones...*, 1.

algunas personas que han sostenido esa opinión errónea a la que usted se refiere. Es posible que algunos, por motivos de diverso tipo, hayan difundido esa idea, aun sabiendo que no corresponde a la realidad. Pienso que, en muchos otros casos, puede deberse a falta de conocimiento, ocasionado quizá por las deficiencias de información: no estando bien informados, no es de extrañar que personas que no tienen interés suficiente para entrar en contacto personal con el Opus Dei e informarse bien atribuyan a la Obra como tal las opiniones de unos pocos socios. (...) Otro factor puede ser el prejuicio subconsciente de personas que tienen mentalidad de partido único, en lo político o en lo espiritual. Los que tienen esa mentalidad y pretenden que todos opinen lo mismo que ellos, encuentran difícil creer que otros sean capaces de respetar la libertad de los demás. Atribuyen así a la Obra el carácter monolítico que tienen sus propios grupos»[19].

La cuestión de la política española de la época interesa en cuanto que, por primera vez, se presentó para algunos miembros del Opus Dei el reto de la impopularidad. Sobre todo a partir de los años sesenta, no resultaba, en muchos ambientes, muy popular que alguien fuera partidario de participar en un Gobierno del general Franco. (Al menos en la «opinión pública»; en la realidad del trato, el poder se acaba entendiendo siempre con el poder en una gran parte del trecho común; y, por otro lado, la mayoría de la población española, aunque desease cambios políticos, tampoco era partidaria de rupturas violentas, como se demostró a partir de 1976.) Pero los directores del Opus Dei, ni en la sede central de Roma ni en la regional de España, podían prohibir a sus miembros que fueran, si así lo deseaban, franquistas; por la misma razón por la que no podían prohibir que fueran antifranquistas: porque no eran competentes en esos temas opinables.

Lo que se desprende de aquella historia es que los directores del Opus Dei prefirieron afrontar la impopularidad y los ataques a condescender con la coyuntura. Cualquier intervención *autorizada* en una cuestión opinable hubiera significado poner en peligro el Opus Dei. Si, como muchos escribían, no era compatible, por principio, ser

[19] *Conversaciones...*, 50. Con el transcurso del tiempo, fueron, de nuevo, los hechos los que hicieron justicia. En España, si el Opus Dei hubiera sido una fuerza política hubiera contado algo también cuando López Rodó —el miembro del Opus Dei que más tiempo duró en el poder— dejó de ser ministro, en 1974. No se habló de que el Opus Dei estuviera en el Gobierno cuando, en marzo de 1975, fue nombrado ministro Herrero Tejedor, miembro también del Opus Dei. La razón era clara: Herrero pertenecía al grupo del Movimiento. De hecho, cuando falleció, prematuramente, en un accidente, fue sustituido por el imprescindible José Solís, del mismo grupo.

católico y partidario de colaborar con el general Franco, sólo a la Jerarquía correspondía decirlo. Es cierto, y puede probarse documentalmente, que la mayoría de los obispos españoles, se tomó hacia el final de los sesenta un distanciamiento del régimen, pero fue como cuestión de hecho, no de principio. Cuando murió el general Franco, el entonces presidente de la Conferencia episcopal, cardenal Tarancón, bestia negra de la ultraderecha y conocido aperturista, dijo: «Él ha muerto uniendo los nombres de Dios y de España, como acabamos de oír en el último mensaje. Gozoso, porque moría en el seno de la Iglesia, de la que siempre ha sido hijo fiel»[20].

A partir de 1976 las referencias al Opus Dei en los medios de comunicación de los diversos países se hacen mucho menos frecuentes, porque el caso español cambia. Y será un misterio para los que admitieron la existencia de un «poderoso grupo político Opus Dei» cómo, desde 1976 a 1982, hay un régimen en el que el supuesto grupo no interviene, y cómo, desde 1982 en adelante, pueda darse un régimen socialista hegemónico, nada proclive a favorecer no ya a la Iglesia, sino a la misma experiencia espiritual trascendente[21].

8. El tópico del conservadurismo

Desde la segunda mitad de los setenta, cuando ya no es posible encontrar excusa para hablar de «grupo político», los críticos del Opus Dei insisten en el estereotipo de «grupo conservador». Sin embargo, cuando, desde finales de ese decenio, toda la sensibilidad se hace conservadora –y la revolución es, pura y simplemente, enterrada–, los ataques cambian una vez más de sentido: se niega a la institución el derecho a tener vocaciones; se la compara a las sectas

[20] *El franquismo y la Iglesia,* p. 187.

[21] En el fondo de toda esta cuestión está la antigua confusión entre lo religioso y lo «desencarnado», a lo que por desgracia se prestan los diversos sentidos del término «religioso». Así, de la idea, fundada tanto en la razón como en la misma doctrina de la Iglesia, de que «la Iglesia no debe intervenir en política», se extraen, entre otras, dos conclusiones falsas: la primera, que la jerarquía interviene en política cuando enseña la doctrina cristiana en temas que, siendo temporales, afectan al comportamiento moral de las personas; la segunda, que los seglares, si forman parte de una institución de la Iglesia, aunque sea de carácter secular y laical, deben ausentarse del mundo político. Ésa es la confusión mental que puede aprovecharse, de forma calumniosa, como arma política. Todavía en 1990, el entonces vicepresidente del Gobierno en España, Alfonso Guerra, utilizaba ese argumento en una serie de ataques, desde el Poder, a un partido de la oposición y, simultáneamente, al Opus Dei.

que reclutan con engaño a sus adeptos; se procura, sobre todo, indisponer a los obispos contra la Prelatura, reinventando la historia de que constituye una «Iglesia paralela»; o se cuestiona la legitimidad del proceso de beatificación de Mons. Escrivá.

En realidad, se trata de una enésima modalidad del antiguo estereotipo. Como ya les pasaba a los «ultraconservadores» de los años cuarenta y cincuenta, los críticos más recientes ven al Opus Dei como una «herejía», pero ahora es una herejía que consiste en obedecer al Papa y enseñar la fe y la moral de la Iglesia. Resulta, sin embargo, que atacar al Opus Dei por tener vocaciones, enseñar una vida de oración y de mortificación y ser una presunta «Iglesia paralela» está en contradicción con los mismos presupuestos de los que parten esos ataques. En efecto, el fondo de la oposición a la entrega a una vida de búsqueda de la santidad, a la oración y a la mortificación, es la defensa de una opción que justifica cualquier cosa por el simple hecho de que el individuo la «asuma». En definitiva, el único precepto es «invéntate los preceptos» o «no tengas preceptos». Si eso es así, no se puede negar a nadie que haga lo que quiera: ser del Opus Dei o de Greenpeace, partidario de Gorbachov o de Yeltsin, de Michael Jackson o de Bruce Springsteen. No se entiende en nombre de qué se va a negar un hecho si todo se reduce a hechos individuales y asumidos.

Por la misma razón, no hay por qué alarmarse ante una posible «Iglesia paralela» si cada cristiano, como individuo, está legitimado —según los críticos— para inventarse su propia Iglesia. Sucede a veces que, en algunas parroquias, los párrocos hacen y disponen a su gusto, con independencia de las normas existentes en materia litúrgica y disciplinar. Es ligeramente farisaico acusar a otros —y además sin base— de lo mismo que hace con frecuencia el crítico. En realidad, «Iglesia paralela» es la formada por la suma de los comportamientos que se separan de la legítima autoridad en la Iglesia: el Papa y los obispos en comunión con él. Pero el Opus Dei, desde 1928 a hoy, ha manifestado su voluntad de adherirse en todo al Papa. En 1967 decía Mons. Escrivá de Balaguer a *Time:* «Resido establemente en Roma desde 1946, y así he tenido ocasión de conocer y tratar a Pío XII, a Juan XXIII y a Pablo VI. En todos he encontrado siempre el cariño de un padre»[22].

---

[22] *Conversaciones...*, 32.

9. Un público secreto

A principios de los ochenta, cuando se acercaba el momento en el que el Opus Dei iba a recibir de la Santa Sede el adecuado estatuto jurídico, hubo algunas campañas de prensa, en Italia, España y otros países, con la manifiesta intención de impedirlo. Erigido el Opus Dei en 1982 como Prelatura personal, las campañas arreciaron, sobre todo en Alemania e Italia.

Para terminar de una vez con la cuestión del presunto secreto –el secreto peor guardado o mejor difundido del mundo– sirvió una interpelación presentada en febrero de 1986 por tres diputados de extrema izquierda al presidente del Gobierno, el socialista Bettino Craxi, y al ministro del Interior, el demócrata-cristiano Oscar Luigi Scalfaro. Apuntaban la posibilidad de aplicar al Opus Dei la ley del 25 de noviembre de 1982 sobre sociedades secretas.

El asunto ocasionó el previsible revuelo en la prensa italiana y, en general, europea. Al Parlamento siguieron llegando interpelaciones y preguntas, entre ellas dos de dos grupos distintos de diputados demócratas-cristianos, que salieron en defensa de la libertad religiosa, denunciando la existencia de «una campaña de prensa dirigida a desacreditar la acción y la organización del Opus Dei». El Ministerio del Interior inició entonces un detallado estudio de la cuestión, para lo cual, como era previsible, solicitó información a la Santa Sede.

El 24 de noviembre el ministro Scalfaro contestó en el Parlamento a las interpelaciones. «Hay que tener presente, dijo, que el Opus Dei, erigido por la Santa Sede en 1982 en prelatura personal de ámbito internacional, posee un carácter institucional y forma parte de la estructura constitucional de la Iglesia, como manifestación del poder de autoorganización de la Iglesia, expresado al más alto nivel»[23]. Después de una extensa explicación del Opus Dei, con citas textuales de los *Estatutos* y de los documentos pontificios de aprobación, Scalfaro concluyó: «El Opus Dei no es secreto ni de derecho ni de hecho. El deber de obediencia se refiere exclusivamente a materias espirituales. No hay más deberes y derechos que los previstos en los *Estatutos,* y también éstos son de naturaleza espiritual»[24].

Si a eso se sumaba la obligación constitucional de respetar tanto la libertad religiosa como los acuerdos con la Santa Sede, quedaba

[23] Cfr. *Atti Parlamentari. Camera dei Deputati. IX Legislatura. Discussioni.* Seduta del 24 novembre 1986, pp. 11-17. Lo citado, en p. 10.

[24] Cfr. *Corriere della Sera,* Milán, 25 noviembre 1986. De la misma fecha, con información semejante, *Il Messaggero, La Stampa, Il Tempo* y, en general, la principal prensa italiana.

claro que «ni el Gobierno ni el Ministerio del Interior en particular puede asumir legítimamente iniciativas en relación con el Opus Dei»[25]. Se puede observar que todo ese asunto transcurría no en cualquier país, sino en uno especialmente culto y desarrollado y en un Gobierno presidido por un socialista. Seguir hablando después de esto de secreto demuestra falta de imaginación. El Opus Dei no sólo tiene, a disposición de quienes lo deseen, oficinas de prensa, sino que puede decirse que cada miembro es una continua fuente de información.

10. Un caso alemán

En 1983 se desencadenó en Alemania una polémica pública sobre el Opus Dei. La *Westdeutscher Rundfunk* (WDR) de Colonia, la mayor emisora alemana de radio y televisión, atacó a la Prelatura a lo largo de nueve emisiones televisivas –entre ellas dos programas de media hora de duración– y trece emisiones de radio. Las emisiones sirvieron también de lanzamiento de un libro denigratorio del Opus Dei. Entre las mayores acusaciones estaba la de ser una secta que separa a los hijos de sus padres.

Se trató de una larga campaña. Todavía en 1984, un programa emitido en el mes de noviembre siguió lleno de suposiciones injuriosas sobre la Prelatura. Ante esto, el Opus Dei en Alemania incoó cuatro procedimientos judiciales. El primero, contra la acusación –que hasta es ridículo referir– de que en el Opus Dei se golpea a los miembros jóvenes. Los tribunales, en dos instancias, rechazaron la absurda suposición.

El segundo proceso fue precedido de un interdicto interpuesto por un ingeniero de Munich, miembro del Opus Dei, para impedir la difusión de una entrevista de la WDR con el propio padre del ingeniero. Los tribunales acogieron la demanda del ingeniero: «El ejercicio de su religión y la pertenencia a la organización Opus Dei se refieren a aquella parte del hombre que hemos de considerar su vida privada y que queda protegida contra la opinión pública». La WDR interpuso en 1985 recurso de amparo contra la sentencia del Tribunal Regional Supremo de Munich ante el Tribunal Constitucional Federal. El 2 de enero de 1990, el Tribunal Constitucional Federal decidió,

[25] Cfr. la amplia crónica de *La Repubblica,* 25 noviembre 1986.

por unanimidad, rechazar el recurso de inconstitucionalidad presentado por la WDR contra las anteriores sentencias, estimando que era cierto que se había producido una injusta intromisión en la intimidad personal.

El tercer proceso fue contra la publicación de un libro en el que se acusaba al Opus Dei de implicaciones políticas, sin prueba alguna[26]. Así lo reconoció el tribunal. El libro fue prohibido y retirado, así como un anuario que se había hecho eco de él. El organismo competente prohibió a la editorial, bajo pena de multa de 500.000 marcos, la reincidencia en las afirmaciones falsas.

Un cuarto proceso se incoó contra un programa de actualidad en la primera cadena de la televisión estatal alemana. Se implicaba al Opus Dei nada menos que en el tráfico de armas. La sentencia obligó a la emisora a rectificar las afirmaciones falsas —el programa entero— en una nueva emisión que tuvo lugar en 1988. La WDR interpuso contra la sentencia recurso de apelación, pero lo retiró más tarde.

En este caso funcionó de modo ejemplar lo que es un Estado de Derecho, ya que las acusaciones carecían de cualquier base, siendo incluso involuntariamente cómicas: un tal príncipe de Bourbon se presentaba como miembro del Opus Dei —sin serlo ni haberlo sido nunca— y traficante de armas. Pero resulta sorprendente la voluntad de ofender, de encizañar, de no dejar tranquilo al prójimo. Hay que tener en cuenta que la campaña, iniciada en 1983, no terminó del todo hasta casi 1985[27].

Esto es un fenómeno más de opinión pública: a pesar de que la verdad sobre todo el tema se podía averiguar con facilidad, habiendo además sentencias firmes de las más altas instancias judiciales, el asunto volvía a aparecer una y otra vez. ¿La razón? Porque interesaba, porque vendía. Estaba claro que no se deseaba una investigación seria, que ya había sido hecha, sino provocar una sensación.

Ese esquema de funcionamiento se ha registrado en bastantes países, porque, en realidad, forma parte de algo común a los fenómenos de opinión pública, y, naturalmente, no es algo que se dé ni exclusiva ni principalmente al referirse al Opus Dei.

---

[26] Se trata de un libro de K. Steigleder, *Das Opus Dei eine Innenansicht,* Colonia, 1983. En 1986 se publicó la traducción italiana.

[27] El tema tuvo un amplio tratamiento en la prensa: cfr., por ejemplo, *Frankfurter Allgemeine Zeitung,* 9 diciembre 1985; *Die Welt,* 14 diciembre 1984 y 3 febrero 1987, que titula, «Cuando una información televisiva pierde su fundamento. El resto es silencio»; *Müncher Merkur,* 6 febrero 1986; *Deutsche Tagespost,* 7-8 septiembre 1984; *Aachener Volkszeitung,* 19 septiembre 1984, etc. Las oficinas de información del Opus Dei disponen de un amplio dossier sobre este tema, a disposición de quienes lo solicitan.

11. 1992. La beatificación del Fundador

Desde que fue público, en diciembre de 1991, que la solemne beatificación del Fundador del Opus Dei iba a tener lugar el 17 de mayo de 1992, el hecho se convirtió en noticia. Las beatificaciones no suelen serlo mucho, pero en este caso se produjo una acción concreta, por parte de pequeños núcleos de personas, para desprestigiar el proceso, la figura del próximo beato y, por elevación, la del mismo Papa. Todo con el objetivo de impedir, retrasar o por lo menos molestar la ceremonia del 17 de mayo.

Como casi todos los tópicos antiguos estaban gastados (no había una cuestión política, era ridículo hablar de *secreto),* algunos medios acudieron al exiguo número de ex miembros que ya habían aparecido en la literatura libelística sobre el Opus Dei. Desde enero en adelante se publicó –televisión, radio, prensa– casi de todo. El récord se lo llevó *Newsweek* dando cabida a la «revelación» que Mons. Escrivá habría hecho a un ex miembro, cuando todavía era del Opus Dei: estando tan mal la Iglesia católica, había pensado pasarse a la Iglesia ortodoxa... Se vacila antes de reproducir cosas tan fuera de toda proporción, pero da una idea del tono.

Luego se pasó al insulto, dudando de virtudes básicas del Venerable Escrivá, sobre las que podían atestiguar decenas de miles de personas.

Así se explica, por ejemplo, el eco que se quiso dar a una antigua cuestión: el título nobiliario que en los años setenta Mons. Escrivá había decidido reivindicar para su familia. Ya en aquellos años recibió muchas críticas: algunos presentaban el hecho como muestra de apego a los honores, algo impropio en un hombre que busca la santidad.

Es difícil encontrar más distancia entre la acusación y la realidad. A Mons. Escrivá no sólo no le gustaba figurar, sino que procuró siempre pasar inadvertido. Basta ver sus biografías: desde los 48 años hasta su fallecimiento, a los 73, vive en Roma y no tiene prácticamente «vida social».

¿Qué explicación tiene, pues, el asunto del título? Cuando se supo que la familia tenía derecho al marquesado de Peralta –concedido por primera vez a un antepasado del siglo XVIII–, Mons. Escrivá, primogénito varón del linaje, se planteó si le era lícito dejarlo estar, privando de ese modo del título a sus familiares actuales y a los descendientes.

Había que considerar también que desde el principio el hijo

mayor dispuso de todo cuanto tenía la familia, aunque no era mucho, para poder hacer el Opus Dei. La justicia y el agradecimiento sugerían que cuando por primera vez se podía pagar de algún modo, con algo a lo que, por lo demás, esa familia tenía derecho, no se le quitase. Así opinaba con unanimidad el Consejo General del Opus Dei y muchas personas con las que Mons. Escrivá consultó en la Curia romana[28].

Al Fundador del Opus Dei el título no le interesaba nada, pero al final pesaron más los derechos de los demás que la propia preferencia. Nunca usó ese título. Pasado un tiempo de respeto, renunció a él a favor de su único hermano superviviente. Sabía que, de todos modos, todo el asunto iba a provocar críticas, pero prefirió eso a ir contra de lo que, después de una madura consideración, había visto que era su deber de conciencia.

El tiempo que precedió a la beatificación fue ocasión de un debate intenso y extenso. También se dijo que el proceso había sido demasiado rápido. En realidad, la agilización de las causas de los santos fue una innovadora decisión del Concilio Vaticano II para que la mayoría de los santos no fueran de épocas a veces muy pasadas. Pablo VI, en 1969, y Juan Pablo II, en 1983, habían hecho viable esa decisión.

En poco tiempo, el proceso de Mons. Escrivá no iba a aparecer tan expedito: como señaló entre otros un postulador de varias causas, el agustino recoleto Romualdo Rodrigo, había por lo menos dos que serían más rápidas que la de Mons. Escrivá. La beatificación de la monja Speranza di Collevaleza podría desarrollarse en siete años desde la muerte. La del Fundador del Opus Dei había tardado diecisiete.

El proceso duró, como ya se vio, seis años y medio, a través de 980 sesiones, en las que fueron interrogados 92 testigos directos. Más

---

[28] Mons. Cantero Cuadrado, que fue obispo de Huelva y arzobispo de Zaragoza, dedica unos párrafos a este tema en el testimonio que en 1976 escribió sobre Mons. Escrivá: «Me contaron incluso –y me parece un argumento interesante– que el Cardenal Larraona añadía a estas claras razones de justicia y piedad que, siendo consecuente con el espíritu de la Obra –que no era un espíritu propio de religiosos–, no podía dejar de ejercer un derecho de ciudadano, de igual manera que cumplía con sus deberes; como siempre había enseñado a hacer a sus hijos» (cfr. *Testimonios sobre el Fundador del Opus Dei. 2. Pedro Cantero Cuadrado,* Palabra, Madrid, 1991, p. 48). El que fue cardenal de Sevilla, Mons. Bueno Monreal, en la misma colección (n. 3, pp. 39-40), cuenta cómo el Fundador del Opus Dei quiso explicarle el tema: «La conversación fue breve porque era una cuestión clara para mí: sabía yo perfectamente que a Josemaría no le interesaban títulos ni honores para sí. Con aquel gesto trataba de cumplir un deber de justicia y de agradecimiento por todo cuanto su familia había sacrificado generosamente en los comienzos de la Obra y en los años de su primer desarrollo».

de la mitad de esos testigos no pertenecían al Opus Dei. Once de ellos eran ex miembros.

A pesar de esa seriedad, personas que notoriamente no eran católicos practicantes, ni siquiera creyentes, daban lecciones sobre lo que debía ser un santo y sobre con qué frecuencia el Papa tenía que nombrarlos. Todo por encima de un proceso que se había desarrollado con todas las garantías del Derecho Canónico, utilizándose siempre las condiciones más duras. En realidad, en muchos oponentes había una actitud más bien visceral, una forma de ir contra la Iglesia católica según el antiguo espantajo del laicismo.

Se dijo también que un proceso tan complejo, en cuanto al testimonio de muchos testigos, la recogida y el análisis de cuantiosos escritos —en 75 volúmenes—, sólo había sido posible a base de dinero. Hasta cierto punto era una apreciación realista si se desconoce que la mayor parte del trabajo —que en una tarea similar estaría pagado, y bien— fue realizado por miembros del Opus Dei: teólogos, canonistas, historiadores, ingenieros, programadores, etcétera. Y no es indiferente, a los efectos de la rapidez, el que se pudiera contar con los medios de que hoy se dispone, gracias a la informática.

En cuanto al dinero, desde muy pronto en la Postulación de la Causa de beatificación se recibieron miles de donativos de todo el mundo, la mayoría muy modestos, pero cuya suma contribuía a sufragar los inevitables gastos. Es el sistema habitual de financiación en las causas de los santos.

¿Cómo se explica tanto eco? En la interpretación que prefiero, se trató de la acción combinada de tres minorías. Una de signo clerical, exigua pero activa, a la que molestaba la fidelidad de Mons. Escrivá al Papa y a la doctrina de la Iglesia.

Otra, de unos pocos ex miembros del Opus Dei que, por las razones que fuesen, no se detenían ante el ataque falso e injusto contra alguien al que en tiempos habían querido. En una revista italiana, una ex miembro, después de protestar ante esos ataques hacía el siguiente razonamiento: «Esas personas, o eran de tal manera estúpidas que no se daban cuenta en qué tipo de ambiente vivían, o no eran entonces de fiar. En el primer caso, no creo que se hayan hecho inteligentes de pronto, apenas salidas del Opus Dei; en el segundo caso, no las considero dignas de crédito». Palabras duras, pero menos que la mayoría de las afirmaciones de calumnia.

El Tribunal, a petición de la Postulación de la Causa, incluyó como testigos a personas que estaban notoriamente en contra del Opus Dei. Cuando, por razones motivadas y hechas públicas, el Tribunal no aceptó a alguno de esos testigos, sí recogió en cambio las objeciones que éstos habían presentado en libros, panfletos, artículos de prensa, cartas a la Santa Sede, etc. No se dejó fuera ni uno solo de los ataques que se habían hecho contra la heroicidad de las virtudes de Mons. Escrivá.

El tercer grupo estaba constituido por algunos profesionales de los medios, que, al comprobar una vez más que «el Opus Dei vende», utilizaron el material que les suministraban gratis personas de los dos grupos anteriores. Y se buscaron, como suele ser habitual, los contrastes y antítesis, con independencia de la verdad. Un lenguaje deliberadamente ambiguo, medias verdades, escándalos simulados.

Si se observa la historia con atención, el principio de la historia, desde la fundación del Opus Dei en 1928, no hay, en cambio, motivo de extrañeza. Mons. Escrivá encontró siempre, también después de su fallecimiento, tanto un gran cariño por parte de muchos miles de personas como una animadversión gratuita. En la Iglesia hay miles y miles de santos, miles de beatos. La variedad es inmensa. El culto a santos o beatos determinados no se impone a nadie, porque esto es terreno de la libertad. ¿Qué podía molestar un beato más al que seguían y veneraban muchas decenas de miles de personas y al que invocaban cientos de miles, como atestiguan los relatos de favores atribuidos a su intercesión ante Dios? Pero la Cruz se presenta siempre así: sin explicaciones.

«Rezar, sonreír, perdonar»: ésta era la receta habitual del Fundador del Opus Dei ante las contradicciones, especialmente si provenían, como comentaba, «de los buenos».

12. Explicaciones de las críticas

Habrá que explicar, por tanto, la pervivencia de los ataques, con cualquier motivo.

Se puede, anotar, sin embargo, que, respecto al Opus Dei, lo positivo es mucho más corriente que lo negativo. Sucede, por un lado que lo normal, como se sabe, no es noticia; por otro, que lo cotidiano, el apoyo de muchos miles de personas, las referencias objetivas en los medios de comunicación no tienen por qué ser destacadas. Ni siquiera a lo negativo sería preciso responder habitualmente, a no ser para tranquilizar a quienes opinan que sobre algunos puntos nadie ha dado hasta ahora una explicación razonable.

Para dar cuenta de la persistencia de las críticas existen varias posibles explicaciones, que no se excluyen mutuamente.

La primera –algo trivial– es que el Opus Dei, por lo que sea, es «un tema». Se trata de algo católico, difundido por todo el mundo, que, además, funciona; de él se han dicho muchas cosas, pero nadie duda de su importancia. Un periodista sin excesivos escrúpulos –es decir, alguien que no se preocupa demasiado de informarse en la propia fuente del Opus Dei o llega, a lo más, a organizar un debate entre supuestos expertos– puede periódicamente sacar el ya clásico asunto. En realidad es un tema más en una lista de treinta o cuarenta que se juzgan sensacionales. No todas las publicaciones, ni siquiera la mayoría, cultivan el sensacionalismo. Pero en todos los países hay periódicos, revistas, radios o canales de televisión que se especializan en esos contenidos; es un mercado al que hay que surtir.

En segundo lugar, es posible que el Opus Dei moleste. El Vicario del Opus Dei para Italia, el sacerdote y antiguo ingeniero Mario Lantini ha comentado que «no hay que sorprenderse de que en una sociedad fuertemente impregnada de "secularismo" existan ambientes que no comprendan e incluso vean con fastidio la figura del cristiano laico que trata de actuar todas las potencialidades de la vocación bautismal no sólo en la intimidad de su conciencia o en la vida parroquial, sino en medio de las realidades profesionales, culturales y sociales de la vida secular»[29]. Puede parecer poco de acuerdo con la sensibilidad de hoy incidir con saña en lo que no gusta –lo normal es dejarlo a un lado–, pero se da.

En tercer lugar, en la opinión pública, algunas desinformaciones se originan en la facilidad al escribir sobre lo que no se conoce, y no por mala voluntad, sino porque hay que atender a la vez a muchas cosas y apenas hay tiempo –a lo que siempre se puede sumar la pereza– para documentarse de un modo más o menos suficiente.

En cuarto lugar, a veces los ataques se presentan en prensa, canales o programas de televisión que no desean cultivar el sensacionalismo, sino hacer un tratamiento serio. Y las afirmaciones contra el Opus Dei están en ocasiones avaladas por algún eclesiástico, por lo general religioso. ¿Cómo explicar esto? Algo puede decirse. Por ejemplo, que en ninguna de las biografías de Mons. Escrivá, como tampoco en el estudio *El itinerario jurídico del Opus Dei* o en otros escritos publicados por miembros del Opus Dei y por simpatizantes de la Prelatura, se da pista alguna, salvo para los que ya conocen previamente el tema, sobre de dónde parten, desde 1934 por lo

[29] En *30 Giorni*, Roma, 7 julio 1986, p. 49.

menos, la mayoría de los ataques. Por el contrario, en la bibliografía denigratoria del Opus Dei no es raro que uno de los platos fuertes sea un tema que se da como evidente: el enfrentamiento entre la Compañía de Jesús y el Opus Dei.

El tema es un clásico en la opinión pública sobre el Opus Dei. En la entrevista realizada por el periodista del *New York Times,* Tad Szulc, en 1966, hay esta directa pregunta: «En su opinión, ¿por qué están molestas con el Opus Dei numerosas órdenes religiosas, tales como la Compañía de Jesús?» La respuesta del Fundador del Opus Dei está muy matizada: no somos religiosos, pero estimamos a los religiosos y hay muchos que devuelven ese afecto. Al final se dice: «No habrá nunca una pelea entre el Opus Dei y un religioso, porque hacen falta dos para pelear y nosotros no queremos luchar con nadie». Poco antes: «En cuanto a la Compañía de Jesús, conozco y trato a su General, el Padre Arrupe. Puedo asegurarle que nuestras relaciones son de estima y de afecto mutuo»[30].

Como puede verse, el Fundador del Opus Dei no entra en el tema de posibles ataques de jesuitas concretos, y menos de la Orden como tal. Lo más claro es que, cualquiera que sea el supuesto, él no desea intervenir en polémicas, privadas o públicas. Así se entiende por qué, en los libros escritos por los miembros del Opus Dei, se pasa por unos hechos tan duros sin mencionar para nada la identidad de los autores de muchos ataques.

No es casual, sin embargo, que también uno de los libros más injustos contra el Opus Dei –uno de Michael Walsh, reciclaje de falsedades antiguas, repetición de tópicos ya desusados incluso como tópicos– se deba a una persona que, cuando empezó a trabajar en el libro, era jesuita. (Pero es significativo también que cuando el libro se publicó el autor había dejado de pertenecer a la Orden.)

El deseo del Opus Dei de no entrar en polémicas, y menos con otras instituciones católicas, se comprende si se lee, por ejemplo, cualquier buena historia de la Iglesia –la de Pastor, por ejemplo– y se toma nota de los casos de divisiones en las órdenes y congregaciones, de acusaciones mutuas, de condenas cruzadas. Ha transcurrido el tiempo suficiente para poder decir que, aunque el Opus Dei haya sido atacado –desde el principio, y duramente–, no ha contestado contraatacando. No hay un solo libro, ni artículo, de la institución en cuanto tal o de cualquiera de sus miles de miembros en contra de nadie. «No habrá nunca una pelea entre el Opus Dei y un religioso»:

---

[30] *Conversaciones...,* 54.

esta norma de conducta del Fundador sigue siendo escrupulosamente obedecida[31].

En quinto lugar, no se puede excluir que en el Opus Dei, con una frase de su Fundador, hayan faltado, frente a las pocas *entendederas*, buenas *explicaderas*. Por debajo de todo está también la solución a este problema: si una institución de la Iglesia puede o no hacer publicidad de sí misma. En principio, parece que no, pero, a la vez, los modos de vida de los tiempos actuales son impensables sin una casi continua presencia en los medios. Por otro lado, un miembro cualquiera del Opus Dei no representa a la Prelatura, ni habla en nombre de ella. Como ser fiel de la Prelatura quiere decir, exclusivamente, un acuerdo sobre la vida espiritual y el apostolado, no tiene sentido referirse a esa afiliación si se está tratando de otra cosa. Pero esta no pertinencia podía ser interpretada, no como legítima reserva, sino como arma del secreto.

Publicar la normalidad es casi una contradicción en los términos. El único modo de resolver de una vez por todas una cuestión de este tipo es saturar la opinión pública a través de sucesivas oleadas de presencia en los medios. Pero carece de sentido —y de hecho apenas existe— la publicidad intensiva de algo que no es una empresa comercial y no tiene, por tanto, nada que vender.

No han pensado así, por lo general, los profesionales de los medios. Como se oye decir con más o menos frecuencia, hablar del Opus Dei «vende». Por eso puede ocurrir, paradójicamente, que una información u opinión de prensa sobre el Opus Dei, que haga la número veinte, cincuenta o quizá diez mil, siga comentando el tópico de que la institución apenas aparece en la opinión pública. La paradoja merece ser destacada. Si se hojea el *Anuario Pontificio*, se podrá ver una breve anotación sobre los centenares de instituciones de la Iglesia reconocidas por la autoridad. De la casi totalidad de ellas apenas se sabe nada, en el sentido de que no suelen aparecer en los medios de opinión pública. Nadie echa de menos en esos muchos casos una cierta dosis de publicidad. En cambio, es probable que el Opus Dei esté entre las dos o tres instituciones sobre las que más escriben los medios. Pero esos medios, con mucha frecuencia, utilizarán para referirse al tema el tópico de que no se sabe mucho de él.

Si se hubiese pretendido mantener durante años el interés de la opinión pública, no podría haberse estudiado sistema mejor. Lo notable es que el Opus Dei, en muchas ocasiones, ha hecho público que

---

[31] Con todo: el futuro autor de una historia de la Iglesia en el siglo XX, con los documentos específicos y directos, no podrá soslayar el tema.

no le interesa para nada ese planteamiento. Lo ideal le parece una normal situación de conocimiento por las obras, no por ningún aspecto sensacional.

En sexto lugar: la explicación más profunda de la incomprensión rebasa las simples coyunturas históricas, los posibles celos de otras instituciones, la existencia de minorías eclesiásticas dedicadas a denigrar lo que no esté de acuerdo con ellas. La razón última es algo que pertenece a lo fundamental cristiano y había sido anunciado por Cristo: «No es un discípulo más que el maestro ni un esclavo más que su amo; bastante es para el discípulo ser como su maestro, y para el esclavo ser como su amo. Si al señor de la casa llamaron Beelzebub, ¿cuánto más a los de su casa?» *(Mateo* 10, 24-25).

Existe, y quede escrito sin dramatismo, un insistente odio contra la religión. Desde el principio del cristianismo, la experiencia se ha hecho tantas veces que sería ingenuo no contar con eso: hay, dicho con sencillez, gente que no soporta que se puedan dar, al mismo tiempo, categoría humana y deseos de vivir con profundidad lo espiritual.

13. La actitud de los Papas

Aunque ya ha aparecido en diversas ocasiones la actitud de los romanos pontífices que han tenido que ver en la historia del Opus Dei, puede verse de nuevo, y en resumen, para mostrar algo esencial en la opinión pública sobre la prelatura. La instancia normal y, a la vez definitiva, de una institución de la Iglesia católica es el Papa. Nadie ignora que, en la historia del cristianismo, algunas personas e instituciones se han sentido molestas ante la misma existencia del Papa, pero si extreman esa actitud se autoexcluyen de la Iglesia. Esto puede gustar o no gustar, pero es así.

El Opus Dei presenta desde el origen una neta voluntad de fidelidad al Papa. El Fundador dice con mucha frecuencia, como en un resumen: *«omnes cum Petro ad Iesum per Mariam»:* todos, con Pedro, hacia Jesús, a través de María. Y en *Camino:* «Católico, Apostólico, ¡Romano! Me gusta que seas muy romano. Y que tengas deseos de hacer tu "romería", *videre Petrum,* para ver a Pedro»[32].

En junio de 1946, la primera vez que va a Roma, recibe de parte

---

[32] *Camino,* 520.

del Papa Pío XII una fotografía con la siguiente dedicatoria: «A nuestro amado hijo Josemaría Escrivá de Balaguer, Fundador de la Sociedad Sacerdotal de la Santa Cruz y del Opus Dei, con una bendición especial». El 8 de diciembre de ese mismo año tuvo lugar la primera audiencia de don Josemaría con un Papa. En el otoño de 1947, fueron recibidas, también en audiencia privada, Carmen Escrivá de Balaguer y Encarnación Ortega, una de las primeras mujeres que fueron a Roma a trabajar en la sede central del Opus Dei. Como ha contado esta última, le dijeron al Papa que rezara por el Fundador. Pío XII respondió que lo hacía desde 1943, desde el primer encuentro con don Alvaro del Portillo, que entonces no era aún sacerdote. «En aquel encuentro me encargó que pidiese por el Fundador del Opus Dei. Desde entonces lo hago todos los días. Tengo en mi mesilla el ejemplar de *Camino* que me regaló»[33].

El obispo auxiliar de Sidney, Mons. Muldoon, comentó en cierta ocasión: «encontré personalmente a Mons. Escrivá de Balaguer sólo dos veces (...). Inmediatamente después de esas entrevistas, el Cardenal y yo fuimos recibidos en audiencia por el papa Pío XII. Le hablé de nuestra visita a Mons. Escrivá de Balaguer y de la profunda impresión que había suscitado en mí. También el Cardenal hizo comentarios parecidos. El Santo Padre sonrió complacido y dijo: "Es un verdadero santo, un hombre enviado por Dios para nuestros tiempos"»[34].

Juan XXIII conocía bien el Opus Dei antes de ser elegido Papa en 1958. Siendo Patriarca de Venecia fue a España en peregrinación y se hospedó en Santiago de Compostela, en el Colegio Mayor La Estila, promovido por miembros del Opus Dei, el 23 de julio de 1954. También estuvo en el Colegio Mayor Miraflores, de Zaragoza, igualmente promovido por el Opus Dei. Ya Papa, el 5 de marzo de 1960 recibió en audiencia al Fundador y a don Alvaro del Portillo. Como ha contado el historiador Peter Berglar, «Juan XXIII comentó a su secretario, el futuro Prelado de Loreto, que la Obra "está destinada a abrir en la Iglesia desconocidos horizontes de apostolado universal"»[35].

Las manifestaciones de afecto por parte de Pablo VI, con un pontificado largo –de 1963 a 1978– fueron abundantes. El 24 de enero de 1964 recibe al Fundador en audiencia privada. Poco des-

---

[33] Cfr. Las biografías de Mons. Escrivá, por ejemplo, la de VÁZQUEZ DE PRADA, p. 245 y la de BERGLAR, p. 250.

[34] Citado en Hoja Informativa del proceso de beatificación y canonización del Siervo de Dios Josemaría Escrivá de Balaguer, n. 12, 1990, p. 9.

[35] Cfr. BERGLAR, pp. 249 y 251. También la biografía escrita por GONDRAND, p. 215.

pués, el secretario de Estado le envía una carta manifestando el interés del Papa «al saber cómo tan crecido número de personas, diseminadas en los cinco continentes practicando los altos ideales que el Opus Dei le propone, tan acomodados a las exigencias de los nuevos tiempos, tratan de servir a la Iglesia como ella desea ser servida»[36].

Estas mismas ideas aparecen en otra audiencia privada, el 10 de octubre de 1964. Pablo VI regala entonces a Mons. Escrivá de Balaguer un cáliz igual al que había recibido poco antes el Patriarca Atenágoras y le entregó una carta manuscrita en la que puede leerse que el Opus Dei «ha nacido en este tiempo nuestro como una expresión pujante de la perenne juventud de la Iglesia»[37].

En noviembre de 1965, al inaugurar en el barrio romano del Tiburtino el Centro ELIS, encomendado por la Santa Sede al Opus Dei, Pablo VI abrazó al Fundador y le dijo: «Tutto qui è Opus Dei», aquí todo es Opus Dei[38].

Poco más de un año del fallecimiento de Mons. Escrivá de Balaguer, en una audiencia general, Pablo VI dijo: «Saludamos al Excmo. Sr. Obispo de Barbastro, diócesis pequeña de nuestra amadísima España, pero importante, porque en ella nació Mons. Escrivá de Balaguer, Fundador del Opus Dei, queridísimo hijo de la Iglesia»[39].

Juan Pablo I, poco antes de ser elegido Papa, –como se sabe, uno de los pontificados más breves de los últimos siglos, un mes– había dedicado en su habitual colaboración con *Il Gazzettino,* de Venecia, ciudad de donde era patriarca, un artículo al Opus Dei, con el título de «Buscando a Dios en el trabajo diario». «Escrivá de Balaguer, con el Evangelio, ha dicho constantemente: Cristo no quiere de nosotros solamente un poco de bondad, sino mucha bondad. Pero quiere que lo consigamos con acciones comunes; lo que no debe ser común es el modo de realizar esas acciones. En mitad de la calle, en la oficina, en la fábrica, nos hacemos santos, pero con la condición de cumplir el propio deber con competencia, por amor a Dios y alegremente, de modo que el trabajo diario no sea la "tragedia diaria", sino la "sonrisa diaria"»[40].

Juan Pablo II conocía bien el Opus Dei, al menos desde los tiempos del Concilio Vaticano II. En 1974 participó en Roma en una

---

[36] Cfr. GONDRAND, p. 232.

[37] Cfr. VÁZQUEZ DE PRADA, p. 33. La noticia de la carta manuscrita fue difundida por cientos de diarios.

[38] Cfr. GONDRAND, pp. 235-237.

[39] *La nueva España,* Oviedo, 13 noviembre 1976.

[40] *Il Gazzettino,* Venecia, 25 julio 1978.

actividad para la formación de sacerdotes, organizada por sacerdotes del Opus Dei. En su intervención, luego publicada en varios lugares, decía: «¿De qué manera, en definitiva, dominando la faz de la tierra, podrá el hombre plasmar en ella su rostro espiritual? Podremos responder a esta pregunta con la expresión —tan feliz y ya tan familiar a gentes de todo el mundo— que Mons. Escrivá de Balaguer ha difundido hace tantos años: "santificando cada uno el propio trabajo, santificándose en el trabajo y santificando a los otros con el trabajo"»[41]. En 1978, recién elegido Papa, y contestando a una carta de don Alvaro del Portillo, Juan Pablo II escribe: «Me es bien conocida la vasta difusión de la Obra creada y dirigida después durante largos años, con la ayuda de Dios, por Mons. Josemaría Escrivá de Balaguer, y quiero rendir homenaje al compromiso de santidad y de testimonio evangélico que irradia, tanto mediante el trato personal como por medio de múltiples iniciativas de promoción social entre los hombres de nuestro tiempo».

En 1979 Juan Pablo II, al iniciar la costumbre, que dura hasta hoy, de recibir en Roma, durante la Semana Santa, a universitarios de todo el mundo, miembros del Opus Dei y amigos, se refiere al artículo de Juan Pablo I antes citado. El 30 de agosto del mismo año celebra en Castelgandolfo la Misa para unos trescientos profesores y estudiantes, miembros del Opus Dei: «En efecto, éste es el mensaje del Opus Dei: vivir unidos a Dios en el mundo, en cualquier situación, tratando de mejorarse a sí mismos con la ayuda de la gracia y dando a conocer a Jesucristo con el testimonio de la vida»[42]. En esa reunión romana las referencias de Juan Pablo II al Opus Dei son frecuentes: como muestras, dos, de 1986 y de 1989. En 1986 decía: «Sé muy bien que la Prelatura del Opus Dei da a todos sus miembros y a todos aquellos que se acercan a su apostolado una profunda formación cristiana, favoreciendo el ejercicio de la libertad y de la responsabilidad personales en las elecciones temporales. En tal formación, una importancia fundamental viene atribuida a la oración y a la frecuencia de los sacramentos»[43]. Y en 1989: «No hago propaganda del Opus Dei. Trato sólo de comprender y de explicar cuál podría ser la primera intuición de este nombre, de esta denominación (...). Todo lo que es belleza, pensamiento, ciencia, inventiva, creatividad, universidad, todo esto es al fin Opus Dei, Obra de Dios y cuando se ve así, cuando se considera así, adquiere su plena dimensión»[44].

---

[41] *Scripta Theologica,* vol. VII, fasc. 1, 1-VI-1975, pp. 335-352.
[42] *L'Osservatore Romano,* 26 agosto 1979.
[43] *L'Osservatore Romano,* 6 abril 1986.
[44] *L'Osservatore Romano,* 2 abril 1989.

Los testimonios son tan abundantes que aducirlos podría resultar repetitivo. En realidad, la carga de la prueba corresponde a quien afirme: en este caso a quien afirme que no hay referencias claras que expliquen el aprecio continuado del Papa al Opus Dei. Un aprecio que, como se ha podido ver desde 1928 a hoy, es mutuo. Se podría repetir la advertencia inicial: que hay personas a quienes esta concordia continuada y expresa no dice nada. Pero el Opus Dei, abierto a todas las personas, de cualquier religión o ideología, trabaja, en primer lugar, entre quienes reconocen la común paternidad del sucesor de Pedro y vicario de Cristo.

DOCUMENTACIÓN

1. Constitución apostólica *Ut sit* erigiendo al Opus Dei en Prelatura personal

Juan Pablo II Obispo, Siervo de los siervos de Dios, para perpetua memoria.

Con grandísima esperanza, la Iglesia dirige sus cuidados maternales y su atención al Opus Dei, que –por inspiración divina– el Siervo de Dios Josemaría Escrivá de Balaguer fundó en Madrid el 2 de octubre de 1928, con el fin de que siempre sea un instrumento apto y eficaz de la misión salvífica que la Iglesia lleva a cabo para la vida del mundo.

Desde sus comienzos, en efecto, esta Institución se ha esforzado, no sólo en iluminar con luces nuevas la misión de los laicos en la Iglesia y en la sociedad humana, sino también en ponerla por obra: se ha esforzado igualmente en llevar a la práctica la doctrina de la llamada universal a la santidad, y en promover entre todas las clases sociales la santificación del trabajo profesional y por medio del trabajo profesional. Además, mediante la Sociedad Sacerdotal de la Santa Cruz, ha procurado ayudar a los sacerdotes diocesanos a vivir la misma doctrina, en el ejercicio del sagrado ministerio.

Habiendo crecido el Opus Dei, con la ayuda de la gracia divina, hasta el punto de que se ha difundido y trabaja en gran número de diócesis de todo el mundo, como un organismo apostólico compuesto de sacerdotes y de laicos, tanto hombres como mujeres, que es al mismo tiempo orgánico e indiviso –es decir, como una institución dotada de una unidad de espíritu, de fin, de régimen y de formación–, se ha hecho necesario conferirle una configuración jurídica adecuada a sus características peculiares. Fue el mismo Fundador del Opus Dei, en el año 1962, quien pidió a la Santa Sede, con humilde y confiada súplica, que teniendo presente la naturaleza teológica y genuina de la Institución, y con vistas a su mayor eficacia apostólica, le fuese concedida una configuración eclesial adecuada.

Desde que el Concilio Ecuménico Vaticano II introdujo en el ordenamiento de la Iglesia, por medio del Decreto *Presbyterorum Ordinis,* n.º 10 –hecho ejecutivo mediante el Motu proprio *Ecclesiae Sanctae,* I, n.º 4– la figura de las Prelaturas personales para la realización de peculiares tareas pastorales, se vio con claridad que tal figura jurídica se adaptaba perfectamente al Opus Dei. Por eso, en el año 1969, Nuestro Predecesor Pablo VI, de gratísima memoria, acogiendo benignamente la petición del Siervo de Dios Josemaría Escrivá de Balaguer, le autorizó para convocar un Congreso General especial que, bajo su dirección, se ocupase de iniciar el estudio para una transformación del Opus Dei, de acuerdo con su naturaleza y con las normas del Concilio Vaticano II.

Nos mismo ordenamos expresamente que se prosiguiera tal estudio, y en el año 1979 dimos mandato a la Sagrada Congregación para los Obispos, a la que por su naturaleza competía el asunto, para que, después de haber considerado atentamente todos los datos, tanto de derecho como de hecho, sometiera a examen la petición formal que había sido presentada por el Opus Dei.

Cumpliendo el encargo recibido, la Sagrada Congregación examinó cuidadosamente la cuestión que le había sido encomendada, y lo hizo tomando en consideración tanto el aspecto histórico como el jurídico y el pastoral. De tal modo, quedando plenamente excluida cualquier duda acerca del fundamento, la posibilidad y el modo concreto de acceder a la petición, se puso plenamente de manifiesto la oportunidad y la utilidad de la deseada transformación del Opus Dei en Prelatura personal.

Por tanto, Nos, con la plenitud de Nuestra potestad apostólica, después de aceptar el parecer que Nos había dado Nuestro Venerable Hermano el Eminentísimo y Reverendísimo Cardenal Prefecto de la Sagrada Congregación para los Obispos, y supliendo, en la medida en que sea necesario, el consentimiento de quienes tengan o consideren tener algún interés propio en esta materia, mandamos y queremos que se lleve a la práctica cuanto sigue:

I. Queda erigido el Opus Dei como Prelatura personal de ámbito internacional, con el nombre de la Santa Cruz y Opus Dei o, en forma abreviada, Opus Dei. Queda erigida a la vez la Sociedad Sacerdotal de la Santa Cruz, como asociación de clérigos intrínsecamente unida a la Prelatura.

II. La Prelatura se rige por las normas del derecho general y de esta Constitución, así como por sus propios Estatutos, que reciben el nombre de «Código de derecho particular del Opus Dei».

III. La jurisdicción de la Prelatura personal se extiende a los clérigos en ella incardinados, así como también –sólo en lo referente al cumplimiento de las obligaciones peculiares asumidas por el vínculo jurídico, mediante convención con la Prelatura– a los laicos que se dedican a las tareas apostólicas de la Prelatura: unos y otros, clérigos y laicos, dependen de la autoridad del Prelado para la realización de la tarea pastoral de la Prelatura, a tenor de lo establecido en el título precedente.

IV. El Ordinario propio de la Prelatura del Opus Dei es su Prelado, cuya elección, que ha de hacerse de acuerdo con lo que establece el derecho general y particular, ha de ser confirmada por el Romano Pontífice.

V. La Prelatura depende de la Sagrada Congregación de los Obispos y, según la materia de que se trate, gestionará los asuntos correspondientes ante los demás Dicasterios de la Curia Romana.

VI. Cada cinco años, el Prelado presentará al Romano Pontífice, a través de la Sagrada Congregación para los Obispos, un informe acerca de la situación de la Prelatura y del desarrollo de su trabajo apostólico.

VII. El Gobierno central de la Prelatura tiene su sede en Roma. Queda erigido como iglesia prelaticia el oratorio de Santa María de la Paz, que se encuentra en la sede central de la Prelatura.

Asimismo, el reverendísimo Monseñor Alvaro del Portillo, canónicamente elegido Presidente General del Opus Dei el 15 de septiembre de 1975, queda confirmado y es nombrado Prelado de la Prelatura personal de la Santa Cruz y Opus Dei, que se ha erigido.

Finalmente, para la oportuna ejecución de todo lo que antecede, Nos designamos al Venerable Hermano Romolo Carboni, Arzobispo titular de Sidone y Nuncio Apostólico en Italia, a quien conferimos las necesarias y oportunas facultades, también, la de subdelegar – en la materia de que se trata– en cuanto dignatario eclesiástico, con la obligación de enviar cuanto antes a la Sagrada Congregación para los

Obispos un ejemplar auténtico del acta en la que se dé fe de la ejecución del mandato.

Sin que obste cualquier cosa en contrario.

Dado en Roma, junto a San Pedro, el día 28 del mes de noviembre del año 1982, quinto de Nuestro Pontificado.

Augustinus Card. Casaroli, Secretario de Estado.
Sebastianus Card. Baggio, Prefecto de la Sagrada Congregación para los Obispos.
Iosephus del Ton, Protonotario Apostólico.
Marcellus Rossetti, Protonotario Apostólico.

(Cfr. *Acta Apostolicae Sedis,* 75 (1983), pp. 423-425.

2. Decreto pontificio sobre el ejercicio heroico de las virtudes del Siervo de Dios Josemaría Escrivá de Balaguer

Todos los fieles, de cualquier condición y estado, son llamados por el Señor, cada uno según su propio camino, a la perfección de aquella santidad con la que es perfecto el mismo Padre celestial (Conc. Vat. II, Const. dogm. *Lumen gentium,* n. 11). En esta proclamación de la llamada a la santidad de todos los bautizados –que se ha reconocido como característica peculiar y, por así decir, fin último de todo el magisterio conciliar (Pablo VI, Motu proprio *Sanctitas clarior,* 19-III-1969)–, resplandece la conciencia que la Iglesia tiene de sí misma, como misterio de la comunión de los hombres con Dios. Al contemplar este misterio, la Esposa de Cristo ve confirmado también el inagotable patrimonio de su propia historia, y escucha el eco del testimonio de los heraldos de la santidad que el Espíritu Vivificador suscita en todo tiempo, para mover a los hombres a acoger el designio de salvación.

El Siervo de Dios Josemaría Escrivá de Balaguer pertenece merecidamente al número de esos testigos, no sólo por el fecundo ejemplo de su vida, sino también por el vigor absolutamente singular con que, en profética concordia con el Concilio Vaticano II, procuró, ya desde los comienzos de su sacerdocio, recordar esa llamada evangélica a todos los cristianos. Movido por esta solicitud escribió: «Tienes obligación de santificarte. –Tú también. (...) A todos, sin excepción, dijo el Señor: "Sed perfectos, como mi Padre Celestial es perfecto"» *(Camino,* n. 291). Y también: «estas crisis Mundiales son crisis de santos» *(Camino,* n. 301).

Entre las múltiples sendas que encauzan la santidad cristiana, el camino que recorrió Josemaría Escrivá manifiesta con particular transparencia y claridad meridiana la índole radical de la vocación bautismal. Gracias a una viva contemplación del misterio del Verbo Encarnado, el Siervo de Dios comprendió con hondura que el entramado de las realidades humanas se compenetra íntimamente, en el corazón del hombre renacido en Cristo, con la economía de la vida sobrenatural, convirtiéndose así en lugar y medio de santificación. Ya desde el final de los años veinte, Josemaría Escrivá, auténtico pionero de la sólida unidad de vida cristiana, sintió la necesidad de llevar la plenitud de la contemplación a todos los caminos de la tierra, e impulsó a todos los fieles a participar activamente en la acción apostólica de la Iglesia, permaneciendo cada uno en su lugar y en su propia condición de vida.

Este mensaje de santificación en y desde las realidades terrenas se muestra providencialmente actual para la situación espiritual de nuestra época. En efecto, en los tiempos presentes, a la vez que se exaltan los valores humanos, también se advierte una fuerte inclinación hacia una visión inmanente del mundo, entendido como algo separado de Dios. Y este mensaje invita a los cristianos a buscar la unión con Dios a través del trabajo diario, que constituye una obligación y una fuente perenne de la dignidad del hombre en la tierra. Por lo que resulta patente la adecuación de este mensaje con las circunstancias de nuestro tiempo, y parece además destinado a perdurar de modo inalterable, por encima de las vicisitudes históricas, como fuente inagotable de luz espiritual.

Regnare Christum volumus!, ésta ha sido la gran aspiración del Siervo de Dios, que también puede describirse así: Poner a Cristo en la cumbre de todas las actividades humanas. El servicio especial de Josemaría Escrivá ha suscitado el impulso ascendente hacia Dios en hombres inmersos en las realidades temporales, de todos los ambientes y profesiones, de acuerdo con aquellas palabras del Señor *–Et ego, si exaltatus fuero a terra, omnia traham ad meipsum* (Io 12, 32 Vg)–, en las que el Siervo de Dios veía compendiado el núcleo del fenómeno pastoral del Opus Dei. Este impulso, por el que el mundo es conducido *ab intra* hacia Cristo, constituye como la médula y sustancia de la contribución del Siervo de Dios a la promoción de los laicos.

Josemaría Escrivá de Balaguer nació en Barbastro (España), el 9 de enero de 1902, de padres profundamente cristianos. Alrededor de los quince años sintió los primeros barruntos de la vocación y, aunque no conocía aún el contenido preciso de los planes divinos, decidió abrazar el sacerdocio para estar completamente disponible a la Voluntad de Dios. Fue ordenado presbítero en Zaragoza, el 28 de marzo de 1925. Se trasladó a Madrid, donde, el 2 de octubre de 1928, vio que el Señor le requería para hacer el Opus Dei. Aquel día, después de años de invocar la luz de Dios, comprendió claramente la misión, vieja como el Evangelio y como el Evangelio nueva, a la que era llamado: abrir a los fieles de todas las condiciones sociales un camino ancho y seguro de santificación en medio del mundo, a través del cumplimiento, con perfección y por amor a Dios, del trabajo profesional y de los deberes de la vida ordinaria, sin cambiar de estado. Poco después, el 14 de febrero de 1930, Josemaría Escrivá entendió, con la gracia de Dios, que el Opus Dei debía desarrollar su apostolado también entre las mujeres. Y se dedicó por entero a llevar a cabo esta misión, siempre con el aliento y la bendición del Obispo diocesano.

Desde los comienzos, el Siervo de Dios ejerció un amplísimo apostolado en todos los ambientes sociales, sobre todo entre los pobres y los enfermos de los suburbios y hospitales de Madrid. Durante la guerra civil española, Josemaría Escrivá experimentó el violento furor desatado contra la religión y dio pruebas diarias de heroísmo, prodigándose en la oración, en la penitencia y en una incesante actividad sacerdotal. Pronto se difundió su fama de santidad, y, al terminar la guerra civil, recibió muchas invitaciones de los Obispos a predicar ejercicios espirituales al clero, contribuyendo así eficazmente a la renovación de la vida cristiana en España. Numerosas Órdenes y Congregaciones religiosas acudieron también a su solicitud pastoral. Por ese mismo tiempo, el Señor permitió que cayera sobre los hombros del Siervo de Dios el peso de las contradicciones, a las que respondió siempre perdonando e, incluso, considerando a sus detractores como bienhechores.

Esta Cruz vino a ser tal fuente de bendiciones del Cielo que contribuyó a extender con admirable rapidez el apostolado del Siervo de Dios. El 14 de febrero de 1943, fundó la Sociedad Sacerdotal de la Santa Cruz, inseparablemente unida al Opus Dei, que, además de hacer posible la ordenación sacerdotal de miembros laicos de la Obra y su incardinación al servicio del Opus Dei, permitiría más adelante a los sacerdotes incardinados en las diócesis participar en la espiritualidad y la ascética del Opus Dei, buscando la santidad en el ejercicio de sus deberes ministeriales, bajo la exclusiva dependencia de su propio Ordinario. Por esto, tanto su labor personal, como la de la mencionada Sociedad Sacerdotal, son un ejemplo imperecedero de celo por la formación de los sacerdotes.

En 1946, Josemaría Escrivá fijó su domicilio en Roma: en 1947 y 1950, obtuvo la aprobación del Opus Dei como institución de derecho pontificio. Con una caridad infatigable y una activa esperanza, promovió y guió la expansión del Opus Dei por todo el mundo, contribuyendo a una vasta movilización de laicos, que fueran conscientes de su responsabilidad de participar en la misión de la Iglesia. Impulsó iniciativas de vanguardia en el ámbito de la evangelización y de la promoción humana; suscitó en todas partes vocaciones al sacerdocio y al estado religioso; emprendió viajes extenuantes por Europa y América, para difundir la doctrina de la Iglesia. Y, sobre todo, se dedicó a la formación de los miembros del Opus Dei –sacerdotes y laicos, hombres y mujeres–, para infundirles una sólida vida interior, con una ejemplar adhesión al Magisterio de la Iglesia y un celo ardiente por las almas, que les llevara a ejercer el apostolado personal capilar. *Omnes cum Petro ad Iesum per Mariam!:* estas palabras expresan bien la incesante y encendida pasión que consumía al Siervo de Dios y predicó a los demás desde el comienzo de su sacerdocio.

De todos modos, los rasgos más característicos de su personalidad no hay que buscarlos tanto en sus egregias cualidades para la acción como en su vida de oración, y en la asidua experiencia unitiva que hizo de él verdaderamente un contemplativo itinerante. Fiel al carisma recibido, fue ejemplo de heroicidad en las circunstancias corrientes de la vida: en la oración continua; en la mortificación ininterrumpida –como el latir del corazón–; en la asidua presencia de Dios, que alcanzaba las cumbres de la unión con Dios incluso en medio del fragor del mundo y de una incansable dedicación al trabajo. Continuamente inmerso en la contemplación del misterio de la Trinidad, vivió la filiación divina en Cristo como fundamento de toda la vida espiritual, en la que la fortaleza de la fe y la audacia apostólica de la caridad se conjugaban armónicamente con el abandono filial en las manos de Dios Padre.

Amó ardientemente a la Santísima Eucaristía, y consideró siempre el Sacrificio de la Misa centro y raíz de la vida cristiana; fue apóstol incansable del Sacramento de la Penitencia; cultivó una devoción llena de ternura a la Santísima Virgen, Madre de Dios y Madre nuestra, y a San José y a los Ángeles Custodios; quiso a la Iglesia con toda la fuerza de su corazón sacerdotal, y se ofreció en holocausto de reparación y penitencia por los pecados con los que los hombres manchan su rostro materno. Aunque la admirable fecundidad del apostolado del Siervo de Dios estaba a la vista de todos, se consideraba instrumento inepto y sordo, fundador sin fundamento, pecador que ama con locura a Jesucristo.

El Siervo de Dios falleció en Roma el 26 de junio de 1975. En aquel momento, pertenecían al Opus Dei más de 60.000 miembros de

80 nacionalidades; los sacerdotes incardinados en la Obra eran casi un millar; y florecían por los cinco continentes iniciativas apostólicas, entre las que se contaban escuelas, universidades y centros de promoción social. Los escritos del Siervo de Dios, que han alcanzado una difusión de casi seis millones de ejemplares, se consideran ya obras clásicas de espiritualidad.

La fama de santidad, de la que Josemaría Escrivá gozó ya en vida, se extendió después de su muerte, hasta el punto de que, en muchas naciones, puede considerarse ya una auténtica manifestación de devoción popular. La Causa de Canonización fue introducida en Roma el 19 de febrero de 1981. Se instruyeron dos Procesos Cognicionales *aeque principales,* uno en Madrid y otro en Roma, que se concluyeron, respectivamente, el 26 de junio de 1984 y el 8 de noviembre de 1986. Después, fue estudiada en la Congregación de las Causas de los Santos; primero, en el Congreso de Consultores, celebrado el 19 de septiembre de 1989, bajo la presidencia del Promotor General de la Fe, Revmo. Antonio Petti; luego, el día 20 de marzo de 1990, en la Congregación Ordinaria de Cardenales y Obispos, en la que actuó de Ponente el Emmo. Card. Edouard Gagnon. Y en las dos reuniones, se dio una respuesta afirmativa a la pregunta sobre el ejercicio heroico de las virtudes del Siervo de Dios.

El Sumo Pontífice, Juan Pablo II, después de haber recibido una relación fiel de todo lo que se acaba de exponer, acogiendo los pareceres de la Congregación, ordenó que se extendiese el decreto sobre las virtudes heroicas del Siervo de Dios.

Cumplida esa disposición, y convocados en fecha de hoy el Cardenal Prefecto, el Ponente de la Causa, el infrascrito Secretario y las demás personas establecidas, el Santo Padre ha declarado en presencia de los asistentes: Constan las pruebas de las virtudes teologales de la Fe, Esperanza y Caridad, tanto hacia Dios como hacia el prójimo, así como de las virtudes cardinales de la Prudencia, Justicia, Fortaleza y Templanza, con las demás anejas practicadas, en grado heroico, del Siervo de Dios Josemaría Escrivá de Balaguer, Sacerdote, Fundador de la Sociedad Sacerdotal de la Santa Cruz y del Opus Dei, en el caso y para los efectos de que se trata.

El Santo Padre ha dispuesto que este Decreto se haga público y sea incluido en las actas de la Congregación de las Causas de los santos.

Dado en Roma, el día 9 de abril del Año del Señor 1990.
Angelus Card. Felici, Praefectus.
Eduardus Nowak, Archiep. tit. Lunensis, a Secretis.

3. Declaraciones de Cardenales sobre Mons. Escrivá de Balaguer y el Opus Dei

Se ofrecen a continuación algunos testimonios públicos de cardenales de la Iglesia sobre el Fundador del Opus Dei y sobre la institución misma. En las actas del proceso de beatificación y canonización del Venerable Escrivá de Balaguer constan los de otros numerosos prelados. Para no alargar la lista se dan aquí sólo algunos de los aparecidos en la prensa. Este material es también un fenómeno de la opinión pública sobre el Opus Dei.

Albino LUCIANI, Patriarca de Venecia, después Juan Pablo I, en *Il Gazzettino,* Venecia, 25 julio 1989:

«Escrivá de Balaguer, con el Evangelio, ha dicho continuamente: Cristo no quiere de nosotros sólo un poco de bondad, sino mucha bondad. Quiere que la alcancemos, no a través de acciones extraordinarias, sino con acciones corrientes (...). Allí, en plena calle, en la fábrica, en la oficina se llega a la santidad, con tal que se desarrolle con competencia el propio trabajo, por amor de Dios y con alegría.»

Luis APONTE, arzobispo de San Juan (Puerto Rico), en *Visitante de Puerto Rico,* 11 febrero 1979.

«Monseñor Escrivá de Balaguer no sólo contribuyó a reforzar el sentido de plenitud que lleva consigo la vocación cristiana del laicado, sino que también enriqueció con notable y vital aportación la Teología ascética de la vida sacerdotal y la práctica del ministerio sacerdotal. De su mano han accedido al sacerdocio más de un millar de profesionales, y en el seno de su Asociación han encontrado calor de familia y fraterna ayuda espiritual numerosos sacerdotes diocesanos, que reciben del Opus Dei aliento e impulso espirituales para buscar la santificación personal en el ejercicio de su ministerio, reforzando el amor a sus diócesis y la unidad a sus propios Obispos.»

Sebastiano BAGGIO, prefecto de la Congregación para los obispos, en *Avvenire,* Milán, 26 julio 1975, y *Corriere della Sera,* 22 octubre 1988.

«Desde el principio del Opus Dei su fundador proclamaba que la santidad no es un ideal para privilegiados, sino para todos los que se dedican a vivir el Evangelio hasta el fondo, atentos al Magisterio de la Iglesia, sea cual sea su situación en la vida.»

«Monseñor Escrivá de Balaguer había dejado su espíritu, más

que escrito: esculpido y encarnado en sus hijos espirituales, que lo están actuando con admirable fidelidad.»

Antonio CAGGIANO, arzobispo de Buenos Aires, en *Esquiu Color*, 8 octubre 1978.

«Como obispo de Rosario, yo insistí para que el Opus Dei iniciara su trabajo apostólico en nuestro país. Pienso que es deber de los pastores alentar toda obra, pequeña o grande, que se hace por Dios. Sabía que el Opus Dei –que conocía por mis viajes a Roma– era algo de Dios y estaba seguro de que podría hacer mucho bien a las almas en nuestro país.»

John Joseph CARBERRY, arzobispo de San Luis, en *The Priest,* Huntington, Indiana, junio 1979.

«Cuanto más leo sobre el Fundador del Opus Dei más me convenzo de que su vida y sus enseñanzas deberán ser más ampliamente conocidas. Él es verdaderamente uno de los héroes de este siglo.»

Mario CASARIEGO, arzobispo de Guatemala, en *L'Osservatore Romano,* 14-15 julio 1975.

«Estoy convencido de que Dios, al llamar a su seno el 26 de junio pasado a Mons. Escrivá de Balaguer, ha querido premiar una vida de entrega, de sacrificio silencioso, de siembra de paz y de alegría. Porque era un gran santo.»

Terence COOKE, arzobispo de Nueva York, en *The Catholics News,* Nueva York, 28 septiembre 1978.

«Nosotros, en la archidiócesis de Nueva York, hemos sido bendecidos por la presencia de nuestros hermanos y hermanas que han encontrado en esta asociación (el Opus Dei) una oportunidad especial para cumplir el mensaje evangélico: "ésta es la voluntad de Dios, vuestra santificación".»

Ernesto CORRIPIO, arzobispo primado de México, en *El Heraldo de México,* México D. F., 12 octubre 1978.

«Desde antes de los inicios de la labor del Opus Dei, Mons. Escrivá de Balaguer había insistido en la necesidad de apoyar cualquier trabajo o empresa humana en los medios que la Iglesia ha recomendado siempre: la oración y el sacrificio personal. Y si es necesario que Dios ponga el incremento, el mejor camino para hacer llegar a Él nuestras súplicas es su Madre Santísima, porque –en palabras de este sacerdote ejemplar– "a Jesús siempre se va y se vuelve por María" *(Camino,* 495).»

Andrea Maria DESKUR, presidente emérito del Pontificio Consejo para las Comunicaciones Sociales, en *L'Osservatore Romano,* 14 diciembre 1986.

«Para quien —como el que firma— ha tenido la suerte —o mejor, la gracia— de conocer personalmente al Fundador del Opus Dei, es imposible no identificar en este libro —*Surco*— la huella, el surco trazado por su alma enamorada de Dios.»

Dominic Ignatius EKANDEM, arzobispo de Abuja (Nigeria), en *Independent,* Ibadan, 23 marzo 1979.

«El Opus Dei trabaja en Nigeria desde 1965. Desde entonces la asociación ha hecho una destacada labor. Es obvia la necesidad de un desarrollo y expansión entre nosotros de esta acción providencial.»

Vicente ENRIQUE TARANCÓN, arzobispo de Madrid, presidente de la Conferencia Episcopal Española, en *Pueblo,* Madrid, 22 febrero 1979.

«Monseñor Escrivá de Balaguer, como todos los santos, se adelantó a su tiempo y tuvo una intuición maravillosa acerca de la santidad de los laicos, confirmada muchos años más tarde por el Concilio Vaticano.»

Edouard GAGNON, presidente del Pontificio Consejo para la Familia, en *Redacción,* Pamplona, junio 1990.

«Amó tanto a la gente, a cada hombre, que quiso elevarlo a la santidad, porque todos los hombres hemos sido redimidos por Cristo. En esto fue un precursor del Concilio Vaticano II, que recordó la llamada a la santidad que aparece en el Evangelio.»

Michele GIORDANO, arzobispo de Nápoles, en *Il Mattino,* Nápoles, 24 junio 1990.

«El mensaje de santificación de Josemaría Escrivá abre, providencialmente, inmensos panoramas de testimonio cristiano en todas las situaciones humanas, incluso en las situaciones más difíciles, como las que ha de afrontar la ciudad de Nápoles.»

Marcelo GONZÁLEZ MARTÍN, arzobispo de Toledo, en *ABC,* Madrid, 14 agosto 1975.

«Su amor a la Iglesia era amor al Papa, a los obispos, a los sacerdotes, al Magisterio eclesiástico, al culto litúrgico y a la devoción privada y, desde ahí, a todos los hombres de toda condición, porque para ellos era esa Iglesia tan amada, y mal podía ser querida ésta si no lo eran a la vez todos los que, dentro o fuera del redil, eran, en la intención del Salvador, beneficiarios de sus dones. Esto es amor a la Iglesia, quererla tal como es en sí, sin echar algua al vino, y quererla para todos.»

Franz HENGSBACH, obispo de Essen (Alemania), en *Rheinischer Merkur,* Bonn, 29 junio 1990.

«Sabía que Escrivá hablaba frecuentemente de una "vocación a la santidad" que es válida para todos, no sólo para sacerdotes y religiosos. "La santidad no es cosa de privilegiados". Pero sólo el encuentro con el Fundador me hizo comprender con mayor profundidad cuánta energía espiritual latía en su Obra y lo providencial que resultaba aquel núcleo –que realmente era "de base" en unos instantes en que la Iglesia luchaba por un "aggiornamento" en un mundo cada vez más secularizado.»

Joseph HOEFFNER, arzobispo de Colonia, presidente de la Conferencia Episcopal Alemana, en *Palabra,* Madrid, octubre 1979 (de la homilía pronunciada en Torreciudad, en la ordenación sacerdotal de un grupo de miembros del Opus Dei).

«Habéis tenido en vuestro Fundador un maestro espléndido que, precisamente por ser pionero de espiritualidad laical, amó y defendió con gran energía la verdadera identidad del sacerdote; su misión propia en la Iglesia, distinta de la de los seglares. Meditad sus escritos y contemplad su vida de sacerdote fiel. Vuestro Padre muchas veces afirmó que no quería ponerse como ejemplo de nada. Y, sin embargo, su profunda humildad no le impidió añadir: "si acaso, imitadme en el amor que tengo a la Santísima Virgen". Aquí, en este Santuario, entran por los ojos las dimensiones de ese amor.»

Narcís JUBANY, arzobispo de Barcelona, en *ABC,* Madrid, 8 abril 1979.

«El fundador del Opus Dei ha hecho algo excepcional: la realización de la Obra, que viene a subrayar la importancia del laico dentro de la Iglesia y la santificación del seglar en su trabajo ordinario. Ello constituye una muy buena aportación que ha sido ratificada después, por el Concilio Vaticano II.»

Franz KOENIG, arzobispo de Viena, en *Corriere della Sera,* Milán, 9 noviembre 1975.

«A los que lo han seguido, Escrivá ha dicho con mucha claridad que el sitio del cristiano está en medio del mundo. Se ha opuesto a todo falso espiritualismo, que casi equivale a la negación de la convicción central del cristianismo: la fe en la Encarnación.»

Giacomo LERCARO, arzobispo emérito de Génova, en *Corriere della Sera,* 25 junio 1976.

«Haber propuesto en toda su fecunda complejidad y de forma completa el mensaje cristiano para que el hombre de nuestro tiempo y de cualquier tiempo lo viva en "la aventura de la libertad", es mérito de monseñor Josemaría Escrivá de Balaguer, fundador de una obra, no del hombre, sino de Dios.»

Franciscek MACHARSKI, arzobispo de Cracovia, en *Il Tempo,* Roma, 27 junio 1985.

«Ni evasión del mundo ni secularismo, sino unidad de vida, contemplación en medio del mundo, transformar cualquier trabajo y cualquier actividad humana en oración: son las ideas fundamentales de una homilía –"Amar el mundo apasionadamente"– que Monseñor Escrivá pronunció en 1967.»

Carlo Maria MARTINI, arzobispo de Milán, en *Avvenire,* Milán, 23 junio 1985.

«Quisiera poder penetrar más a fondo en el interior de esta alma (de Monseñor Escrivá), cuya fecundidad espiritual tiene algo de increíble. Comprendo que me encuentro ante una de esas zonas de respeto de la esfera espiritual en las cuales los análisis demasiado detallados o pretenciosos pueden resultar desilusionantes. (...) Quien escribe y habla de ese modo expresa, para sí y para los demás, una santidad sincera, genuina.»

Humberto MEDEIROS, arzobispo de Boston, en *The National Catholic Register,* Los Angeles, 2 julio 1978.

«Él contaba setenta años en la época de nuestro único y, por desgracia, último encuentro, pero su vitalidad juvenil era asombrosa. Yo era capaz de reconocer en él a alguien que estaba muy unido a Dios, una verdadera roca de la fe. "Esto es lo que yo necesito", recuerdo haber pensado después de dejarle, "un hombre de oración, un hombre que alegre y sin miedo confiesa su gran devoción por la Virgen, la Iglesia y el Santo Padre.»

Miguel Darío MIRANDA, arzobispo de México, en *El Imparcial,* Hermosillo (México), 16 junio 1979.

«En nuestras conversaciones, rebosantes de un gran cariño sobrenatural y humano y en las que Mons. Escrivá nos atendía sin prisas produciéndonos la impresión de que había cosa más importante para él que nuestra persona, pudimos descubrir en el Fundador del Opus Dei un alma especialmente favorecida por Dios con gracias singularísimas, y cuyo ministerio sacerdotal trascendía a todo el mundo a través de la Obra a él encomendada por voluntad divina. Esa amistad, que nos unió siempre, propició el descubrimiento de campos nuevos para nuestra actividad, todos ellos movidos por un genuido espíritu apostólico; y al mismo tiempo nos proporcionó una confirmación alentadora de nuestros trabajos pastorales. (...) Quienes tuvimos la gracia de conocer a Mons. Escrivá de Balaguer y de tratarlo en múltiples ocasiones, sintiendo el calor de su sincera amistad, su entrega ejemplar por la Iglesia hasta el instante en que —en olor de santidad— Dios lo llamó a su presencia, no podemos menos que agradecer al Señor esta palpable muestra del amor de Dios por la Iglesia: el Opus Dei.»

Silvio ODDI, prefecto de la congregación para el Clero, en *Mundo Cristiano,* Madrid, noviembre 1980. (De una homilía pronunciada en Torreciudad, en la ordenación sacerdotal de un grupo de miembros del Opus Dei.)

«Permitidme un recuerdo personal: yo, que he tenido la inestimable fortuna de conocer al Fundador del Opus Dei, entiendo perfectamente que los milagros que pedía a Nuestra Señora de Torreciudad fueran conversiones, propósitos firmes de entrega, un rejuvenecimiento espiritual de quienes se acercasen a la Madre de Dios.»

Maurice OTUNGA, arzobispo de Nairobi, en *Sunday Nation,* Nairobi (Kenia), 3 febrero 1980.

«En octubre del año pasado, el Opus Dei celebraba los cincuenta años. Es poco tiempo para una institución, pero estoy seguro de que, también cuando pasen varios siglos, el Opus Dei tendrá la juventud de espíritu heredada de su Fundador, quien es indudablemente uno de los santos de nuestro tiempo.»

Pietro PARENTE, en *L'Osservatore Romano,* 24 junio 1979.

«Monseñor Escrivá era interiormente rico de fe y de amor de Dios, y, por temperamento natural, tenía los ojos y el corazón abiertos sobre la realidad humana del mundo en el que vivía. Miraba y meditaba como para descubrir, hasta el fondo, el misterio de la vida. Y Dios lo ayudó a descubrirlo. El descubrimiento no es una novedad, sino una cosa antigua, que se remonta a la creación del hombre (cfr. *Génesis)* y es simplemente el trabajo asignado por Dios mismo al hombre como medio de conquista realizadora, de elevación hacia la santidad, que es imitación y participación de la naturaleza y de la actividad creadora de Dios.»

Sergio PIGNEDOLI, Presidente del Secretariado para los no cristianos, en *Il Veltro,* Roma, XIX (1975), 3-4.

«Desde hacía casi treinta años vivía en Roma, porque deseaba que, como la Iglesia, la Obra fuese romana y porque él mismo se sentía romano. Disfrutaba saboreando esa palabra –romano–, porque lo impulsaba a amar, con un amor cada vez más entrañable, al Papa, "il dolce Cristo in terra", como decía con frecuencia, repitiendo las palabras de Santa Catalina.»

Ugo POLETTI, Vicario general del Papa para la diócesis de Roma y presidente de la Conferencia Episcopal Italiana, en *La Stampa,* Turín, 28 junio 1990.

«Cuando se abrió la causa de canonización del fundador del Opus Dei, fui precisamente yo, como vicario del Papa para la diócesis de Roma, quien dio cauce al procedimiento canónico. Ahora la Santa Sede ha concluido una fase importante de esa causa: la Iglesia declara oficialmente que Josemaría Escrivá ha practicado heroicamente todas las virtudes cristianas (antes que nada el amor y tras él la fe, la esperanza...). Esto tiene evidentemente mucha importancia. Mons. Escrivá había dicho que el Opus Dei venía a abrir a todos, sin excluir a nadie, "los caminos divinos de la tierra". Tenemos ahora una nueva confirmación de que esos "caminos de la tierra" son verdaderamente "divinos"».

Paul POUPARD, presidente del Consejo Pontificio para la Cultura, en *Il Messaggero,* Roma, 26 junio 1990.

«Precisamente porque el Opus Dei desea llevar a todos los hombres, en todos los estratos sociales, el mensaje de la llamada a la santidad cristiana a través del trabajo profesional, el Fundador dedicó siempre la máxima atención a los intelectuales, a los que trabajan sobre las ideas y las ponen en circulación, porque, hoy como nunca, el problema de los problemas es la relación del Evangelio con las culturas, es la "inculturación" del Evangelio.»

Julio ROSALES, arzobispo de Cebú, en *Philippines Evening Express,* Manila, 26 junio 1976.

«Cuando Monseñor Josemaría Escrivá falleció hace ahora un año, las peticiones para su proceso de beatificación empezaron a aparecer casi inmediatamente. Aunque él había trabajado en silencio, ejerciendo activamente una intensa pastoral de almas y a la vez rehuyendo cualquier forma de ostentación, muchos miles de personas de todas las edades y condiciones ya conocían su vida santa a través del contacto con el Opus Dei.»

Agnelo ROSSI, prefecto de la Congregación para la evangelización de los pueblos, en *O Estado de S. Paulo,* São Paulo, 27 junio 1976.

«El fundador del Opus Dei enseñó a estos sacerdotes (los de esta institución) a hablar de Dios con un estilo claro, directo, y a ver, antes que nada, almas. Y a saber orientar a los hombres a Dios suavemente, con una vida de oración personal y de apostolado práctico».

Jaime SIN, arzobispo de Manila, en *ABC,* Madrid, 26 junio 1985 y *Bulletin Today*, Manila, 2 junio 1986.

«Hace unos veinte años que conozco el Opus Dei y a lo largo de todo este tiempo siempre me ha impresionado su énfasis en el apostolado de la doctrina. La labor del Opus Dei es, en verdad, una continua catequesis. En esta tarea de difundir la sana doctrina, Mons. Escrivá de Balaguer siguió siempre el ejemplo dado por el Señor de "hacer y enseñar". Los miembros del Opus Dei, ciertamente, pueden imitar muy bien a su fundador, quien —antes de enseñar con la palabra— proclamó con obras la doctrina.»

«Entre los miembros del Opus Dei yo tengo algunos de mis más fuertes aliados para poner en práctica "la opción preferencial por los pobres".»

Alfonso M. STICLERK, en *L'Osservatore Romano,* 18 noviembre 1984.

«La propiedad y el mérito del Opus Dei, ideado y realizado por Josemaría Escrivá de Balaguer, anticipando la expresa doctrina del Vaticano II, consiste en haber enfocado y universalizado la idea (de la llamada a la santidad), no dejándola en el plano de la doctrina y de la teoría, sino dándole una forma operativa universal y bien articulada. Y lo ha hecho a través de una obra completamente original, que ha conseguido, por primera vez, promover la realización concreta de esa misma idea, con una organización apostólica que tiene el preciso fin de santificar plenamente al cristiano que vive en el mundo, al laico.»

BIBLIOGRAFÍA

La naturaleza y el espíritu del Opus Dei son realidades fácilmente accesibles gracias a las obras de su Fundador. Antes de su fallecimiento publicó seis libros; póstumos han aparecido, hasta la fecha, otros cuatro. Se señalan por ese orden a continuación, haciendo referencia a la última edición en castellano.

Consideraciones espirituales, Cuenca, 1934 (primera edición de lo que luego toma el título de *Camino).*

Camino, 49 edición, Madrid 1991; primera edición en 1939. Hasta la fecha, 250 ediciones en 39 idiomas, con una difusión de más de tres millones y medio de ejemplares.

Santo Rosario, 36 edición, Madrid, 1989. Primera edición en 1934. 93 ediciones en 18 idiomas, con unos 600.000 ejemplares.

La Abadesa de las Huelgas, 3.º edición, Madrid, 1988. Primera edición en 1944.

Conversaciones con Mons. Escrivá de Balaguer, 17 edición, Madrid, 1989. Primera edición en 1968. 48 ediciones en 8 idiomas, con una difusión de 300.000 ejemplares.

Es Cristo que pasa, 28 edición, Madrid, 1989. Primera edición en 1973. 65 ediciones en 11 idiomas, con 400.000 ejemplares.

Los libros póstumos son:

Amigos de Dios, 17 edición, Madrid, 1989. Primera edición en 1977. 47 ediciones en 7 idiomas, 300.000 ejemplares.

Via Crucis, 18 edición, Madrid, 1989. Primera edición en 1981. 48 ediciones en 11 idiomas, 325.000 ejemplares.

Surco, 7.ª edición, Madrid, 1991. Primera edición en 1986. 31 ediciones en 9 idiomas, 300.000 ejemplares.
Forja, 6.ª edición, Madrid, 1990. Primera edición en 1987. 21 ediciones en 7 idiomas, 265.000 ejemplares.
Amar a la Iglesia, reunión de cuatro homilías que habían aparecido sueltas. 7.º edición, Madrid, 1991.

Para conocer el Opus Dei resulta indispensable acercarse a la figura del Fundador. Hasta la fecha han sido publicadas en ediciones Rialp cinco obras biográficas, aunque falta aún el libro que se apoye en las actas del proceso de beatificación. Quien desee una lectura en cierto modo concatenada, puede empezar por Dennis H. Helming, *Huellas en la nieve,* Palabra, Madrid, 1987 (traducción de un original norteamericano, de 1986, *Footprints in the snow,* Scepter, New York); después, François Gondrand, *Al paso de Dios,* Madrid, 1985 (el original, *Au pas de Dieu,* France-Empire, París, 1982) y Hugo de Azevedo, *Uma luz no mundo,* Prumo, Lisboa, 1988; a continuación, quizá, la obra pionera en este campo: Salvador Bernal, *Apuntes sobre la vida del Fundador del Opus Dei,* 6.ª edición, Madrid, 1980; dos voluminosas biografías en Andrés Vázquez de Prada, *El Fundador del Opus Dei,* Madrid, 1984, y Ana Sastre, *Tiempo de caminar,* Madrid, 1990; distinta a las anteriores, más interpretativa, la biografía de Peter Berglar, *Opus Dei. Vida y obra del fundador* (original: *Opus Dei. Leben und werk des gründers Josemaría Escrivá de Balaguer,* Otto Müller, Salzburgo, 1983).

Muy interesantes, sobre todo por el artículo del actual Prelado del Opus Dei, Mons. Alvaro del Portillo, las obras colectivas, *En memoria de Mons. Escrivá de Balaguer*, Pamplona, 1976, y *Mons. Josemaría Escrivá de Balaguer. Fundador del Opus Dei,* 2.ª edición, Pamplona, 1985. También de varios autores, *Estudios sobre Camino,* Madrid, 1988. Sobre el proceso de beatificación del Fundador, *Josemaría Escrivá de Balaguer. Itinerario de la causa de canonización,* Palabra, 3.ª edición, Madrid, 1992. Una colección de 48 artículos de prensa de otras tantas firmas de personas conocidas en el mundo de la Iglesia, la universidad, los medios de información, la ciencia, etc., en *Así le vieron,* 4.ª edición, Rialp, Madrid, 1992. El volumen *Una vida para Dios: Reflexiones entorno a la figura de Josemaría Escrivá de Balaguer,* Rialp, Madrid, 1992, recoge casi todas las intervenciones públicas de Mons. Alvaro del Portillo sobre Josemaría Escrivá de Balaguer.

Los aspectos jurídicos están tratados en la obra colectiva, *El Opus Dei. Prelatura personal,* 4.ª edición, Madrid, 1983 y, sobre todo, en

Amadeo de Fuenmayor, Valentín Gómez-Iglesias y José Luis Illanes, *El itinerario jurídico del Opus Dei,* Pamplona, 1989, con numerosos documentos hasta ahora inéditos y los *Estatutos* en la lengua latina oficial.

Aspectos del espíritu del Opus Dei en *La vocación cristiana,* Madrid, 1975, de varios autores; Luis Ignacio Seco, *La herencia de Mons. Escrivá de Balaguer,* 4.ª edición, Madrid, 1986; J. L. Illanes, *La santificación del trabajo,* Madrid, 1980; W. Blank, R. Gómez Pérez, *Doctrina y vida,* Madrid, 1971; J. J. Thierry, *L'Opus Dei. Mythe et Realité,* París, 1973.

Un reportaje sobre personas y actividades apostólicas en William West, *Opus Dei. Ficción y realidad,* Madrid, 1989 (original en Australia, *Opus Dei. Exploding a Mith).*

Una descripción resumida y clara en Dominique Le Tourneau, *El Opus Dei,* 2.ª edición, Madrid, 1986 (original francés *L'Opus Dei,* París, 1984).

Hemerografía

Se pueden consultar, en primer lugar, los artículos más extensos de los muchos que se publicaron con ocasión del 26 de junio de 1975, fecha del fallecimiento del Fundador del Opus Dei, de los sucesivos aniversarios o del proceso de beatificación: Álvaro del Portillo, *Mons. Escrivá de Balaguer, testigo de amor a la Iglesia,* en *Cuadernos Mundo Cristiano*, n.º 6, Madrid, 1976; Cardenal Baggio, *Opus Dei, una svolta nella spiritualità,* en *Avvenire*, Milán, 26 julio 1975; Javier Echevarría, *Mons. Escrivá de Balaguer, un corazón que sabía amar,* en *Cuadernos Mundo Cristiano*, n.º 7, Madrid, 1976; Cardenal Koenig, *El significato dell'Opus Dei,* en *Corriere della Sera*, Milán, 9 julio 1975; Cardenal Parente, *Le radici della spiritualità del fondatore dell'Opus Dei,* en *L'Osservatore Romano*, 26 junio 1979; Cardenal Pignedoli, *Mons. Escrivá de Balaguer, un'essemplarità spirituale,* en *Il Veltro*, XIX, Roma, 1975; Cardenal Poletti, *Decreto di Introduzione della Causa di Beatificazione e Canonizzazione del servo di Dio Mons. Escrivá de Balaguer, fondatore dell'Opus Dei,* en *Rivista Diocesana di Roma*, marzo-abril 1981; G. Thibon, *La sainteté du quotidien,* en *Le Figaro*, 25 junio 1976.

Sobre las obras de Mons. Escrivá hay estudios recogidos en libros citados antes y, además: P. Rodríguez, *Camino, una espiritualidad de vida cristiana,* en *Teología espiritual,* vol. IX, n.º 26, Valencia, 5 agosto 1965; R. García de Haro, *Homilías "Es Cristo que pasa",* en *Scripta Theologica,* Pamplona, 1 junio 1973. También el corto pero interesante artículo del cardenal Luciani (después Juan Pablo I), *L'esempio di Josemaría Escrivá, fondatore dell'Opus Dei. Cercando Dio nel lavoro quotidiano,* en *Il Gazzettino,* Venecia, 25 julio 1978.

Otros artículos sobre la naturaleza jurídica del Opus Dei han quedado superados por la erección en Prelatura personal, lo que originó un amplio movimiento bibliográfico. En primer lugar, las entrevistas del Prelado del Opus Dei, Mons. Alvaro del Portillo, a *ABC,* Madrid, 29 noviembre 1982, *Il Tempo,* Roma, 30 noviembre 1982, *L'Osservatore Romano,* 25 marzo 1983. Sobre la Prelatura son esenciales también: cardenal Baggio, *Un bene per tutta la Chiesa,* en *L'Osservatore Romano,* 28 noviembre 1982; Mons. Costalunga, *L'erezione dell'Opus Dei in Prelatura personale,* en *L'Osservatore Romano,* 28 noviembre 1982; J. Arias, *El Opus Dei, Prelatura personal,* en *Naturaleza y Gracia,* vol. XXX, Salamanca, 1984; J. I. Arrieta, *El Opus Dei, Prelatura personal,* en *Revista española de Teología,* vol. 42, Madrid, 1982; *L'atto di erezione dell'Opus Dei in Prelatura personale,* en *Appollinaris,* vol. LVI, Roma, 1983; E. Caparrós, *Une structure jurisdictionelle issue de la préocupation pastorale de Vatican II: les prélatures personelles,* en *Studia Canonica,* vol. 17, n.º 2, Ottawa, 1983; C. de Diego, *El nou statut del'Opus Dei,* en *Questions de vida cristiana,* Barcelona, 1984; J. Flader, *Personal Prelatures and Opus Dei,* en *The Australasian Catholic Record,* vol. LX, 1984; J. Fornés, *El perfil jurídico de las Prelaturas personales,* en *Monitor Ecclesiasticus,* 107, Roma, 1983; A. de Fuenmayor, *La erección del Opus Dei en Prelatura personal,* en *Ius Canonicum,* vol. XXIII, n.º 45, Pamplona, 1983; A. Fuenmayor y P. Rodríguez, *Sobre la naturaleza de las prelaturas personales y su inserción dentro de la estructura de la Iglesia,* en *Ius Canonicum,* vol. XXIV, n.º 47, Pamplona, 1984; R. Gómez Pérez, *El nuevo estatuto jurídico del Opus Dei,* en *Religión y Cultura,* vol. XXVIII, 1982; M. Guerra Gómez, *La configuración jurídica del Opus Dei como prelatura personal,* en *Burguense,* Burgos, 1983; J. L. Gutiérrez, *De Prelatura personali iuxta leges eius constitutivas et Codicis iuris canonici normas,* en *Periodica de re morali, canonica, liturgica,* vol. 72, Roma, 1983; D. Le Tourneau, *Les prélatures personelles: une nouvelle structure pastorale ordinaire au service de l'Eglise. L'application à l'Opus Dei,* en *L'Année canonique,* vol. XXVII, 1983; *L'Opus Dei en prélature personelle: dans le droit fil de Vatican II,* en *Revue des Sciences Religieuses,* vol. 57, 1983; G. Lo Castro, *Le Prelature personali per lo svolgimento di specifiche funzioni pastorali,* en *Il Diritto*

Ecclesiastico e Rassegna di Diritto Matrimoniali, 1 junio 1983, Milán; J. A. Marques, *Prelatura de Santa Cruz e Opus Dei,* en *Theologica,* vol. XVII, 1984; J. T. Martín de Algar, *El nuevo estatuto canónico del Opus Dei,* en *Mayéutica,* vol. VIII, n.° 24, 1982; R. Navarro Valls, *Las prelaturas personales en el derecho Conciliar,* en *Estudios eclesiásticos,* 1984; *Das Opus Dei als Beispiel einer Personalprälatur im neuen Recht,* en *Theologie und Glaube,* vol. 2, Paderborn, 1985; N. Pérez Recio, *El Opus Dei erigido en Prelatura personal,* en *Studium Legionense,* León, 1983; J. Roggendorf, *Die rechtliche Gestaltung der Personalprälaturen im neuen Codex,* en *Theologisch-praktische Quartalschrift,* n.° 3, Linz, 1985; R. Schunck, *Säkulare Spiritualität des Opus Dei,* en *Münchener Theologische Zeitschrift,* n.° 1, Munich, 1984; *Die Errichtug der Personalprälatur Opus Dei,* en *Theologie und Glaube,* vol. 2, 1983; W. H. Stetson, *Opus Dei: The First personal Prelature,* en *Homiletic and Pastoral Review,* VII-1983.

Sobre los libelos

La mayoría de los libros y artículos sobre el Opus Dei citados en la bibliografía que antecede están escritos por miembros de la Prelatura o por personas que conocen bien la institución. No he hecho referencia a folletos o libros aparecidos a partir de los años setenta y que forman un género no muy nutrido, pero característico: los libelos. El Opus Dei no ha respondido a esos ataques por medio de otros libros, según la pauta usual en casi todas las organizaciones, tanto de la sociedad civil como de la eclesiástica, que no acostumbran a dar más difusión a las calumnias o insultos de que son objeto.

Sé que, según una idea más o menos extendida, la objetividad sólo se alcanzaría con el enfrentamiento de opiniones favorables y contrarias. Esta posición no me parece fundada. Si se intenta construir una media entre una apología exagerada y un ataque a base de invenciones, lo que resulta no es la verdad. La media de la objetividad se consigue —o al menos se intenta— cuando los datos son verdaderos, aunque las opiniones sean discordantes. Sobre datos falsos o falseados lo mejor es el silencio.

La casi totalidad de la literatura anti-Opus Dei está constituida por libelos. No se contrastan los datos ni se consultan fuentes fidedignas. Los errores viajan de un libro a otro y se da el caso de que en obras editadas en los noventa se utilice terminología que ha dejado de estar en vigor desde los años cincuenta. Esa literatura es de dos tipos: *a)* pretendidos estudios de personas que no han pertenecido al Opus Dei; *b)* libros con declaraciones, «revelaciones» y opiniones de algunos ex miembros del Opus Dei.

Algunas pocas personas, al dejar de ser del Opus Dei, se han dirigido contra él, escribiendo libros o suministrando a autores de libros supuestas revelaciones sensacionales. La existencia de una cierta continuidad en esta tarea podría dar lugar a una opinión peyorativa hacia los ex miembros. Pero nada sería más injusto. Merecen el máximo respeto quienes en un tiempo afrontaron positivamente un camino de sincera vida cristiana, aunque, por las razones que sea –y que, en definitiva, sólo juzga Dios– ya no están en él.

Quienes se han dedicado a denigrar son una repetitiva minoría. La literatura a que han dado ocasión tiene un sabor a antiguo: esas visiones personales se petrifican, se quedan en un tiempo muy pasado, mientras la vida del Opus Dei ha seguido adelante. Hay también una nota de deslealtad, porque esas cosas que se cuentan, y que se estiman que son importantes, habían sido compartidas en un ambiente de confianza.

Esos libros revisten también otra característica: no pueden reiterarse indefinidamente, porque inciden en la monotonía. En más de sesenta años de historia, existe una media docena de libelos contra el Opus Dei escritos por ex miembros. No es intención del autor de estas páginas citarlos; primero por pudor; es posible que esas personas conserven algo de lo que en su día fue de buena fe; a algunos los conocí y podría testimoniar épocas enteras en las que su convencimiento era total y sin grietas; después, por respeto: como cambiaron una vez, podrían cambiar otra, y reconsiderar su antigua postura. Previendo siempre esa posibilidad, que puede llegar incluso al cabo de muchos años, no es bueno decir nada que impida la reconciliación. Atacar o devolver el ataque no es buen sistema. La vida ya es de por sí demasiado complicada.

Otra cosa son los autores de libelos contra el Opus Dei que nunca pertenecieron a la Prelatura y que, diciendo haber emprendido una tarea de investigación histórica o sociológica, han trabajado –hasta ahora es así– con material de segunda o tercera mano, incluyendo errores incomprensibles si hubieran escrito de cualquier otra cosa. Esta serie de libros fue inaugurada, al principio de los setenta, por dos publicados en Francia y que tenían una función fundamentalmente antifranquista, en la época en la que se malinterpretaba la presencia de miembros del Opus Dei en el Gobierno español como la prueba de la existencia de un «Opus Dei político». De aquellos dos libros, uno firmado por Jesús Ynfante y otro con el pseudónimo de Daniel Artigues, ha vivido la, por otra parte no abundante, literatura libelística anti-Opus Dei.

Esos libros fueron escritos, en parte, con datos sustraídos ilegalmente o con informaciones de ex miembros, pero entre la fecha de los hechos y la de la publicación de los libros había transcurrido tiempo. Esa circunstancia y la de que los autores no dominaban el contexto de una institución con finalidad espiritual y apostólica explican que los libros tuvieran una falta de valor documental o hermenéutico. No es que para escribir sobre la espiritualidad cristiana haga falta vivirla, pero al menos se ha de estar en la disposición de imaginar qué piensan quienes la viven. Casi toda la literatura de denigración, a lo largo de los siglos, se basa en la apreciación de lo monstruoso que resulta lo que no ha sido ni siquiera comprendido.

Estas páginas en torno a la literatura libelística sobre el Opus Dei quieren ser una explicación de por qué no se ha empleado esa literatura como documentación del presente libro. He intentado escribir sobre lo que es el Opus Dei, no sobre la literatura anti-Opus Dei. Ése es otro tema. Habría que explicar por qué, por ejemplo, un autor como Michael Walsh puede escribir que el clero del Opus Dei, en Ayacucho, Perú, estaba involucrado en un programa para enviar niños abandonados o indigentes a los Estados Unidos y Alemania a cambio de dinero. Cuando se le demostró que en Ayacucho sólo había un orfelinato y estaba dirigido por una comunidad religiosa con la dirección espiritual confiada a la Compañía de Jesús, a la vez que se le proporcionaba el número de teléfono del orfelinato para que pudiera informarse mejor, prefirió en la publicación del libro en Inglaterra suprimir la mención de la ciudad de Ayacucho y dejar la calumnia en forma genérica.

Sobre todo no se explica la saña con que se escribe. El mismo autor confiesa su «animadversión al Opus Dei». No una animadversión cualquiera, sino una especie de odio que se entretiene en minucias, en cominerías, dándoles la misma importancia que a las acusaciones del tipo de secuestro, conspiración, inducción al suicidio y cosas de ese estilo.

La objetividad no consiste en airear de nuevo calumnias deslucidas de tanto uso, insinuaciones ostentosamente sinuosas, rumores de hace treinta años y ya sepultados por hechos contrarios. En cualquier caso, es al lector al que corresponde, si no piensa así, comparar los diferentes tipos de literatura. No se puede pedir a quien conoce la verdad que se violente a sí mismo dedicando tiempo y trabajo a la difusión de lo que sabe que es falso.

ÍNDICE DE NOMBRES Y DE MATERIAS*

* Los números se refieren a las páginas. La **negrita** indica la página o páginas que tratan más extensa o intensamente del asunto.

ESTE LIBRO, PUBLICADO POR EDICIONES RIALP, S. A., SEBASTIÁN ELCANO, 30, 28012 MADRID, SE TERMINÓ DE IMPRIMIR EN ANZOS, S. A., FUENLABRADA (MADRID), EL DÍA 20 DE MAYO DE 1992.

GRANDES REPORTAJES

Psicología de los pueblos. Juan Roger Riviere.

Las diecinueve Europas. Juan Roger Riviere.

Las cincuenta Américas. Raymond Cartier.

Los soviets. Raymond Cartier.

Historia política de la zona roja. Diego Sevilla Andrés (2.ª edición).

Las veinte jóvenes Américas. Marcel Niedergang.

Roma y Constantinopla. Antonio Castro.

La guerra española de 1936. Hellmuth Günther Dahms.

14 milagros del siglo XX. Darío Composta.

Cómo el Papa venció al comunismo. Bernard Lecomte.

Viaje al fondo de la esperanza. José Luis Olaizola (4.ª edición).

El Opus Dei. Una explicación. Rafael Gómez Pérez (2.ª edición).